厦门大学哲学社会科学

繁荣计划资助项目

2018 · 第五辑

妇女性别研究

Women/Gender Studies

詹心丽◎主　　编

林丹娅◎执行主编

厦门大学出版社
XIAMEN UNIVERSITY PRESS

国家一级出版社
全国百佳图书出版单位

图书在版编目(CIP)数据

妇女/性别研究.第五辑 / 詹心丽,林丹娅主编. —厦门：厦门大学出版社，2018.10
ISBN 978-7-5615-7122-4

Ⅰ.①妇…　Ⅱ.①詹…　②林…　Ⅲ.①妇女问题-研究-中国　②性别差异-研究-中国　Ⅳ.①D669.68　②D669.1

中国版本图书馆 CIP 数据核字(2018)第 233467 号

出 版 人	郑文礼
责任编辑	曾妍妍
封面设计	李夏凌
技术编辑	朱　楷

出版发行　厦门大学出版社

社　　　址	厦门市软件园二期望海路 39 号
邮政编码	361008
总编办	0592-2182177　0592-2181406(传真)
营销中心	0592-2184458　0592-2181365
网　　　址	http://www.xmupress.com
邮　　　箱	xmup@xmupress.com
印　　　刷	厦门集大印刷厂

开本	787 mm×1 092 mm　1/16
印张	12.25
插页	1
字数	291 千字
版次	2018 年 10 月第 1 版
印次	2018 年 10 月第 1 次印刷
定价	48.00 元

本书如有印装质量问题请直接寄承印厂调换

厦门大学出版社
微信二维码

厦门大学出版社
微博二维码

编 委 会

刊首语

　　《妇女/性别研究》(*Women/Gender Studies*)系厦门大学妇女/性别研究与培训基地主办的综合性学术刊物。本刊旨在加强国内外妇女/性别理论和实践研究,推动在新时代背景下妇女/性别研究在不同学科的交流与发展。本刊主要刊登在文学、历史学、哲学、经济学、教育学、法学、公共管理、政治学、社会学、公共卫生等学科里的妇女/性别研究成果,尤其注重海峡两岸学术界妇女/性别研究的最新进展与最新成果。本刊追求学术品位与实践价值,推广成果,乐见分享,以此增强学人之间的了解与互动,促进学科之间的交流与合作,为推动妇女/性别研究的繁荣和发展,推进性别平等进程,建设和谐新文化而共同努力。

厦门大学妇女/性别研究与培训基地

2018 年 9 月

目 录

Contents

"改革开放40年妇女发展的理论与实践"研讨会专栏

Special Column of the Seminar on the Theory and Practice of Women's Development During the 40 Years of Reform and Opening-up

Women/Gender Studies

主持人语

林丹娅

    2018 年 6 月 30 日,由厦门大学妇女/性别研究与培训基地、福建省妇女理论研究会联合主办的"改革开放 40 年妇女发展的理论与实践"学术研讨会在厦门大学隆重举行。厦门大学党委书记张彦,中国妇女研究会秘书长、全国妇联妇女研究所所长刘亚玫,全国人大常务委员会法工委民法室巡视员、原副主任扈纪华,北京大学党委副书记、中外妇女研究中心主任叶静漪,复旦大学党委副书记、妇女/性别研究与培训基地主任许征,厦门市妇联党组书记、主席吴亚汝,厦门大学党委副书记、校工会主席赖虹凯,中国妇女研究会副会长、福建省妇女理论研究会会长叶文振,厦门大学关工委主任、厦门市妇女人才研究会会长陈力文,以及中国妇女研究会、北京大学、中国人民大学、中国社科院、复旦大学、武汉大学、厦门市妇联等全国 20 多所高校和相关机构的领导、专家及学者百余人参加了研讨会。开幕式由厦门大学副校长、妇女/性别研究与培训基地主任詹心丽主持。

    开幕式上,张彦书记代表厦门大学致欢迎辞,感谢各界领导和同志们对厦门大学妇女发展事业的大力支持,强调本次研讨会召开的重要意义,希望学校在妇女理论研究与实践工作中做出更多成果。全国妇联刘亚玫所长传达了党的十八大以来习总书记对妇女工作一系列重要的指示,并充分肯定厦门大学在妇女/性别研究事业上所做出的贡献。北京大学党委副书记叶静漪、复旦大学党委副书记许征,分别介绍了各自学校在妇女/性别研究工作上的特色和所取得重要成果,使来自不同高校与研究机构的与会者深受启发。全国人大常务委员会法工委民法室巡视员扈纪华、中国人民大学老年学研究所教授杨菊华、中国社会科学院人口与劳动经济研究所教授郑真真、全国妇联妇女研究所研究员马焱、武汉大学妇女与性别研究中心成员段文杰和厦门大学马克思主义学院教授石红梅分别从婚姻家庭相关法律规定、公共领域性别平等事业发展、人口流动中的妇女、中国特色社会主义妇女发展道路探索、中国妇女社会工作特色以及中国妇女/性别理论发展的脉络等方面,既展示了 40 年来中国性别平等事业所取得的成就,也回应了对现实问题的关注,提出妇女发展进程中的理论研究和实践工作中的问题,以及对妇女发展未来的思考。

    随后,与会学者分别围绕"女性解放与性别平等"和"女性福利与社会保障"两大议题进行分组发言和讨论。来自全国各地的专家学者各抒己见,讨论所涉及的研究领域从法学、社会学、教育学到文学、哲学与历史学等等,研究人群从农民工到白领精英,研究地域从福建本省到世界范围,这是一次多学科、多领域、多层面的具有国际视野又不乏国情关注的思想与学术交流。

    福建省妇女理论研究会会长叶文振教授在最后做研讨会学术总结时认为:此次研讨会

得到了各级领导的高度重视,从事妇女/性别研究与实践工作的同志们深受鼓舞。参会者的主题发言与分组讨论内容丰富,成果丰硕。他说,回顾过去是为了展望未来,未来中国妇女发展事业任重而道远,在理论建设和机制建设上都大有可为。此次研讨会是在改革开放 40 年的时间节点召开,意义重大而深远。与会者表示,步入新时代,我们将以党的十九大精神为指导,深刻体会习近平新时代中国特色社会主义思想,认真地梳理与回顾 40 年来中国妇女/性别理论与实践的发展历史,总结经验,创新未来,不忘初心,牢记使命,为实现男女平等的目标贡献更大的力量。

由此,我们特推出此专栏,选编若干发言论文发表,以飨读者,以志盛会。

以研究促进政策推进和政策创新

许　征*

内容摘要：复旦大学对性别研究和妇女发展给予足够的重视,近些年在教学、理论研究、国际合作、培养学生和组建研究团队等方面得到长足发展,学者们在相关学科领域做出了自己的努力与贡献;在以研究促进政策方面,不仅获得了相关政府部门的肯定,也赢得了更多政府机构的信任与合作意向。

关键词：复旦大学;性别/妇女研究;学科建设

复旦大学妇女研究中心成立于 1994 年,是上海高校系统的首个性别研究机构,2006 年按照全国妇联的要求,以该中心为基础,同时整合复旦大学社会性别与发展研究中心和复旦—密西根大学社会性别研究所的力量,建立了"复旦大学妇女/性别研究与培训基地"。

在去年妇女/性别研究与培训基地的北京会议上,我向与会者介绍了复旦大学有关性别研究和妇女发展的情况,包括我们在教学、理论研究、国际合作、培养学生和组建研究团队等方面的发展,我们可以很骄傲地说,复旦大学这二十多年来一直对性别研究和妇女发展给予足够的重视,并且也庆幸有一批热爱性别研究和有志于推动妇女发展的学者,从各自的专业出发,在医学、社会学、人口学、心理学、历史学、文学、生命科学等学科领域做出了自己的努力,发表了很多有分量的研究成果,培养了学生的性别意识,推进了社会的发展。

今天,我想重点谈谈复旦大学近四年来,通过性别平等和妇女发展的理论研究对政策推进和政策创新方面取得的成果和心得体会。

复旦大学妇女研究中心一直以来将社会热点研究与公共政策研究作为研究特色,2014年与上海市妇联和上海市政府发展研究中心共建"上海市妇女与家庭公共政策研究基地",这一基地的建立既是过去多年来复旦大学性别研究聚焦于性别和家庭领域的政策研究的成果,也是复旦大学以研究促进政策推进和政策创新的新开始。

在基地主任彭希哲教授的带领下,改变了过去在政策影响方面主要依赖于各个学者研究兴趣的模式,而是主动承担社会责任,主动关注和参与社会发展的重大议题研究和政策的制定。

下面,我以复旦大学在性别平等和妇女发展的政策方面重点关注的性别政策、家庭政策和生育政策三方面来介绍一下我们的探索。

(一)第一方面,积极参与推动性别平等政策的创新

性别平等政策一直以来是复旦大学关注的重点,复旦参与制定了《中国妇女权益保障法

---

* 许征,女,法学博士,复旦大学党委副书记,主要研究方向为政治学理论。

的实施办法》和《女职工特殊保护办法的实施细则》等,负责研制《上海市妇女发展"十一五"规划》、《上海市妇女发展"十二五"规划》和《上海市妇女发展"十三五"规划》等。在确定研究促政策的重点后,我们不满足于仅仅参与相关的政策制定,而是努力推动上海政府在性别平等方面的政策创新。

复旦大学学者发表了很多高质量的有关性别平等的学理研究,聚焦于性别平等所涉及的权利问题,如性别平等的政策内涵、两性是否应各有特殊权利、如何确保这些权利实现、女性不同权利诉求之间的关联等。

在此基础上,我们开展了三个重要的专题研究:社会性别评估的程序及指标体系研究、性别平等视角下的公共政策评估和儿童性别意识培育的现状、特点与对策。"社会性别评估的程序及指标体系研究",内容包括:判断及测量性别平等的标准、在公共政策制定中引入性别平等视角的机制、对现有政策进行性别平等性评估的方法及策略等。这一研究探讨如何建立公共政策的社会性别评估指标体系及评估数据库。"性别平等视角下的公共政策评估"研究项目,主要探讨政策制定过程中的性别角色及其影响力评估,例如,在公共政策的制定过程中,不同性别在政策问题界定与议程倡导中的角色及作用、不同性别视角在政策决策与制定中的影响力、政策实施后果中性别与福利的差异性及其正当性的评估等。而"儿童性别意识培育的现状、特点与对策",则聚焦于有关儿童的性别平等政策的制定和执行。

在完成这三个专题性研究后,我们用令人信服的研究成果,推动上海市政府在 2017 年起草了《上海市法规政策性别平等咨询评估机制实施方案》,成立了上海市法规政策性别平等咨询评估委员会,彭希哲教授任该委员会主任。这一方案的出台,使得"十三五"妇女儿童规划关于性别平等、政策平等的评估有了更为具体的依据,彭希哲教授和沈奕斐副教授在参与"十三五"中期评估的时候,就充分运用这一方案,以推动政府各个部门在具体执行相关政策时,能进一步落实"十三五"规划指定的各项性别平等指标和促进妇女发展指标。

(二)第二方面,积极开展家庭发展、家庭政策研究

复旦大学于 2014 年成立了复旦大学家庭发展研究中心,家庭政策,尤其是老龄化议题是复旦大学给予重点关注并积极推进的领域,在该领域近年来取得了大量的高质量的研究成果,如:获得上海市第十三届哲学社会科学优秀成果奖一等奖的《当代中国家庭变迁与家庭政策重构》、获得上海市第十三届哲学社会科学优秀成果奖一等奖的《中国当代家庭变动的趋势分析——基于人口普查数据的考察》、获得教育部第七届高校人文社会科学研究优秀成果奖二等奖的《公共政策视角下的中国人口老龄化》、获得上海市妇女研究理论成果三等奖的《家庭服务业国际比较研究》,等等。

同时,我们完成的专题研究还有,在家庭政策方面给中办秘书局专题报告《引导并支持现代家庭建设:关于完善我国家庭政策的几点建议》,向国务院六普领导小组、国家统计局委托专题报告《中国当代家庭变迁及其趋势》;在老龄化政策方面,做了"公共政策视角下的中国人口老龄化"、"发展型福利模式下的中国养老制度安排"、"社会性别视角下的养老、照料和护理政策评估"和"老年女性的生存状况及相关政策评析"等研究,参与《中共中央国务院关于进一步加强老龄工作的意见》的制定,专门写了意见和建议,并做了详细的论证;在家政行业方面,与妇联合作做了《需求与服务的匹配——上海市家政服务业调查》等等。

在政策推进方面我们着重于政策的执行和落实,我们与全国及上海市妇联、卫计委、统

计局、老龄委等建立了长期合作机制,及时探讨老龄化政策在执行中出现的新问题和新困难,同时我们在杨浦区、虹口区、长宁区和浦东新区设有定点试验街道,就老龄化的政策创新进行了试点研究。在家政行业方面,我们在上海进行了政策创新,推动家政行业的行业规范的出台,参与了行业规范的讨论和示范家政中介服务点的创建。

为了更好地推动家庭政策的完善和政策创新,复旦大学还注重于数据库的建立,为政策的制定提供扎实的数据依据。首先,我们组织了 FYRST 调查,即长三角"80 后"追踪研究,聚焦"80 后"家庭,调研了一万多个家庭;同时基于 FYRST 调查的重点,我们又与妇联合作,进行了上海市家庭需求调查和上海市家政行业调查,建立了有面有点的数据库,这些数据资料为之后的政策推进和政策创新提供了扎实的依据。其次,提出了家庭承载力指标体系,建立了家庭承载力系数(FCCI),包含家庭形态指数、家庭禀赋指数和家庭政策指数;每一个指数又具化为更为详细的指标体系。这一指标体系是重构现代家庭建设与家庭政策的重要基础。最后,我们还组织团队展开了基于 ABM 的家庭政策仿真研究,为家庭政策的执行和评估提供了依据。

(三)第三方面,完善托育服务三个层级的政策体系建设

从 2014 年开始,复旦大学妇女/性别研究与培训基地先后做了五个有关二孩的研究,包括二孩的政策综述、二孩家庭的问题、二孩的社会问题、二孩与女性的工作和家庭平衡等等,最后,集中到政策层面,我们认为解决 3 岁以下儿童的幼托问题是促进性别平等、让女性拥有更好的发展空间以及保护儿童利益的重要举措。在此基础上,我们又做了更为聚焦的关于上海市公共托育制度的研究,2016 年《关于探索实施公共托育制度的若干建议》被评为"两会优秀提案",并被列入 2017 年"上海市政府实事工程"。

在推动新模式的过程中,我们发现,设计层级合理的、可规范实施的托育服务业政策体系,是解决托育供需矛盾的有力手段。因此,我们又申请了 2017 年度上海市人民政府决策咨询研究妇联专项课题——"推动上海托育服务业发展的法规政策建议"。

在这个研究中,我们解决了三个问题:(1)制定法令性的服务规范;(2)确定托育服务的准入门槛;(3)制定托育服务的行业标准。完善了托育服务三个层级的政策体系建设:

表 1 上海托育政策体系的基本构架方案

政策体系层级	政策门类	拟定名称	有/无
第一层面: 法令性依据	托育服务体系	《社会托育服务体系建设规划》	无
第二层面: 规范性文件	托育服务的 准入门槛	《上海市社区幼儿托管点设置基本标准》	试用稿
		《上海市社区幼儿托管点管理办法》	试用稿
		《上海市社区幼儿托管点管理办法工作规程》	试用稿
		《上海市社区幼儿托管点传染病防治规范》	试行稿
		《上海市社区幼儿托管点消防规范》	无
		《上海市社区幼儿托管点食品安全规范》	无

续表

政策体系层级	政策门类	拟定名称	有/无
第二层面：规范性文件	扶持多种形式兴办托育机构	《企业托管点设置与管理办法》	无
		《民办托育机构设置与管理办法》	无
	财政投入，包括扶持弱势群体家庭	《托管点资金管理办法》	无
		《低收入家庭托育援助计划》	无
第三层面：行业标准	工程技术类行业标准	《幼儿托管点的工程技术标准》	试用稿
	资格证照类行业标准	《保育员资格证照制度》	试用稿
	托育监管行业标准	《上海市社区幼儿托管点督导标准》	试用稿
		《托管点基本课程方案体系》	试用稿

总的来说，复旦大学以研究促进政策推进和政策创新有以下三个特征：

（1）高屋建瓴，在学理研究和视角方面都从顶层设计角度和基础研究角度展开，既有学理上的深度和意义，也有实践中的价值和引领；

（2）专题化的研究，在关注的领域中，重点瞄准一个专题，全方面展开，专题化地解决某一重要问题；

（3）注重追踪研究，无论是性别平等政策的评估还是老龄化政策的落实，或者幼托制度的设计和执行，我们从来不满足于仅仅参与政策的制定或修订，而是持续关注同一政策的出台、执行和评估，用我们专业的能力让性别平等政策覆盖更多的人群、造福更多的人群，让更多的群体生活越来越美好。

现在，复旦大学性别/妇女研究基地在以研究促进政策方面，不仅获得了相关政府部门的肯定，也赢得了更多政府机构的信任与合作意向。

让研究先行，让研究来保障政策的科学性和可行性将成为我们今后的努力方向。

Promoting the Advancement and Innovation of Policies through Research

Xu Zheng

(Fudan University, Shanghai, 200433)

Abstract: Fudan University attaches great importance to gender studies and women′s development. In recent years, Fudan University has made considerable progress in teaching, theoretical research, international cooperation, training students and building research teams. Scholars have made their own efforts and contributions in relevant disciplines and fields. In the aspect of enhancing policies with gender studies, they have not only gained the affirmation of relevant government departments, and has also won the trust and cooperation intention of more government agencies.

Key words: Fudan University；Gender ／ Women Studies；discipline construction

改革开放以来中国妇女/性别理论发展的回顾与展望

石红梅[*]

内容摘要：本文考察中国妇女/性别理论发展的脉络及走向。我们认为改革开放后中国妇女/性别理论发展经历了两个阶段：一是中国特色社会主义建设时期的妇女/性别理论，二是 21 世纪中国特色社会主义发展时期的妇女/性别理论。每个阶段的理论都存有不同的思潮和思想的交互影响，形成了具有中国特色的中国妇女/性别理论和实践运动的图景。在中国未来的妇女/性别理论与行动中，我们要正视和研究在全球化进程中新自由主义带给妇女群体的伤害，强调在自由主义女权之外重建马克思主义女权主义的批判。要注重马克思主义经典文本中的理论资源，关注西方女权主义理论发展脉络中的马克思主义因素，批判性地继承和发展中国传统文化中的性别观念。对五四运动以来中国的妇女解放理论，尤其是中国共产党主张的妇女解放理论进行借鉴和吸收，在马克思主义妇女观的指导下，关注国情，关注现实，关注中国妇女的生存现状，了解和解决不同层次妇女的不同问题，扎实地推进中国的妇女/性别理论和实践研究。

关键词：改革开放；妇女/性别理论；两个阶段

改革开放后的中国妇女/性别理论发展的脉络大体分为两个阶段：一是中国特色社会主义建设时期的妇女/性别理论，二是 21 世纪中国特色社会主义发展时期的妇女/性别理论。每个阶段的理论都存有不同的思潮和思想的交互影响，形成了具有中国特色的中国妇女/性别理论和实践运动的图景。

一、改革开放后社会主义建设时期的妇女/性别理论研究（1978—2000）

改革开放后，中国思想界多种思潮互相交织，妇女/性别理论也是色彩纷呈。伴随着世界范围内女权主义运动过程和女性主义思潮影响，中国的妇女/性别理论发展呈现非常活泼的局面。但也不可否认，这一时期中国妇女/性别学研究，形形色色、五花八门，妇女/性别理论建构过程中的目标导向千差万别。面临众多西方女权主义思潮，我们更多地表现为对这些思想的解读、引证、评价，而对于中国社会转型时期出现的新的复杂的女性生存与发展的

* 本文系厦门大学"双一流"重点建设学科"马克思主义理论"项目资助（2018S001）。石红梅，女，厦门大学马克思主义学院副院长，教授。主要研究方向是马克思主义中国化、妇女/性别研究。

困惑,又缺乏提炼、提升概括到理论高度的能力,整个的妇女/性别理论研究显得被动消极。
因此如何对本国现实生活中女性面临的一系列问题进行有效的理论指导,如何根据中国的
历史和现实情况构建中国特色的妇女/性别理论是摆在中国面前的一个十分重要的任务。

综合改革开放以来中国的妇女/性别理论研究受到多种思想的影响,主要包括新自由主
义思潮、社会性别主流化、后现代女性主义和激进女性主义等思想,改革开放的进程中国妇
女解放的指导思想是马克思主义妇女观,也交织着中国传统文化妇女观念的影响。

(一)新自由主义影响

兴起于 20 世纪 60 年代至 80 年代的第二波女权主义旨在解决两性平等的实质性问题。
在政治权利保证的前提下,他们把目光投向了制约女性在政治、经济和文化领域出现不平等
的影响因素。70 年代末在寻求实质平等的过程中,第二波女权主义者更加注重性别间的差
异,强调种族、性别、年龄等方面的差异,甚至强调女性多样性,强调以个体为单位的权力的
获得。这些思想与新自由主义思想非常契合,伴随着世界范围内的政治经济的变革全面渗
透到社会生活的各个层面。80 年代后,马克思主义关于整体的阶级的分析问题的方法,注
重女性经济参与和经济独立的解放途径越来越被冷落,马克思主义理论面临危机。全球范
围内具有马克思主义传统的女性主义陷入低谷。

受到新自由主义影响的妇女/性别理论研究在这段时间呈现出以下几个特征:

差异取代平等。80 年代女权主义者打破新中国成立后妇女解放运动中所追求的"铁姑
娘式"的忽视性别差异的绝对平等,建立了差异的概念,并主张"女性意识",认为男女有别,
女权主义者要求承认妇女的差异性和主体性,致力于建构一个女性的身份群体,但受新自由主
义的影响,对"性"的自由解读和实践却使这个富有历史进步意义的女性意识倡导,不断地
进入一个对性的"自然化"取向中,连同女性的身体被 90 年代的消费主义文化吸纳到"性化"
女人和商品化"性"的轨道之中。90 年代中国的妇女/性别研究很高程度上延续着 80 年代
强调两性差异的特性。差异的强调使得个人在市场竞争中的失利归于个人能力的高低。

个人主义取代集体主义。80 年代启蒙思潮中的人本主义、人道主义,言说的单位都是
个人。聚焦于身体的"有性人"也使个人主义在女权主义理论中获得了中心位置。80 年代
召唤出来的个人主义、主体性成了 90 年代新自由主义意识形态的核心价值。

文化批判取代经济批判。文化批判是 80 年代社会思潮的主流,把产生"妇女问题"的原
因归于文化压迫,80 年代妇女研究运动中把性别从阶级中剥离出来,同时也抽掉了性别里
面的经济要素。

在这一时期,我们也发现,性别研究群体以城市知识女性为社会基础,在日益学术化的
同时,也呈现出精英化和职业化的倾向。特别是各类社会性别项目中,技术化的倾向日
益严重。

(二)社会性别主流化的推进

耐人寻味的是,新自由主义在中国兴起的时间与 Gender(社会性别)理论在中国的传播
有着另一种历史的巧合。围绕着筹备 1995 年的"世妇会",西方 Gender 理论开始大规模在
中国传播。在 90 年代后许多中国学者都运用社会性别视角分析和研究中国妇女理论和实
践问题,还出现了社会性别理论,可以说是社会性别主流动化话语是近 30 年来中国学者进

行性别研究不可或缺的部分。

社会性别理论认为人的性别有两种,一种是生理性别,一种是社会性别,生理性别是生物性的,而社会性别是文化性的,因此主张应该特别关注与社会性别差异相关的各种社会文化因素。基于此,许多女权主义理论不断地从文化观念的层面去寻找女性主体意识的建构,也从社会文化和观念的改变去寻找妇女解放的路径,认为在意识形态和观念层面的变革远远大于女性在经济基础领域的参与和改变。这样一来女性主义寻找解放的路径发生了微妙的转向,即由原来生产力等物质生产领域,从经济基础角度进行的突破转向了文化观念的转变、文化身份的认定。

社会性别研究更强调对人的多重身份的分析,注重人在社会生活中的多重角色、多重身份,注重妇女、少数族裔群体、同性恋群体等边缘和弱势群体的话语。这种不同关注点的整合可以丰富并具体化马克思主义理论的阶级分析思想;但注重差异性的身份政治的关注也在一定程度上消解了妇女作为一个与男性相对弱势的整体的利益诉求和政治谈判的可能性。而对于父权制等制约男女平等的因素,不能从历史唯物主义的角度把他看作是与资本主义体制一起共存制度去理解资本主义制度和女性的生存状况,而仅仅把之视为一种文化观念的权力继承。从而也就失去了马克思所说的:"妇女解放的第一个先决条件就是一切女性重新回到公共的劳动中去。"①妇女/性别的研究转而成为精英女性群体意识和观念的表达和引领。

(三)后现代主义的影响

后现代主义挑战关于解放和理性的宏大叙事,否定所有的宏大理论体系(grand theories)。它认为不存在普适性的人权,所有的人权都有文化和历史的意义特殊性和特殊的视角和立场,否定一般理论并非只能选择政治上无能的相对主义,后现代主义还提供了一种选择:局部的、区域性的理论和实践。一种考虑具体情境的具有特色的社区模式在中国妇女解放事业中不断萌生。

后现代主义者强调并高度评价性别的差异,认为差异是文化的,不是生理的。个人的观念是不稳定的、矛盾的、社会建构的。社会背景塑造知识,意义是由历史和语言造成的。主体不是一致的、有理性意识的,而是由话语建构的。后现代女性主义的抱负之一就是要发明女性的话语。

后现代主义质疑宏大叙事,主张权力的生产性,挑战和批判绝对真理说,后现代主义认为性别是流动的,不确定的。其理论有时空限制的历史的分析带给我们许多启示,权力的生成和作用使女性主义运动更加关注话语的力量,但后现代主义的思潮对中国女性主义发展最重要挑战是解构,解构整体,解构宏大叙事,解构概念本身,连同男女平等的奋斗目标。后现代主义对于研究对象的过于肢解,使得社会生活分崩离析,找不到解决问题之道。

(四)激进女性主义的影响

激进女性主义关注女性地位低于男性的问题,关注男权制的深层结构。认为对女性的压迫是统治最基本最普遍的形式,男权制的统治不仅限于政治和有报酬的工作这类公众领

---

① 马克思恩格斯选集:第四卷[M].北京:人民出版社,1995:70.

域,而且存在于私人生活领域,例如家庭和性这两者都是男权制统治的工具。女性作为一个群体同男性利益相对立,这一利益使女性在姐妹情谊的基础上联合起来,超越了阶级和种族的界线,所有的女性都应当为女性的解放而共同斗争。男权的统治之所以发挥作用是因为女性的生理状态,如生育和性问题等,只有通过诸如避孕技术、试管婴儿、人工授精及无性繁殖这类科学技术的进步把女性从生育这一压迫她们的生理功能上解放出来,女性的处境才会有实质性的改善,所以他们关注避孕、绝育、堕胎、色情、卖淫、性骚扰、强奸和殴打妇女、男女解剖学和生理学、虐恋性欲问题、性活动中的统治与服从等问题。他们谴责和排斥男性,把男性侵犯女性的倾向看作是与生俱来的,把男人当作敌人。在激进女性主义的影响下,中国的性别平等议题和进程也有了明显的进步。

激进女性主义认为,性别主义与资本主义现代社会结构是并生关系。它既不能容忍自由主义女性主义融入资本主义社会的策略,也不同意马克思主义女性主义推翻资本主义社会的主张,而是主张从资本主义社会中分离出去。因此,这种观念立场有时又被称为分离主义。

(五)马克思主义妇女观的提出

1978 年后中国实行改革开放政策,重点推进经济领域的重点建设,人们解放思想,越来越重视个体价值实现。妇女/性别理论也从重视国家和组织的社会主义妇女运动中不断剥离出来,妇女/性别理论研究的对象越来越明确,表现出独立化、专业化、学科化的特点。这一时期从国家层面界定了马克思主义妇女观的内涵,实施了《妇女权益保障法》,男女平等作为基本国策确立并深入人心,中国妇女发展纲要在全国范围内开始推行。

1990 年 3 月 7 日,庆祝"三八"国际劳动妇女节 80 周年的纪念大会在北京召开,在大会上,时任中共中央总书记的江泽民同志做了《全党全社会都要树立马克思主义妇女观》的重要讲话。江泽民从五个方面对马克思主义的妇女理论进行了全面系统的阐述,这是改革开放以来党的主要领导对中国的妇女问题的第一次系统阐述,标志着马克思主义的妇女理论已经发展到了一个更加成熟的阶段,也表明马克思主义妇女理论中国化的过程中在理论方面有了重大突破。他说:"马克思主义妇女观,是运用辩证唯物主义和历史唯物主义的世界观、方法论,对妇女社会地位的演变、妇女的社会作用、妇女的社会权利和妇女争取解放的途径等基本问题作出科学分析和概括。"[①]马克思主义妇女观主要内容包括:(1)妇女压迫是人类历史发展的一定阶段上的社会现象。(2)妇女解放的程度是衡量普遍解放的天然尺度,妇女压迫是阶级压迫的特殊形式,妇女解放必须伴随全体被压迫阶级的解放而实现。(3)人们在社会和家庭中的地位归根结底是由其在社会生产中的地位决定的,参加社会劳动是妇女解放的一个重要先决条件。(4)妇女解放长期的历史过程,不仅受生产关系制约,也受生产力水平制约;不仅受物质生产水平的影响,也受精神文明程度的影响。(5)妇女在推动人类文明、社会发展中有伟大作用;在人类自身生产中,妇女更具有特殊的价值,做出了特殊的贡献,因此应该受到尊重和保护。

马克思主义妇女观的基础是唯物论和辩证法,按历史唯物主义基本原理,马克思主义妇女观把妇女压迫和妇女解放置于整个社会历史背景中,重视历史的分析,认为妇女受压迫具

---

① 全党全社会都要树立马克思主义妇女观[M]//江泽民文选(第一卷).北京:人民出版社,2006: 106.

有整体性、阶级性和历史性的特点,强调经济对政治、思想文化的决定作用。马克思主义妇女观肯定妇女对人类发展的贡献,特别是妇女对人类自身生产的特殊贡献,强调尊重妇女、保护妇女,在马克思主义妇女观的指导下,中国的妇女/性别研究理论和实践都取得了辉煌的成就。但是在新的历史时期,马克思主义妇女观关于女性自身解放和阶级、民族解放的关系、公私领域中男女的分工状况、女性家务劳动对劳动生产力的意义等都需要进一步深化和探讨。

(六)传统文化中的妇女思想

在讨论中国的妇女/性别理论研究,离不开传统文化中的妇女思想。中国传统文化中的男女观念对具有中国情境的独特的妇女/性别理论与实践产生重要影响。中国传统文化中沿袭下来的妇女思想可从易学和儒家经典书中窥见一斑,所表达的一个观念就是阴阳互补,移位于政治社会生活领域,就表现为男子对女子的绝对统治乃是社会的根本法则,重男轻女、三从四德、从一而终的两性价值观念,后演化为三纲五常,主张顺从是天道。古代中国通过自然中万象的观察和存在的秩序映射社会生活,把自然、人伦、家庭秩序和政治生活规则蕴含其中,构建了一个严密的男尊女卑的等级制,并通过长时间的历史传承以观念和生活方式习俗固化下来,对女性的生活产生了严重的影响。

总的来说,改革开放后,中国妇女/性别研究中无论是社会性别主流化、后现代女性主义还是激进女性主义从本质上说都强烈地受到自由主义女权主义的影响,在本质上说是裹挟着新自由主义经济在全球化条件下蔓延而产生和发展的。但以中国来讲,影响妇女/性别理论的思潮中还有近现代以来形成的独特的关于马克思主义妇女理论中国化的马克思妇女观、中国传统文化中的阴阳互补、五行八卦等内容。应该说,改革开放后中国女权主义理论色彩纷呈,而面对未来,中国妇女/性别研究则表现为对自由主义妇权主义的反思,对中国传统文化的批判吸收,以及对马克思主义女权主义的发展和深化,具体表现为对中国情境的认真研究和本土化。

二、21 世纪中国社会主义发展时期的妇女解放理论(2000 年至今)

中国的妇女/性别理论在 20 世纪以改革开放为分水岭,大体分为两个阶段。第一个阶段具体表现为以国家、民族和阶级的概念共同推进的妇女解放运动,其中包含着对制约女性主体发展的封建的"三从四德"的彻底摒弃,也包括对马克思主义妇女理论的吸收和符合中国情境的发展;改革开放后的 80 年代,妇女/性别研究越来越重视妇女的主体性。妇女研究很高程度上表现为一系列的分离:把"性别"从"阶级"中分离出来、把"妇女运动"从"国家"控制中分离出来;同时也反映在知识生产上把"妇女研究"从其他学科中独立出来。[①] 通过解构"铁姑娘式"的妇女解放运动——以超体力生产劳动对于女性身体的伤害为经验证据——来建构"有性人"。但是我们发现 80 年代启蒙运动中的女权主义批判所释放出来"女性意识",尊重个性

---

① 林春,等.试析中国女性主义流派[M]//邱仁宗.女性主义哲学与公共政策.北京:中国社会科学出版社,2004:96.(英文版本参见:Alison Jaggar and Iris Marion Young,"Women's Studies in China",A Companion to Feminist Philosophy,Wiley-Blackwell,2000.)

和差异,契合了 90 年代新自由主义的资本主义精神,表现为倡导个性自由和市场竞争。而 90 年代妇女/性别研究则不断强调女性多样性和文化身份的重要性,运行在身份政治轨道里,被消费主义吸收和利用。应该说,改革开放后近 20 年的妇女/性别研究在一定程度上消解了女性解放的政治同盟,解构了生产劳动妇女群体,我们越来越多地看到女性个体、女性个体的主体性,而看不见宏观的社会制度,女性失去了对社会制度的批判,而市场化转型再造了公私领域的绝对划分,国家和企业退出了家务劳动的承担范围,与再生产有关的职能退回到家庭,更多的责任落在了妇女身上,于是在双重负担下,不但使女性陷入低质量的生存现状,而且使女性更加受到全球化资本主义扩张中资本的剥削和压迫,造成了女性群体内部的严重分化。

21 世纪以后,学者们开始重视资本逻辑带来的政治上存有的保守,关注在新的历史情境下对政治经济学批判的重视,对妇女生产劳动的关注,而越来越重视到自由市场体制对绝大多数妇女造成的伤害,以及对劳动阶级和中产阶级妇女实现真正个人自由的限制,妇女/性别理论的本土化呼声愈发强烈,越来越多的学者认同马克思主义妇女理论在中国妇女解放事业中的指导地位。强调面对未来的世界,中国女性主义者的策略不应是被动的适应,而是要不断地吸收马克思主义理论宝贵丰富的财富,重视历史唯物主义和未来人类解放的公正目标。着力研究当代西方女性主义学者对全球资本主义的否定和批判,催生一种新的马克思主义女权主义政治空间。

国内建立中国特色社会主义妇女理论的呼声越来越强烈。1999 年,全国人大常委会副委员长、全国妇联主席彭珮云在中国妇女 50 年理论研讨会上提出要研究中国特色社会主义妇女解放理论,推动中国特色社会主义妇女解放理论体系的建设。全国妇联先后于 2002 年 7 月和 9 月在安徽黄山和吉林长春分别召开了全国性中国特色社会主义妇女解放理论研讨会。为加快研究的进程,中国特色社会主义妇女解放理论课题组于 2003 年年初在全国公开招标,设立了 22 个子课题,主要涉及妇女发展与经济发展、社会发展的关系,市场经济体制下的妇女组织职能与作用,全面建设小康社会进程中妇女与先进生产力的关系,推进先进性别文化与推进妇女发展的关系等方面。2003 年 12 月,全国妇联和中国妇女研究会在北京召开了社会主义初级阶段男女平等理论研讨会,有 100 多名专家学者参加了这次会议,围绕社会主义妇女解放理论体系的建设展开了讨论,提出了许多有意义的见解。2011 年"中国特色社会主义妇女理论研究"作为国家哲学社会科学基金重点项目立项,2013 年彭珮云同志主编的《中国特色社会主义妇女理论与实践》一书出版。书稿以中国特色社会主义理论为指导思想,运用马克思主义及其妇女理论的基本原理,系统论述了中国特色社会主义妇女理论的思想来源、指导思想、实践基础,以及妇女解放与发展的目标和任务;深刻阐明推动中国妇女运动,实现妇女的进一步解放与发展,必须坚定不移地坚持中国共产党的领导,走中国特色社会主义道路,在社会主义经济建设、政治建设、文化建设、社会建设和生态文明建设的进程中,全面发挥妇女的主体作用,并汇集社会合力,共同推动。

三、面向未来的中国特色妇女/性别解放理论

40 年来,中国的妇女/性别理论取得了长足的进步,也进行了执着的探索,我们越来越

认识到,以马克思主义妇女观建立中国特色社会主义妇女/性别解放理论愈来愈必要且迫切。我们需要不断推进中国特色社会主义妇女/性别解放的理论建构,要有中国特色社会主义妇女/性别解放理论的话语表达,也要有相应的完善的学科体系。面向未来,我们在建立中国特色社会主义妇女/性别解放理论要注意以下四个问题:

一是中国特色妇女解放理论与马列主义经典文本之间的关系。学者们提出要挖掘马克思主义经典作家对两性关系的论述及理解,关于人的全面发展的思想,关于人的主体性、能动性思想,关于人是社会关系总和的思想,关于人性的论述,关于阶级、种族/民族、性别等关系的论述,关于未来共产主义理想,关于社会存在与社会意识、经济基础与上层建筑互动关系的论述等等,都为未来的中国马克思主义妇女理论的发展提供广阔空间。

二是中国特色妇女解放理论与西方女权主义发展成果之间的关系。学者们认为传统马克思主义妇女理论倾向于把妇女解放置于阶级解放、经济发展之后,强调阶级与性别利益的一致性,忽视阶级利益与性别利益的差异性;缺乏对各种社会关系及其之间相互关系的具体论述。为此,在形成 21 世纪的具有中国情境的妇女解放理论时,我们要吸收自由主义女性主义带来的个体主体意识的觉醒,对个人自由和机会的尊重,肯定后现代主义解构权力对抗专制的作用,吸收社会性别理论中结合包括阶级、性别、种族/民族、地域、年龄、职业、性取向等各种形式的权力/权利关系来关注妇女的特设状况和需求,强调普遍中的特殊、主流外的边缘,强调倾听另类和弱势族群的声音。在强调对资本主义生产方式的批判的同时,更多地关注性别问题。面对封建传统根深蒂固的中国,从社会制度和文化意识观念层面进行分析,对应中国妇女解放实践需求。

三是中国特色妇女解放理论与具有马克思主义传统的女权主义思想的关系。我们要特别注意研究和借鉴那些具有马克思主义传统的西方女权主义思想的发展。如马克思主义女权主义者玛格丽特·本斯通应用马克思的经济概念把家务劳动定义为生产的一种形式,认为无偿的家务劳动构成妇女压迫的物质基础;劳动力再生产是妇女压迫的根源;家庭是性别压迫的主要场所等。讨论"家务劳动"是否创造剩余价值?家务劳动是生产性的还是非生产性的?家务劳动能否工资化?这些问题应该重新研究。而西方马克思主义关于非经济因素与妇女解放之间的关系研究也是非常有意义的。巴雷特用意识形态来解释性压迫和阶级压迫。强调意识形态在社会不平等的再生产中作用。当代资本主义社会的重要问题在于意识形态而不是经济基础。家庭是维持资本主义意识形态的手段。家庭中渗透了产生于社会整体的家庭意识形态,妇女做家庭主妇和男子养家糊口的性别身份正是在家庭意识形态内并通过现实家庭的社会化而建构和再生产的。运用马克思主义结构分析途径,认为资本主义制度和家庭结合在一起,相互依存,是女性受压迫的物质基础。只有推翻资本主义制度,改变整个社会结构,真正的性别平等才有可能。这些真知灼见在目前的全球政治经济框架下应被重视,并进行很好的反思和借鉴。

四是中国特色妇女解放理论形成与发展中"前三十年"与"后三十年"的关系。21 世纪出现的对于中国妇女/性别理论和实践研究的反思,带来对毛泽东时期中国妇女解放运动中的理论和实践的思考。面对改革开放后出现的妇女的双重负担,许多人开始讨论集体主义时期妇女解放的正效应。在制度层面上,毛泽东时期妇女大量就业进入许多以前由男性垄断的行业,托儿所等育婴设施的提供,收入分配上男女同工同酬;意识形态上肯定"时代不同了,男女都一样",承认妇女能顶半边天;妇女参加劳动,成为生产和革命的主体。家务劳动具有"公"的性质,承认为生产服务的家务劳动的贡献和作用,并进行管理,尽管家务劳动仍是无酬的。国家对家务劳动的承担者给予崇高的政治地位,承认她们是"工人阶级的一部分",给予她们国家表彰。但在改革开放后,我们强调个性和差异,市场经济体制建立后,国家和组织的力量退后,女性在家务劳动和生育责任的压力下,以个体为单位自我发展,整体来讲,广大妇女处于较低的职业层次,收入报酬相对男性更低,家务劳动没有报酬,且地位也不被国家所承认。那基于此,我们是否就得出改革开放前三十年是中国妇女解放黄金时期呢? 对此我们要全面地分析,观察毛泽东时期的妇女解放策略及其状况我们发现,"文革"时期女工同样存在性别化的行业分工和职业分工,妇女仍是作为劳动力的蓄水池而存在的。[①]能享有单位所提供的再生产福利设施的只是极小部分的城镇全民女工。面对今天中国妇女生存和发展的现状,我们要认识到男女平等目标实现的长期性和艰巨性。同时我们要正视妇女解放历史中出现的宝贵思想。对于改革开放"前三十年"妇女运动的实践,我们应该挖掘和研究集体主义时期众多妇女参与集体建设以及共同体意识的培育,单位制度不仅是生产制度,同时是一种集体主义的生活方式。那段时期妇女一直活跃在各类工人社区、城市社区和农村社区中,其中所带来的个人主体意识的觉醒、个人能力的提升、个人主动参与共同体建设的意识是目前女权主义运动要汲取的。

在中国未来的妇女/性别理论与行动中,我们恐怕要对新自由主义对妇女发展带来的影响有清醒的认识,要充分意识到妇女/社会性别研究与新自由主义体制之间暧昧的同谋关系,要正视和研究新自由主义推进的全球化进程中妇女发展受到的伤害,在自由主义女权之外重建马克思主义女权主义的批判。我们要注重马克思主义经典文本中的理论资源,要吸收西方女权主义思想的合理成分,关注西方女权主义理论发展脉络中的马克思主义因素,批判性地继承和发展中国传统文化中的性别观念,并对五四运动以来中国的妇女解放理论,尤其是中国共产党主张的妇女解放理论进行借鉴和吸收,在马克思主义妇女观的指导下,关注国情,关注现实,关注中国妇女的生存现状,了解和解决不同层次妇女的不同问题,扎实地推进中国的妇女理论和实践研究。

Review and Prospect of Women/Gender Theory in China Since Reform and Opening

Shi Hongmei

(School of Marxism, Xiamen University, Xiamen, 361005)

Abstract: This paper reviews the vein and trend of women/gender theory in China. The author thinks there are two stages during the development process of the theory since reform and opening. We can call women/gender theory of construction period with Chinese characteristic in the first stage; 21 century women/gender theory of development period with Chinese characteristic is formed in the second stage. The theory in each stage exists mutual impacts of different thoughts and ideas, which formed the picture of women/gender

---

① 金一虹."铁姑娘"再思考:中国"文化大革命"期间的妇女劳动[J].社会学研究,2006(1):173.

theory and practice with Chinese characteristic. The author emphasizes we need to face and study the harm produced by new liberalism in the process of globalization, reconstruct the Marxism feminism critique beyond new liberalism. Some theory resources of Marxism classical texts need to be emphasized. Factors in the west feminism theory also are focused. Some gender views in Chinese traditional culture are inherited and developed critically. We need to draw lessons from women emancipation during the May 4th Movement, especially some propositions proposed by CCP. Guided by the view on women of Marxism, researchers should focus on the situation of the country, reality and living conditions of Chinese women, learn and solve some different problems of different levels, push the study on the theory and practice solidly.

Key words: reform and opening; women/gender study; two stages

跨越 40 年:专业妇女社会工作研究的
发展脉络与趋势[*]

段文杰　关秋洁[**]

内容摘要:妇女社会工作是在"助人自助"专业理念的指导下,运用个案、小组和社区工作的方法,帮助处在困境中的妇女解决困难、提高能力、实现自身的全面发展。文章在辨析"妇女工作"、"女性主义社会工作"和"妇女社会工作"等概念的基础上,提出新时代妇女社会工作的基本内涵是针对新时代妇女发展所面临的一系列重大理论和现实问题,扩宽妇女社会工作的服务领域和服务人群,从不同层面上为妇女提供服务,推动妇女的全面发展。纵观改革开放 40 年,我国妇女社会工作的发展依次经过了历史分析为主的萌芽期(1978—1983)、回应现实为主的起步期(1984—1995)、比较运用为主的融合期(1996—2004)和科学实证为主的发展期(2005—2018)。涉及的研究主题包括留守、家暴、就业、流动、健康等五大方面。未来妇女社会工作的发展需要在已有经验和成果的基础上,进一步解决并完善妇女发展所面临的问题。

关键词:妇女;妇女工作;妇女社会工作;改革开放四十周年

1978 年,中国共产党第十一届三中全会做出了改革开放的伟大决策,由此开启中国历史发展的新阶段。改革开放 40 年间,我国经济发展水平不断提高,人民生活条件不断改善,社会各方面建设取得全面进步。但是,在改革开放取得一系列重大成就的同时,也产生了许多的社会问题。具体表现为,农村的劳动力开始外出打工,向城市迁徙,这一方面导致流动人口的增加,另一方面导致了农村大量分离式家庭和留守群体的形成;经济体制改革和社会主义市场经济体制的建立增加了我国的就业的复杂性和严峻性等等。在妇女领域,改革开放加快了妇女的解放事业,极大地促进了妇女的全面发展。2015 年国务院发布的《中国性别平等与妇女发展》白皮书指出,在经济方面,592 个国家扶贫开发工作重点县的妇女的贫困发生率从 2005 年的 20.3%下降到 2010 年的 9.8%;在就业方面,2013 年,全国女性就业人数为 34640 万人,占就业总数的 45%;在教育方面,2013 年女性 15 岁及以上文盲率为6.7%,比 1995 年降低了 17.4 个百分点;在健康保障方面,截至 2014 年年底,全国共有妇幼保健机构 3131 个;在政治参与方面,2013 年十二届全国人民代表大会第一次会议女代表比

---

　* 本文由武汉大学人文社会科学青年学者学术发展计划学术团队建设项目(WHU2016019)和 2017年国家社科基金青年项目(17CSH073)资助。

　** 段文杰,男,武汉大学妇女与性别研究中心及社会学系副教授、硕士生导师,主要研究方向为社会心理学、生命质量和健康促进等;关秋洁,女,武汉大学社会学系社会工作硕士生。

例为 23.4%，比 20 年前提高了 2.4 个百分点。[①] 仍然不可忽视的是，妇女在个人发展和社会融入方面还存在着诸多的困难和阻碍。在 2010 年最新一期中国妇女社会地位调查中，城镇和农村就业妇女年均劳动收入仅为男性的 67.3%和 56.0%[②]，男女之间收入差距、城镇妇女和农村妇女之间的差距较大，妇女在就业市场中还面临着不同程度的就业歧视，妇女的贫困率大于男性，此外，妇女的政治参与程度还较低。可以看出，改革开放 40 年以来，性别平等与妇女的发展仍旧不平衡不充分，正如十九大报告中习近平总书记指出的，我国特色社会主义进入了新时代，社会主要矛盾已经转化为人民日益增长的美好生活需要和不平衡不充分的发展之间的矛盾。解决这一矛盾不仅是经济发展问题，更是社会发展问题，社会工作旨在促进个人发展和社会和谐稳定，在此将会大有作为，而妇女社会工作作为社会工作的领域之一，在解决性别和妇女发展不平衡不充分的矛盾中也发挥着重要的作用。

以往的妇女社会工作研究中，一方面表现为从不同的角度对妇女社会工作在我国的发展路径研究，学者们探讨了转型时期的妇女社会工作、妇女社会工作的本土化路径、妇女社会工作发展的困境等，这些研究多停留在理论层面的探讨，缺少实证的研究。另一方面表现为社会工作介入弱势妇女群体发展所面临的困境的研究，学者们通过分析农村留守、受家暴等处在弱势地位的妇女在生产和生活中的困境，运用专业的社会工作方法介入并进行改善，这些研究的主体集中于处在困境中的妇女，忽略了更大范围的其他妇女群体。社会工作是一门以实践为导向的学科或职业，更注重为服务对象提供服务，妇女社会工作的研究不只要关注到弱势妇女群体，而要关注到整个妇女群体。

本文在精确定义妇女社会工作基本内涵的基础上，系统回顾改革开放 40 年以来妇女社会工作研究的发展脉络，将妇女社会工作的研究发展划分为四个阶段，分别是历史分析为主的萌芽期（1978—1983）、回应现实为主的起步期（1984—1995）、比较运用为主的融合期（1996—2004）和科学实证为主的发展期（2005—2018），通过总结妇女社会工作在我国的研究趋势，指明了新时代妇女社会工作的未来发展方向。

一、妇女社会工作的内涵

妇女社会工作是在我国传统的妇女工作与社会工作结合的基础上发展起来的。本文通过梳理"妇女工作""社会工作""女性主义社会工作"等相关概念，进而提出"妇女社会工作"的定义、特点和内容。

（一）妇女社会工作的定义

我国传统的妇女工作是指，以妇女为对象，为妇女提供的服务和为妇女利益而开展的，

---

① 国务院新闻办公室.《中国性别平等与妇女发展》白皮书［R/OL］.（2015-09-22）［2018-10-29］. http://www.gov.cn/xinwen/2015-09/22/content_2936716.htm.

② 第三期中国妇女社会地位调查课题组.第三期中国妇女社会地位调查主要数据报告［J］.妇女研究论丛,2011(6).

且主要依靠妇女来做的工作,工作主体是各级妇联和有关机构。① 西方女性主义社会工作是在 20 世纪 70 年代晚期和 80 年代早期出现在社会工作学术领域,是指从女性的经验出发来进行分析,专注于女性社会位置与其个人困苦间的联结,回应女性的独特需要,创建社会工作者和案主之间平等的关系,并探讨结构上的不平等②。无论是妇女工作,还是西方女性主义社会工作,都为我国妇女社会工作的发展提供了经验参考和积极借鉴。

"妇女社会工作"这一概念被提出后,引起了学术界的广泛关注和研究,不同的学者对这一概念做出了不同的定义。王思斌认为妇女社会工作作为社会工作的研究领域之一,是指以妇女为服务对象的社会工作,也就是针对妇女在自我成长过程中,在参与政治、经济、社会、文化和家庭生活过程中遇到的群体或个体问题而开展的社会工作服务性工作③。张李玺将妇女社会工作定义为借助社会工作的专业方法来对妇女进行服务的活动,妇女社会工作的目的在于通过专业的社会工作介入,赋权并提高妇女的各项能力,促进妇女的自我完善和发展④。本文认为,在中国特色社会主义进入新时代的今天,妇女社会工作的基本内涵是针对新时代妇女发展所面临的一系列重大理论和现实问题,扩宽妇女社会工作的服务领域和服务人群,从不同层面上为妇女提供服务,推动妇女的全面发展。

(二)妇女社会工作的特点

妇女社会工作是社会工作的服务领域之一。社会工作的特点有以下几个:是一种专业的助人活动、非常注重专业的价值、强调运用专业的工作方法、以实践为导向、要求各方面的互动合作和多方协同⑤。而妇女社会工作除了具有社会工作的特点之外,还具有自身独特特点,包括庞大的服务对象群体,服务内容与婚姻家庭紧密联系,核心目标是创造男女平等的社会环境,十分关注妇女个体的多样性、妇女的声音与经验,理解并接纳妇女所处的环境,强调"个人的即政治的",注重本土妇女工作经验的总结和提炼⑥。

(三)妇女社会工作的内容

妇女社会工作的内容既与妇女工作、社会工作、西方女性主义社会工作不同,又与其相联系。我国传统妇女工作的内容包括:团结、动员妇女投身改革开放和社会主义现代化建设;教育、引导广大妇女增强自尊、自信、自立、自强的精神,全面提高素质,促进妇女发展;参与国家和社会事务的民主管理、民主监督,参与有关妇女儿童法律、法规、规章的制定,维护妇女儿童合法权益;为妇女儿童服务;巩固和扩大各族各界妇女的团结,加强同港澳台地区及华侨妇女的联谊,促进祖国统一大业⑦。西方女性主义社会工作的内容明确提到将女性

---

① 蒋美华.社会转型期的妇女社会工作[J].妇女研究论丛,2004(3).
② Lena Dominelli.女性主义社会工作:理论与实务[M].王瑞鸿,张宇莲,李太斌,译.上海:华东理工大学出版社,2014.
③ 王思斌.社会工作概论[M].北京:高等教育出版社,2006.
④ 张李玺.妇女社会工作[M].北京:高等教育出版社,2008.
⑤ 王思斌.社会工作概论[M].北京:高等教育出版社,2006.
⑥ 张李玺.妇女社会工作[M].北京:高等教育出版社,2008.
⑦ 朱东武.妇女工作与社会工作之我见[J].中华女子学院学报,1996(3).

主义的关怀延伸到了男性、儿童、成年人、罪犯以及家庭等相关领域①。

社会工作的内容从总体上说属于社会福利服务层面,内容十分广泛,通过向有困难、需要帮助的人提供各种帮助,促进服务对象的正常生活和个人的全面发展、推动人与社会环境的相互适应,维持社会的秩序与和谐,推动社会的进步与发展。妇女社会工作的主要内容是在社会工作内容的基础上,结合妇女自身的特点而形成的,包括解决妇女的婚姻家庭问题,实现家庭领域的性别平等,着力解决妇女的暴力问题、贫困问题,促进妇女的生存与发展,推进社会的性别平等②。

二、妇女社会工作研究的发展脉络

改革开放以来的妇女社会工作研究呈现出缓慢兴起并迅速发展的特点,根据这一特点,可以将妇女社会工作研究的发展历程划分为四个阶段。第一阶段是历史分析为主的萌芽期,这一时期已经出现了对近代以来我国妇女解放运动的研究,妇女的独立和解放开始受到人们的关注;第二阶段是回应现实为主的起步期,这一时期改革开放为我国带来了经济发展和社会建设的新局面,新形势下的妇女工作围绕市场经济建设而展开,同时,社会工作在我国开始了恢复和重建;第三阶段是比较运用为主的融合期,社会工作和妇女工作具有的相似和不同之处,学者们开始了将妇女工作和社会工作结合的思考和研究;第四阶段是科学实证为主的发展期,不同理论和实践方法的运用使得妇女社会工作的实证研究在这一时期得到了迅速的发展。

(一)历史分析为主的萌芽期(1978—1983)

十一届三中全会做出了改革开放的伟大决策,把党和国家的工作重点转移到社会主义现代化建设,并停止以阶级斗争为纲的错误方针,在全国范围内掀起了思想解放运动。这一时期,社会工作在我国还未恢复重建,尚未有关于社会工作的研究,但是有些研究开始关注于妇女的解放运动,对近代以来我国妇女的解放运动进行详细的分析,成为未来妇女社会工作产生的萌芽。

在对妇女运动和解放的研究中,一方面集中于对戊戌维新、辛亥革命等近代妇女解放运动的研究。戊戌维新时期的不缠足和兴女学运动虽称不上是妇女解放运动,但无疑是我国近代妇女解放的先声③。辛亥革命时期的妇女开始运用西方自由平等的思想来批判封建专制的妇女思想,通过开展女子教育,建立妇女团体等活动,开创了我国妇女解放运动的新篇章④。另一方面表现为对秋瑾、李大钊等作家以及其作品中的妇女解放思想的研究。妇女

---

①　Lena Dominelli.女性主义社会工作:理论与实务[M].王瑞鸿、张宇莲、李太斌,译.上海:华东理工大学出版社,2014.

②　张李玺.妇女社会工作[M].北京:高等教育出版社,2008.

③　刘巨才.戊戌维新时期妇女的思想解放[J].史学月刊,1983(3).

④　李喜所.辛亥革命时期妇女解放运动的特点[J].东北师大学报,1981(5).

解放运动的先行者秋瑾将思想和行动投身于妇女解放和社会解放的事业中①，另一位革命先驱李大钊积极探索妇女解放和独立的道路，勇敢地站在妇女解放运动的前列②。

（二）回应现实为主的起步期（1984—1995）

随着改革开放的推行和社会主义市场经济的建设，妇女工作的研究逐渐兴起。与此同时，北京大学于1988年正式设立社会工作与管理专业，标志着社会工作在我国正式恢复重建，随后中国社会工作者协会和中国社会工作教育协会也相继成立。这一时期的社会工作研究主要是对社会工作的本土化探索，妇女工作的研究紧密围绕社会主义市场经济建设的新形势，回应现实需要开展研究，主要内容有马克思主义妇女观的理论指导、新形势下妇女工作的开展和管理。

在改革开放和社会主义市场经济建设的新形势下，要坚持马克思主义理论的指导地位不动摇，同样地，妇女工作的开展也要以马克思主义妇女观为指导。马克思主义妇女观的主要内容是坚持党的领导和社会主义方向；围绕党的中心工作，将妇女工作的重点转移到现代化建设，解放思想，以经济建设为中心，大力发展生产力；全面提高妇女的素质，逐步实现妇女的解放等。③ 马克思主义妇女观的理论是新形势下做好妇女工作，推动经济和社会建设的根本保证。

长期以来，各级妇联是妇女工作开展的主要单位。党的十四大提出了建设社会主义市场经济的目标，掀起了全党全社会建设社会主义市场经济的热潮，这一时期的妇女工作渐渐兴起并蓬勃发展，在不同地区和不同领域都发挥着重要的作用。促进妇女的就业与再就业是城市地区妇女工作的重要内容④，而农村地区的妇女工作需要提高妇女干部的整体素质，加强基层妇女组织建设。⑤ 新形势下妇女工作的研究还表现在乡镇企业、高校以及管理领域。乡镇企业在改革开放后的异军突起对妇女工作提出了新的要求，具体要求包括支持乡镇企业的妇女工作，着力提高女职工的素质，保护女职工的合法权益和特殊的利益⑥。在高校中开展妇女工作应该在加强妇女工作的理论研究的同时，还要注重女教职员工委员会在组织参与、教育、代表和服务等职能的重要作用。⑦ 还有学者对妇女工作中的管理进行了研究，加强妇女工作的管理，将现代科学管理学的思想运用于妇女工作的管理中，是妇女工作自我完善和发展的重要内容。⑧

（三）比较运用为主的融合期（1996—2004）

在改革开放带来的经济迅速发展和社会不断进步的同时，也引发了一系列的社会问题，在这样背景下，社会工作的发展更加受到了重视。社会工作与妇女工作在服务对象、服务目

---

① 郑云山.唤回闺梦说平权——秋瑾与妇女解放运动[J].浙江学刊,1981(1).

② 林平汉.李大钊——妇女解放运动的指路人[J].福建师范大学学报(哲学社会科学版),1982(1).

③ 吴爱英.用马克思主义妇女观指导妇女工作[J].中国妇女管理干部学院学报,1993(1).

④ 上海市妇联.再就业工程——城市妇女工作的一个重要领域[J].中国妇运,1995(6).

⑤ 山东省妇联.强化村级妇女组织建设,增强基层妇女工作活力[J].妇女学苑,1994(4).

⑥ 李大强.妇女工作在乡镇企业中再造辉煌[J].中国妇运,1994(9).

⑦ 潘秀英.在改革中加强高校的妇女工作[J].社会工作研究,1994(3).

⑧ 罗兆红,余梅香.试谈妇女工作管理的中国特色[J].妇女学苑,1992(4).

标和服务内容方面存在的相似性使得一些学者开始将社会工作的思想运用到妇女工作的研究中。随着妇女越来越呈现多样化、层次性的特征,妇女自身的需求也越来越广泛和多样,以妇联为主的妇女工作的局限性也逐渐凸显出来,与此同时,伴随着社会工作在我国的恢复和重建,妇女社会工作作为一种新的工作理念和方法,被引入社会工作和妇女工作的研究。

在服务对象方面,妇女群体,尤其是弱势妇女群体是社会工作与妇女工作都关注的重要对象;在服务目标方面,二者都致力于帮助妇女解决困境,维护妇女的各项权益,促进妇女的全面发展;在服务内容方面,运用专业的方法围绕妇女在生活和发展中所面临的各种问题,开展相应的实践活动。社会工作不同于妇女工作的地方在于,社会工作是一门专业的学科,有丰富完善的理论和科学的方法,在西方发达国家已经积累了实践经验。社会工作与妇女工作相互联系、相互区别,又互为补充。融入社会工作知识和方法的妇女工作研究引起了一些学者的关注。

朱东武基于妇女工作的主要内容,分析了妇女工作和社会工作在工作对象、内容和理论基础上的区别和联系,提出妇女工作和社会工作初步结合的妇女社会工作存在的不足与未来的展望[①]。还有研究尝试将社会工作的介入方法运用于妇联工作中,并对社会工作介入的初步效果做分析。崔学华通过参与城市社区服务业的调查,认为城市妇女工作与社区服务在家政、教育、维权和监督等方面的有效结合是推动妇女工作和社区服务发展的重点[②]。此外,蒋美华回顾了妇女工作的发展,并将社会工作视为是对妇女工作的补充和完善,在此基础上研究社会转型时期妇女社会工作的发展模式和路径[③]。

(四)科学实证为主的发展期(2005—2018)

近十多年来,社会工作在我国经历了快速的发展时期。2006年,中国共产党第十六届六中全会提出要建设一支宏大的社会工作人才队伍,首次将社会工作提升到国家政策层面,随后的国家政策也为社会工作的发展提供了政策支持,社会工作的发展和人才队伍的建设越来越受到党和国家的重视。妇女社会工作的研究在这一时期获得了快速的进展,这主要体现在妇女社会工作实证研究方面。

社会工作通过运用个案工作、小组工作、社区工作方法,针对这一时期妇女生活和发展所面临的问题,开展专业的社会工作介入活动。王玥、任茂贤对山东省东明县东明集镇的一个34岁农村留守妇女所面临的生活困境,进行社会工作的个案工作介入,通过分析案主的基本情况、接案、预估、制订社会工作介入计划、介入实施、评估和结案等具体步骤,帮助案主减轻生活负担,获得心理调适,充实了对生活和未来的信心[④]。林虹以江苏省盐城市滨海县某村的留守妇女为例,调查了留守妇女的身心、家庭、婚姻、闲暇生活状况和对未来的期望,调查的结果发现,大多数的留守妇女在以上几个方面都面临着种种问题,小组工作的方法具

① 朱东武.妇女工作与社会工作之我见[J].中华女子学院学报,1996(3).
② 崔学华.关于城市社区服务与妇女工作的思考——郑州中原及二七区社区服务业调查的启示[J].社会工作,2004(10).
③ 蒋美华.社会转型期的妇女社会工作[J].妇女研究论丛,2004(3).
④ 王玥,任茂贤.社会工作介入农村留守妇女权益保障研究——基于山东省东明县东明集镇的个案分析[J].社会工作与管理,2015(12).

有的互助、支持、高效率等众多优势，可以实现留守妇女的助人自助，提高她们的幸福感。①

三、妇女社会工作的研究趋势

本研究运用文献分析法对改革开放 40 年以来妇女社会工作的实证研究进行系统回顾和分析。文献分析法是指通过收集研究对象的文献资料，并对其进行整理、分析和研究，进而揭示研究对象的特点、性质和发展规律等。本文选择 2005—2018 年在中国知网（CNKI）已经发表的，主题词含有"妇女社会工作；妇女/女性，社会工作/个案工作/小组工作/社区工作"等的实证研究文献。实证研究指研究者亲自收集观察资料，为提出理论假设或检验理论假设而展开的研究，具有鲜明的直接经验特征。搜索结果显示相关文献一共有 115 篇，通过分析这些文献可以发现，研究的主题主要包括妇女的留守、家暴、就业、流动和健康等五个方面，涉及的社会工作专业方法有个案工作、小组工作和社区工作等。

（一）留守

在妇女社会工作的实证研究中，农村留守妇女是妇女社会工作研究的最主要的研究对象，是研究数量最多的群体，约占全部研究的 35％。研究的主要内容包括农村留守妇女的生存状况、生活情况、婚姻家庭等方面，采用的方法有个案工作、小组工作和社区工作方法。

对农村留守妇女生存状况的研究中，马惠芳通过对陕北地区两个城市农村留守妇女生存现状的调查，认为她们普遍面临着劳动负担重、心理压力大、婚姻质量低、缺乏对子女的教育能力等等问题，并探讨了社会工作三大方法的介入策略②；肖慧欣和王卫平认为目前中国农村留守妇女在生活上、心理上、婚姻上、安全上面临着诸多问题，需要妇女社会工作的介入，通过社区工作、小组工作以及一对一的个案工作来发掘留守妇女的潜力，解决她们的问题③；刘丽晶和刘诣通过对山东省刘白杨村的留守妇女个案调查，反思了社会工作介入留守妇女群体应注意的问题，在理论和实务层面提出了改善留守妇女问题的有效对策④。

对农村留守妇女生活情况的研究中，何志扬、田晚荣基于优势视角的实践探索，提出了社会工作介入留守妇女的文化生活应当重点关注案主的资源和优势、兼顾问题的挑战性和机遇性、强调案主的自助与互助、挖掘环境中蕴含的待开发优势、注重人文关怀和照顾⑤；刘琼运用访谈和参与式观察法对农村留守妇女的闲暇生活状况进行研究，尝试通过小组工作

　　① 林虹.小组工作方法在农村留守妇女中应用优势之初探——以江苏省盐城市滨海县某村留守妇女为例[J].社会工作（学术版），2011(12).

　　② 马慧芳.农村留守妇女生存现状与社会工作介入思考——基于陕西省榆林、延安两市的调查[J].延安职业技术学院学报，2017(5).

　　③ 肖慧欣,王卫平.农村留守妇女生存现状对妇女社会工作的启示[J].社会科学论坛（学术研究卷），2007(10).

　　④ 刘丽晶,刘诣.农村留守妇女问题的调查及社会工作介入——以山东省刘白杨村为个案[J].东北农业大学学报（社会科学版），2012(10).

　　⑤ 何志扬,田晚荣.农村留守妇女文化生活的社会工作介入——基于优势视角的实践模式探索[J].西北人口，2015(5).

的实务技巧帮助留守妇女提高闲暇生活质量[①];杨思颖根据留守妇女的需求分析结果,成立互助小组,针对留守妇女的情感交流、身心健康知识以及自我意识等方面开展小组活动[②]。

对留守妇女婚姻家庭的研究中,谢琦针对留守妇女婚姻问题进行个案研究,围绕服务对象的自我认知、夫妻沟通、生活负担以及精神压力等四个方面,开展了完整的个案工作介入[③];刘佳认为留守妇女家庭问题主要体现在家庭关系矛盾和对子女的重养轻教问题,通过设计并实施具体的个案工作介入,帮助服务对象解决家庭问题[④];王福鑫农村留守妇女的婆媳矛盾已成为不可忽视的问题,在调查了解婆媳矛盾基本情况和产生原因的基础上,使用个案工作方法介入,帮助服务对象改善情绪,缓和婆媳之间的紧张关系[⑤]。

此外,还有很多学者针对留守妇女的社会支持网络的建立[⑥]、抗逆力的提升[⑦]、不良情绪的解决[⑧]、权益的保障[⑨]、人际交往状况[⑩]等进行社会工作介入和研究。

已有的这些研究针对农村留守妇女面临的现实困境,运用社会工作专业方法帮助留守妇女解决困难、改善困境,实现自身的发展,取得了有效的成果。但是面对庞大的农村留守妇女群体,社会工作应不仅局限于微观层面的留守妇女,还需要在宏观层面上做出贡献,比如推动政策的建立等。此外,对留守妇女的介入中可以看出,介入方法多以个案工作和小组工作为主,社区工作方法还有待于进一步的运用。

(二)家暴

妇女在家庭中受到的暴力问题是国内外普遍关注的话题,社会工作作为一门专业的助人学科,运用独特的助人理念与专业方法技能来开展服务,通过社会工作的介入可以突破传统反家暴工作的固有思路,弥补其他手段在介入家庭暴力问题时的不足。受家庭暴力的妇女是妇女社会工作实证研究的第二大研究对象,约占全部研究的26%,介入的方法以个案工作为主,不同的学者从不同的角度针对家庭暴力虐待的妇女进行社会工作研究。

周东然和高建秀从身心灵互助健康团体辅导的角度探索了对家庭暴力受虐妇女的社会工作干预,填补了传统方法的空白,开创了社会工作家庭暴力受虐妇女干预本土化进程的崭新实践[⑪];杨娜以专业的社会工作方式为基础,结合非政府组织,以生态学理论为基础,提出

---

① 刘琼.农村留守妇女闲暇生活小组工作研究[D].咸阳:西北农林科技大学,2015.

② 杨思颖.农村留守妇女互助的小组工作介入研究[D].咸阳:西北农林科技大学,2016.

③ 谢琦.个案工作介入农村留守妇女婚姻问题研究[D].沈阳:辽宁大学,2017

④ 刘佳.个案工作介入留守妇女家庭问题研究[D].沈阳:辽宁大学,2015.

⑤ 王福鑫.农村留守妇女婆媳矛盾的社会工作介入研究[D].咸阳:西北农林科技大学,2016.

⑥ 孙可敬,傅琼.农村社会工作与我国留守妇女社会支持网的建构——基于农村留守妇女的安全感解析[J].江西农业大学学报(社会科学版),2010(3).

⑦ 赵佳琦.农村留守妇女抗逆力生成过程研究[D].北京:中国青年政治学院,2017.

⑧ 李昭玮.农村留守妇女不良情绪的社会工作介入研究[D].咸阳:西北农林科技大学,2017.

⑨ 王玥,任茂贤.社会工作介入农村留守妇女权益保障研究——基于山东省东明县东明集镇的个案分析[J].社会工作与管理,2015(12).

⑩ 韩凤丹.妇女社会工作视角下农村留守妇女社会交往状况研究[D].武汉:华中农业大学,2012.

⑪ 周冬然,高建秀.家庭暴力受虐妇女的社会工作干预——身心灵互助健康模式初探[J].社会福利,2009(8).

了一套分为宏观、中观、微观和个人四个层面的家庭暴力社会工作干预模式[①]；王玲等从社会工作增权视角出发，提出通过建立妇女庇护所防治家暴问题，逐渐实现对妇女的增权，提升她们的生活自主抉择权[②]；孙睿雯基于灵性社会工作的视角，认为受暴妇女的服务需求已经向身、心、灵三元转变，从灵性社会工作视角出发去解决受家暴妇女的问题，为我国受家暴妇女的救助服务提供了新的思路和方法[③]；张琳琳研究了任务中心模式下的家庭暴力介入，通过具体的个案工作介入，去探索并形成系统完整的任务中心模式下的家庭暴力介入方式方法[④]；此外，还有一些研究从受家暴妇女的社会支持[⑤]、心理问题[⑥]等方面入手进行专业的社会工作介入。

通过对已有的受家暴妇女的实证研究分析可以看出，社会工作介入我国受家庭暴力妇女为我国传统的家庭暴力防治提供了新的思路，实证研究也证明了这一方法的有效性。如前文所说，家庭暴力问题是全世界普遍存在的问题，在我国妇女社会工作介入受家暴妇女的研究中，不仅应该注重本土的经验积累，还应该积极借鉴国外已有的研究成果，在结合我国受家暴妇女的实际情况的基础上，形成中国特色的妇女社会工作介入策略和路径。

(三) 就业

党的十九大报告指出，就业是最大的民生问题。无法就业就代表着失业。妇女的就业与失业问题一直以来就受到学者们的广泛关注，妇女作为潜在的劳动力在改革开放以来，逐渐参与到工作中来，成为就业市场中重要的就业群体，但是很多妇女还存在就业方面的困难，比如就业知识的缺乏、就业能力的不足等，通过专业的社会工作介入帮助她们改变就业观念，改善就业状况。妇女的就业与失业问题是妇女社会工作研究的主要内容，占全部研究的近 10%，运用到的社会工作方法以小组工作和社区工作为主。

蒋美华、党曼在对下岗女工再就业的现实困境分析的基础上，认为社会工作的实践中不断拓展对下岗女工再就业的服务领域，提升对下岗女工再就业的服务水准，来更好地为下岗女工服务[⑦]。刘秀英针对农村妇女自身文化、知识技能水平较低，传统文化和性别歧视等原因，通过社会工作干预以及协同政府建构有助于农村妇女非农就业的社会保障体系，加强教育和组织技能培训，提高农村妇女非农就业的水平，倡导推进发展乡镇企业，实现就地就业及开展"特色工作坊"[⑧]；葛根托雅运用社区工作的方法为社区无业妇女的就业问题提出方案并进行了介入，从建立关系、准备工作、启动、巩固、总结评估等五个阶段为社区无业妇女

① 杨娜.家庭暴力与社会支持—家庭暴力社会工作干预模式探索[D].天津：南开大学，2006.
② 王玲，吴清禄，蔡惠敏.社会工作增权视角下妇女庇护所防治家暴实践[J].社会工作，2016(5).
③ 孙睿雯.受暴妇女社会救助服务整合与提升——基于灵性社会工作视角的思考[J].社会工作，2012(7).
④ 张琳琳.任务中心模式下社会工作介入家庭暴力的研究[D].武汉：华中师范大学，2017.
⑤ 黄燕.受暴妇女的社会支持状况研究[D].北京：中国青年政治学院，2017.
⑥ 孙宁.个案工作介入家庭受暴妇女心理问题研究[D].沈阳：辽宁大学，2015.
⑦ 蒋美华，党曼.下岗女工再就业的现实困境及其社会工作的介入[J].中华女子学院山东分院学报，2008(2).
⑧ 刘秀英.农村妇女非农就业困境与社会工作干预探究——以新郑市龙湖镇为例[J].中共郑州市委党校学报，2013(1).

的就业问题提供了全面的介入措施[①];杨博通过对社区失业妇女开展小组工作介入活动,帮助失业妇女解决在经济、生理和心理等方面的不适应状况,提升她们的角色认知,并强化她们的社会适应能力,以便于更好地就业[②]。此外,还有学者对就业妇女的工作家庭冲突问题[③]、妇女创业者的现状和发展问题[④]进行社会工作实证研究。

实践证明,社会工作方法在提高妇女的就业水平和技能、改善妇女在就业中的不利条件中发挥着重要的作用。妇女就业问题的产生不仅在于妇女个人能力的缺乏,还在于国家的就业政策、就业市场中的就业形势和机会等,当前我国社会中男女就业机会和水平仍旧不平衡,社会工作应该在这一问题的解决中发挥更大的作用。

(四)流动

改革开放加快了我国社会的人口迁移和城市化进程,大量人口从农村迁往城市,形成了流动群体。流动妇女也是妇女社会工作实证研究的主要对象之一,占全部研究的近6%,社会工作的三大方法均被运用到流动妇女的研究中,研究的主要内容包括流动妇女的健康与发展、就业、教育等方面。

在对流动妇女的健康与发展的研究中,刘芳等基于生理、心理、道德和环境等方面的现代健康理念,通过在社区开展社会工作服务,促进社区流动妇女在健康、教育和艾滋病防治等方面的有机结合[⑤]。在对流动妇女的就业问题研究中,牛利娟从社区工作地区发展模式着手,通过对社区的流动家庭妇女就业问题开展社区工作介入,不仅提升了流动家庭妇女的就业技能,还提升了妇女的就业参与[⑥]。在对流动妇女的教育研究中,李淑云针对少数民族流动妇女的扫盲教育,运用个案工作和小组工作的方法介入到少数民族流动妇女的扫盲教育中,帮助少数民族流动妇女提高教育水平,促进社会融入[⑦]。此外,还有学者对流动妇女的发展问题[⑧]、相对剥夺感问题[⑨]进行社会工作介入研究。

流动妇女逐渐成为社会不可忽视的一个群体,解决流动妇女生活和发展所面临的困境,社会工作者需要联合社区、社会组织及其他社会力量,为流动妇女提供完善的社会支持网,帮助流动妇女更快地适应和融入新生活。

(五)健康

妇女的健康问题一直以来都受到社会各界的关注,也是妇女社会工作实证研究的内容

---

①　葛根托雅.社会工作介入鄂尔多斯市赛罕社区家庭无业妇女就业问题研究[D].呼和浩特:内蒙古师范大学,2015.

②　杨博.小组工作介入失业女性社会适应研究[D].呼和浩特:内蒙古师范大学,2017.

③　鲍海红.职业女性工作—家庭冲突的个案工作介入研究[D].南昌:江西财经大学,2016.

④　王烨烨.社会工作视野下公益事业女性创业者现状及其发展研究[D].福州:福建师范大学,2013.

⑤　刘芳,高万红,杨月明,莫佳妮.社会工作促进流动妇女健康与发展的实践研究——以昆明市Y社区为例[J].社会工作(学术版),2011(10).

⑥　牛利娟.社会工作介入流动家庭妇女就业的实务探析[D].郑州:郑州大学,2017.

⑦　李淑云.社会工作介入少数民族流动妇女扫盲教育研究[D].兰州:兰州大学,2014.

⑧　杨婧.发展型社会工作介入流动妇女发展的实践研究[D].昆明:云南大学,2014.

⑨　马恒芳.社会工作介入流动妇女相对剥夺感问题的实务研究[D].大庆:东北石油大学,2017.

之一，占全部研究的近 4%，研究的内容包括妇女的身体健康和心理健康等。

在对妇女心理健康的社会工作实证研究中，王冰楠等通过调查将留守妇女的心理问题归纳为心理压力大、缺乏安全感、容易产生不良情绪三个方面，并从个案工作和小组工作两个方面阐述了社会工作介入策略[①]。在对妇女身体健康的社会工作实证研究中，赵磊在对生殖健康服务机构调查的基础上，对影响外来务工妇女生殖健康的因素进行分析和探讨，结合国内外经验，提出了社会工作介入的途径[②]。在对妇女身体健康和心理健康的综合研究中，许菲以南樊村老年妇女为例，充分开展了为期一个月的老年妇女健康小组活动，并对小组活动进行了详细的记录与描述，针对开展的老年妇女健康小组进行了反思与探讨，反思了小组的不足，并对不足之处提出了改进的意见及建议[③]。

许多妇女由于健康知识的缺乏、生活条件不利等因素，导致了较差的身体健康状况，目前社会工作方法运用于改善提升妇女健康状况的研究刚处于起步阶段，还需要进一步地去探索和研究。

五、新时代妇女社会工作的未来发展方向

中国共产党的十九大报告指出，中国特色社会主义进入了新时代，我国社会主要矛盾已经转化为人民日益增长的美好生活需要和不平衡不充分的发展之间的矛盾，主要矛盾的变化要求新时代的妇女社会工作要在结合妇女发展密切相关的重大现实问题的基础上，深入开展新时代我国妇女发展的理论和实践研究。

从现实情况来看，当前我国还面临妇女脱贫和就业、婚姻和家庭建设、生育政策调整以及妇联组织改革等重大问题[④]。从已有研究情况来看，妇女社会工作研究的三大主要内容分别是农村留守妇女、受家庭暴力虐待的妇女、就业与失业的妇女，这三大问题正是对妇女发展所遇到的现实问题的反映，解决这些问题不仅需要妇女社会工作在理论上进一步丰富和完善，也需要在方法上有所突破和创新。未来妇女社会工作的发展需要在已有经验和成果的基础上，继续解决并完善妇女发展所面临的现实问题。

首先，在已有实践经验的基础上，妇女社会工作还应该关注到留守妇女的贫困问题，妇女的贫困问题一直以来都是世界各国普遍关注的重点[⑤]，妇女社会工作还需要在这一领域去探索和研究。此外，针对农村留守妇女的特殊情况，妇女社会工作一方面要从留守妇女群体入手，在妇女社会工作理论与方法创新的基础上，开展更高效的社会工作服务，另一方面要积极推动社会对留守妇女的关注以及国家对留守妇女的政策支持，为留守妇女提供更有力的支持和保障。

---

① 王冰楠,张红.社会工作视角下农村留守妇女心理健康问题探讨[J].新西部(理论版),2016(3).
② 赵磊.外来务工女性生殖健康服务影响因素及社会工作介入研究[D].西安:陕西师范大学,2014.
③ 许菲.小组工作介入农村老年妇女健康问题研究[D].西安:西北大学,2013.
④ 周文,杨睿.以习近平新时代中国特色社会主义思想为指导,推动新时代中国妇女研究事业创新发展[J].妇女研究论丛,2018(1).
⑤ 刘欣.近 40 年来国内妇女贫困研究综述[J].妇女研究论丛,2015(1).

其次,妇女社会工作在解决家庭暴力的问题上,通常是对受家暴的妇女进行社会工作介入,但是却忽视了对于施暴者和其他家庭成员的介入。在解决对妇女的家庭暴力问题中,不仅要扩大介入范围,还需要多多借鉴国外已有的经验成果,社会工作在国外已发展至成熟时期,国外社会工作防治家庭暴力的方法还有待于我们去进一步研究。

最后,妇女的就业问题不仅与妇女个体相关联,也与国家的发展息息相关。对于妇女的就业与失业问题,已有的妇女社会工作时间集中于通过具体的社会工作介入,帮助妇女提高就业能力和水平,未来妇女社会工作的发展还要为推动性别平等、就业平等做出贡献。

Across 40 Years: The Development and Trends of Professional Women's Social Work Research

Duan Wenjie   Guan Qiujie

(Center for Women and Gender Studies, Department of Sociology,
Wuhan University, Wuhan, 430000)

Abstract: Under the guidance of the professional concept of "helping others", women's social work uses case work, group work and community work methods to help women in distress by solving problems, improving their ability and achieving their overall development. Based on the analysis of the concepts of "Women's Work", "Feminist Social Work" and "Women's Social Work", the article puts forward that the basic connotation of women's social work in the new era is to address a series of major theoretical and practical issues, to broaden the service areas and service groups of women's social work, to provide services to women at different levels, and to promote women's comprehensive development. Throughout the 40 years of reform and opening up, the development of women's social work in China has undergone the germination period (1978—1983), which is mainly based on historical analysis, the start-up period (1984—1995), which is mainly based on the analysis of reality, the fusion period (1996—2004) based on comparative analysis, and the development period based on scientific evidence (2005—2018). The research topics covered include five aspects: staying behind, domestic violence, employment, mobility, and health. The development of women's social work in the future needs to further solve and improve the problems faced by women's development on the basis of existing experience and achievements.

Key words: women; women's work; women's social work; 40th anniversary of reform and opening up

中国早期马克思主义者对马克思恩格斯女性解放理论的继承与发展[*]

内容摘要：以李大钊、陈独秀、向警予、李达、李汉俊为代表的中国早期马克思主义者对马克思恩格斯女性解放理论的继承和发展是通过对中国传统封建礼教妇女观的批判、对资产阶级女性主义的扬弃和同无政府主义者等其他非马克思主义妇女观的斗争中逐步实现的。可以说，马克思恩格斯女性解放思想能够在中国确立并最终成为主流思想，是早期马克思主义者通过审慎的甄别、分析、比对、判断，并通过同其他非马克思主义女性解放思想的碰撞、批判、斗争、扬弃的过程中逐步实现的。

关键词：中国早期；马克思主义者；马克思恩格斯；女性解放

百年妇运，沧桑巨变。中国女性解放运动至今已经走过了 100 多个春秋。这一个世纪以来，中国女性的社会地位发生了翻天覆地的变化。而这种变化正是无数为女性解放而奔走的仁人志士所进行的努力的结果。十月革命的炮声，给中国送来了马克思列宁主义，与此同时在中国也涌现出一批具有初步共产主义思想的先进知识分子，即早期的马克思主义者。以李大钊、陈独秀、向警予、李达、李汉俊为代表的早期马克思主义者在利用《新青年》等进步刊物大量介绍马克思恩格斯女性解放理论和俄国妇女解放运动状况的同时，运用无产阶级的世界观思考着在中国这样一个半殖民地半封建社会的国度里如何开展女性解放运动。

一、对中国传统封建礼教妇女观的批判

早期马克思主义者在运用马克思恩格斯女性……分析、解读中国妇女问题时，最先要做的一件事就是批判中国传统的封……社会经历了两千多年的封建统治，形成了稳固的女子绝对服从男子，即……关系，并且随着封建统治权力的膨胀这种服从关系愈发政治化、规范化、……建政权统治下的广大女性在封建等级观念和单方面指向女性的禁欲主……，过着暗无天日的生

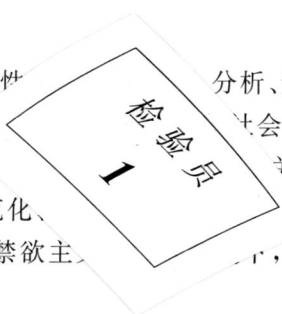

* 本文为国家社科基金项目"马克思社会形态理论视域下的中国特色社会主义道路自信研究"（项目编号：15BKS068）；"天津科技大学 2018 年马克思主义学院课题培育计划"。

** 李楠，女，汉族，南开大学博士，讲师，天津科技大学马克思主义学院马克思主义基本原理教研室主任，研究方向为马克思主义女性解放思想研究。

活。尤其是到了明清时期,封建专制主义对女性的压迫和歧视达到了登峰造极的程度。由德高望重的君权和夫权演绎而来的"饿死事小,失节事大"的封建贞烈观,"父母之命,媒妁之言"的封建婚姻观以及"女子无才便是德"的封建教育观,将女性作为一个独立的人的尊严、个性和价值,将女性作为人类中一员所应享有的位置、权利和机会剥削殆尽,女性完全沦为传宗接代的工具和生儿育女的奴仆。如此根深蒂固的封建妇女观给女性带来的束缚和奴役是不言而喻的,因此,早期马克思主义者在学习运用马克思恩格斯女性解放理论观察、分析并试图解决中国女性问题的时候,不得不首先攻破封建传统妇女观的堡垒。有基于此,早期马克思主义者对封建传统妇女观进行了全面的批判。

李大钊是中国最早的马克思主义者,同时也是我国无产阶级女性解放运动的最早倡议者之一。李大钊在《由经济上解释中国近代思想变动的原因》中,深刻分析了传统中国社会的经济形态,他认为中国是传统的农业大国,因此与此相适应的便是大家族制度,大家族制度就是中国的农业经济组织。这种大家族制度是血统与经济的结合,是两千年来中国社会的基础构造。而像其他的政治、法律、伦理、道德、风俗习惯等等都是大家族制度的表层构造。与大家族制度相适应的伦理思想就是儒家思想、孔门礼教。李大钊认为孔门礼教的实质是"损卑下以奉尊长","牺牲被治者个性以事治者",体现在夫妇关系上,则是要求女性顺从、贞节,使"妻的一方完全牺牲于夫,女子的一方完全牺牲于男子"。[1] 在这里,李大钊深刻揭示了农业经济基础上的封建大家族制度以及卫道士对广大女性的压迫与剥削。与此同时,李大钊还进一步指出,随着资本主义经济的产生和传统农业组织的动摇,大家族制度及其卫道士的孔子主义也必将土崩瓦解,必然的趋势是"不但妇女向男子要求解放,便是男子也渐要解放妇女了"[2]。此外,李大钊还在《妇女解放与Democracy》中全面地论述了封建传统的妇女观同民主精神的背道而驰。李大钊认为,民主政治应该是由全体人民所实行的,而不是单单由男子一方实行,人民这个名词中理应包含着占人口半数的女性在内,男女两性在政治上应该持有平等发展的机会。如果一个社会将女性排斥在社会生活之外,"那个社会一定是个专制、刚愎、横暴、冷酷、干燥的社会,断没有 Democracy 的精神"[3],李大钊实质上从侧面批判了中国传统封建妇女观,论证了两性间民主的重要性。陈独秀作为早期的马克思主义者和女性解放的倡导人之一,也对封建传统妇女观进行了深刻的批判。

陈独秀认为,中国社会从来没有把女性当作人来看待,自古视女性为草芥般任意蹂躏和践踏,社会上的"一切礼教、法律、社交、教育、职业、无不压抑女子",这样的社会现状导致的结果就是"本是人类的母亲,反变成了人类的奴隶;不寄食于父,便寄食于夫;得益者也等于珠围翠绕的娼家,失意者便是日暮无归的乞丐,至于一般受虐待的养媳婢女,更过的是人间悲惨生涯"[4]。中国社会赋予女性的这种非人地位,着实令人感到触目惊心。对此,陈独秀认为,女性同男性一样,应该平等地被对待,不应该处在被压迫、被奴役、被征服的悲惨地位。对此,陈独秀不满于对妇女地位的单纯控诉,而是运用马克思恩格斯的女性解放理论分析中国妇女所受悲惨命运的原因,陈独秀指出女子不能取得同男子一样的平等地位是由于父权

① 李大钊.李大钊文集:下册[M].北京:人民出版社,1984:182.
② 李大钊.李大钊文集:下册[M].北京:人民出版社,1984:102.
③ 李大钊.李大钊文集:下册[M].北京:人民出版社,1984:182.
④ 陈独秀.陈独秀文章选编:中册[M].北京:生活·读书·新知三联书店出版社,1984:112.

制取代母权制以后,女子成了男子的私有物品,而女子"既是个人的所有物,便和别的动产不动产一般,所以他的物主任意把他毁坏、赠送、买卖,都不发生什么道德的、法律的问题",这是东方礼教大国"男系制完全胜利底正式宣言,也就是女子终身为男子所有底详细说明,铁板注脚"①。

早期马克思主义者深刻揭露了中国传统封建礼教及其卫道士对中国广大女性的压制与迫害,倡议把女性当作与男性平等的地位加以对待,强调把人的世界和人的关系还给女性,并且从社会经济发展的角度详细地论证了女性解放的必然趋势。这些早期的马克思主义者对中国传统封建礼教的批判和对"三纲五常""三从四德""男尊女卑"等封建旧观念的冲击,在很大限度上启蒙了当时女性意识的觉醒,尤其是城市妇女,她们开始挣脱封建思想和陈旧礼教的束缚,逐步拥有个体意识,开始追求女性同男性的平等和解放。

二、对资产阶级女性主义的扬弃

五四运动前后,资产阶级女性主义在中国大为盛行。由于资产阶级女性主义反对封建主义,倡导的女性个性解放、人格独立、政治平等等思想,因而引起了当时人们的热烈讨论和追捧。但是,从实质上来讲,资产阶级女性主义主要代表的是资产阶级上层知识女性的利益,其并不触动现存的社会制度,主张对现有的妇女问题进行部分的、具体的、枝节性的渐进改良。她们对妇女问题的关注点仅仅停留在实现女性经济独立、教育平等、恋爱自由等表面问题上,并没有看到女性所受压迫的根源与实质。因此并不能从根本上解决女性问题。并且一些资产阶级女性主义者将女性所受的压迫完全归罪于男性的存在,认为女性的受压迫地位完全是由男性所造成的,因而产生了对男子的敌意和仇意。而这些观点都与马克思主义的观点南辕北辙。对此,以陈独秀、李大钊等为代表的中国最早的马克思主义者们,在实践的过程中渐渐抛弃了西方资产阶级的女性主义理论学说,尝试自觉地运用马克思主义唯物史观,运用阶级立场和观点阐明女性解放的实质、目标以及道路问题,明确提出了女性解放与无产阶级解放的重要关系,提出了只有进行无产阶级革命,建立社会主义国家,女性才能获得根本解放。

早在 1919 年 2 月,李大钊在《战后之妇人问题》中就提出了要通过社会革命的手段打破专断的社会制度以实现妇女解放的主张。文中明确指出:"妇人问题彻底解决的方法,一方面要合妇人全体的力量,去打破那男子专断的社会制度;一方面还要合世界无产阶级妇人的力量,去打破那有产阶级(包括男女)专断的社会制度。"②随后,他在《社会问题与政治》一文中更加清晰明确地指出,女性参政问题同劳工问题一样,都来源于经济上的不平等,因此必须通过走无产阶级革命的道路,通过夺取无产阶级政权从而消灭阶级,只有这样女性的解放问题才能得到根本的解决。李大钊曾断言:"二十世纪是被压迫阶级底解放时代,亦是妇女底解放时代;是妇女寻觅伊们自己的时代,亦是男子发现妇女底意义的时代。"③李大钊认为劳动妇女解放与整个妇女解放的关系是紧密相连的。"多数劳工妇女运动若能成功,全妇女

---

① 陈独秀.独秀文存[M].合肥:安徽人民出版社,1987:579-580.
② 李大钊.李大钊文集:上册[M].北京:人民出版社,1984:640.
③ 李大钊.李大钊文集:下册[M].北京:人民出版社,1984:513.

界的地位都可以提高"。①

陈独秀在《妇女问题与社会主义》中将广大劳动女性同社会主义联系在一起。以马克思恩格斯剩余价值理论为依托,陈独秀分析了湖南纱厂女工所遭遇的问题,并得出结论:资本家所获得的全部利润都是压榨和剥夺了女工所创造的剩余价值而来的。陈独秀认为湖南女工遭遇的问题并不是作为个例存在,而是当时整个中国劳动人民所面对的问题的典型代表。因而,在当时社会中最无能为力的、受奴役最深的阶层就是工人和妇女,工人和妇女都是弱者,在阶级统治下,工人和妇女同样受到剥削和压迫,只是压迫工人的是资本家,而压迫妇女的是男人。而社会主义就是要帮助工人抵抗资本家的压迫,帮助妇女抵抗男人的压迫。因而妇女问题要是离开了社会主义是"断不会解决的",陈独秀认为不合理的社会制度是造成一切不平等的根源,"如果把女子问题分得零零碎碎,如教育、职业、交际等去讨论,是不行的,必要把社会主义作唯一的方针才好。"②1920年9月,陈独秀在《答费哲民》的信中指出,如果女性解放仅仅是把女性从家庭里解放出来,是远远不够的,必须把女性从整个社会制度中解放出来,才算作真正的解放。"因为照现在的经济制度,妇人底地位,一面脱离了家庭的奴隶,一面便去做定东家的奴隶;即于自由恋爱一层,在财产制度压迫和诱惑之下哪里会有纯粹的自由!"所以主张"非用阶级战争的手段来改革社会制度不可"。③

早在五四运动时期,向警予发表了《女子解放与改造的商榷》和《女子发展的计划》等文章,提出"女子解放的问题,是新思潮中一个重要的问题,是社会改造的一个根本问题"④。向警予曾经一直奉行了"教育救国"的思想路线,她认为女性要获得彻底的解放,就不能离开教育的功能,女性只有普遍接受教育,在教育中将自身的学识、修养、能力不断提高,才能获得同男性一样的社会地位。但向警予的这种思想观念随着加入中国共产党后逐渐发生转变。1922年,向警予加入了中国共产党并主抓领导妇女解放运动。随着马克思主义理论在中国的传播和共产主义者先驱对共产党妇女运动的实质、基本纲领、路线和主张的阐释,向警予逐步认识到了社会主义制度的优越性,并将女性解放运动同建立社会主义制度的宏伟蓝图结合起来。她指出,资产阶级女权运动是完全由于解决特殊性的问题而发生的,妇女解放问题绝非专属某几个妇女或部分妇女的问题而是全体妇女的普遍问题,因此女性解放的意义就在于发展男女同等本能和争取女性应有的人权。而要达到这个目的,就必须实行社会主义。社会主义在苏联被实践证明了是实现女性解放的最好途径。因此,向警予深刻地指出,中国妇女绝不能"死板地刻定十八世纪欧美各国女权运动的旧程式"⑤,而是要像苏联一样建立社会主义国家,从而实现女性的彻底解放。

可以说,中国早期的马克思主义者在深入研究马克思恩格斯女性解放理论并认真观察中国女性解放运动的时局特点后开始认识到,只有变革当时的社会制度,实现社会主义,才能消灭私有制、消灭剥削最终实现女性的解放。正是在这个认识的基础上,早期马克思主

---

①　中华全国妇女联合会妇女运动历史研究会.五四时期妇女问题文选[M].北京:生活·读书·新知三联书店出版社,1981:97.

②　陈独秀.陈独秀著作选:第二卷[M].上海:上海人民出版社,1993:270.

③　陈独秀.陈独秀文章选编:中册[M].北京:生活·读书·新知三联书店出版社,1984:17.

④　中华全国妇女联合会妇女运动历史研究会.五四时期妇女问题文选[M].北京:中国妇女出版社,1981:68.

⑤　向警予.向警予文集[M].长沙:湖南人民出版社,1993:157.

者自觉地同资产阶级女性主义划清界限,并对资产阶级女性主义进行了卓有成效的扬弃,形成了自己的无产阶级女性解放思想,并指导着中国广大女性进行解放的斗争。

三、同无政府主义者等其他非马克思主义妇女观的斗争

五四运动时期,是世界革命热潮时期,也是中国革命的新时期,此时资本主义的梦想已经在先进知识青年的心中幻灭,要求社会革命的呼声响彻整个中国。据不完全统计,从1915 年到 1920 年期间,先后就有近 30 种妇女报刊[①]来宣传救国思想,讨论女性解放问题,使女性问题所受关注程度进一步加强。在各种呼声中,除了资产阶级女性主义之外,还有一些无政府主义者、小资产阶级社会主义者和小资产阶级民主主义者等企图用他们的观点来解决中国的妇女问题。

如在五四时期影响最为广泛的无政府主义思潮。无政府主义是一种小资产阶级悲观失望的产物,是那些被资本主义剥削制度迫害到破产的小私有者企图保存自己的财产,从而幻想抛弃国家、抛弃家庭的不切实际的想法。继无政府主义的创始人法国的蒲鲁东之后,俄国的巴枯宁和克鲁泡特金成为著名的无政府主义者。尤其是克鲁泡特金的思想对当时中国女性解放运动的影响颇大,据不完全统计,五四前后,一些无政府主义书刊多达 70 多种。早在1907 年,一些留学日本和法国的中国知识分子就开始对无政府主义思想做系统的宣传和介绍,无政府主义在关于女性解放问题上的主要观点是废除家庭、废除婚姻。他们认为,家族制是社会上万恶的源泉,妇女要实现参政的愿望并实现全部的解放,唯有推翻家庭制度。而马克思主义者认为,旧社会的家庭固然是充满罪恶的,是束缚妇女身心发展的巨大牢笼。但是,妇女解放的目标和要求是要推翻旧有的家庭制度,建立一个以公有制为基础的社会主义的新的婚姻家庭制度,而绝不是解散家庭、推翻家庭。

显然,无政府主义与马克思主义的观点大相径庭,于是一些早期马克思主义者与无政府主义者之间展开了一场激烈的论战。中共上海的机关刊物《共产党》《新青年》是共产主义者对无政府主义进行批判的主要阵地。李大钊在《物质变动与道德变动》一文中明确表达了自己的家庭观,即婚姻家庭作为社会历史发展过程中的一种社会现象,有其自身的发生、发展、消亡的过程,但这一过程绝不是以任何人的意志为转移的,而是一个自然的历史过程。从狩猎、粗劣农耕、农业经济、工商时代到现代大产业,婚姻家庭关系也随经济组织的而存在、改变。通过与政府主义的论战,越来越多的知识分子清楚了马克思主义与无政府主义的界限,并开始走向真正的马克思主义道路。

再如新村主义思想。新村主义思想的首倡者是日本的武者小路笃实,他幻想通过和平的社会改造的办法,进行共产村的试验,进而实现理想的新村社会。五四时期武者小路笃实的《男女交际论》被翻译到中国,吸引了许多当时的爱国青年。新村主义思想主张脱离旧社会的恶势力,另辟一块远离现实社会的新天地,建立没有压迫、没有剥削、没有脑力和体力劳动的对立,人们能够自由地相互交往、相互学习,有共同工作的小天地。小资产阶级的空想社会主义者企图在不改变既定的社会制度下另起炉灶,建设和谐美好的小天地,实现消灭私

---

①　中华全国妇女联合会.中国妇女运动史[M].北京:中国社会科学出版社,2009:33.

有制、消灭剥削和压迫,这是一种不切实际的幻想,这种脱离了社会现实的新村只能是空想主义者呈现在人们想象中的世外桃源罢了,是一种永远无法实现的乌托邦。

又如,当时比较盛行的工读互助主义思想。由于受托尔斯泰的泛劳动主义、克鲁泡特金的无政府主义和空想社会主义的新村主义的影响,一部分中国知识分子倡导成立"工读互助团",这个互助团主张劳动与读书相结合、劳力与劳心相结合、职业与教育相结合、生计与学问相结合,形成一个"各读其书,各尽所能,各取所需"的小型组织,然后再将这类的小型组织联络起来,实行"小团体大联合",以创造一个新的社会。自从 1919 年 12 月,少年中国学会执行部主任王光祈发表《城市中的新生活》一文倡导发起北京工读互助团后,中国各地的知识青年都相继成立了类似的组织。但是互助团成员在组织筹备的过程中遇到了各种各样的实际困难,导致从 1920 年 3 月起,北京工读互助团及各地互助团相继破产。

伴随着"无政府主义""新村主义""工读互助主义"等思潮在实践中的破产,中国先进知识分子通过与各种思潮的对比、辨析、论战,将各种各样的反动的、不科学的妇女观进行了批判和扬弃,马克思恩格斯女性解放理论终于以其鲜明的科学性和革命性的特质为越来越多的先进的中国人所认知和接受,在中国的思想界获得了备受瞩目的位置。中国共产党成立前后,中国思想界有众多知识分子在女性解放的问题上实现了思想上的飞跃:首先,划清了马克思恩格斯女性解放理论与其他一切非马克思主义妇女观的界限;其次,发现了一条光明的女性解放道路;再次,明确了女性解放同无产阶级的关系。1922 年 7 月,中共二大通过了《关于妇女运动的决议》(以下简称《决议》),《决议》根据马克思主义的基本原理和苏联十月革命胜利的实践,对中国近代以来的妇女运动进行了总结,结合十月革命后俄国妇女获得解放的历史经验,提出"妇女解放是要伴着劳动解放进行的,只有无产阶级获得了政权,妇女们才能得到真正解放"[①]。《决议》的重要意义不仅在于划清了同资产阶级、小资产阶级妇女运动之间的理论界限,明确提出妇女解放是同阶级解放联系在一起的,指出妇女解放的根本途径是无产阶级革命,为中国妇女解放运动奠定了理论基础;还在于它是中国妇女运动史上第一个以政党的名义通过的关于妇女运动的决议。这个决议标志着马克思恩格斯女性解放理论在中国的确立,中国女性解放运动也由此拉开了新的一幕。

The Inheritance and Development of the Theory of Female Liberation of Marx and Engels by Chinese Early Marxists

Li Nan

(School of Marxism, Tianjin University of Science and Technology, Tianjin, 300071)

Abstract: Based on the criticism of women's concept of traditional Chinese feudal ethics, the sublation of bourgeois feminism, the struggle against anarchists and other non-marxist views of women, Li Dazhao, Chen Duxiu, Xiang JingYu, Li Da, Li Hanjun, as representatives of the early Chinese Marxists, gradually inherited and developed Marx and

---

① 周长鲜.妇女参政:新中国 60 年的制度演进(1949—2009)[M].北京:中国社会科学出版社,2009:33.

Engels' women liberation theory.

That is to say, Marx and Engels's women liberation theory could be established in China and eventually became the mainstream thought, which was gradually realized by early Marxists carefully screening, analysis, comparison and judgment, and by the process of collision, criticism, fighting and abandonment with other non-marxist women liberation theory.

Key words: early China；Marxist；Marx and Engels；women's liberation

女大学生就业研究的性别意义与理论建构

叶文振[*]

内容摘要:本文从研究背景的描述介入,深入认识女大学生就业研究的性别意义,为更好地解释大学生就业的性别差异提出两个理论框架。研究结果表明,传统社会性别意识必然会产生对女大学生的就业歧视,而女大学生的就业水平和质量则取决于社会性别意识的进步,以及对就业市场性别歧视行为有效的制度约束。

关键词:女大学生就业;性别意义;理论解释

大学生就业成为政府、学校、家庭都共同关注的社会问题,大约始于 20 世纪末,几乎是与 1999 年开始的高校扩招,以及 2000 年高等院校停止大学生包分配制度、全面实施"双向选择、自主择业"的毕业生就业新体制同时出现的。随着近几年大学生就业形势越发严峻,人们对 2017 年的大学生就业现状更显得格外关注,根据教育部发布的最新信息,2017 年高校毕业生人数达到 795 万人,比 2016 年的 765 万人又超出 30 万人,创历史最高,进入史上更难的就业季。

尽管男女平等作为基本国策已经实施 20 多年了,但"男强女弱""男主外女主内"等传统性别观念依然还没有彻底改变。在资源重新配置的市场经济条件下,传统的劳动性别分工意识和这些年经济下行所形成的就业机会缺口交织在一起,致使大学生就业的整体压力不断地转嫁或叠加到女大学毕业生这个群体上来,造成更加明显更为严重的就业市场对女大学生的性别排斥和歧视,大学生的就业问题最终演变为大学生就业的性别问题,或者是女大学生的就业难问题。本文将聚焦女大学生就业问题,在描述研究背景的基础上,认识女大学生就业研究的性别意义,构建解释大学生就业性别差异的理论解释框架。

一、女大学生就业研究的现实背景

女大学生就业研究首先是和高校毕业生就业制度的改革直接相关的。自 1977 年恢复高考制度,我国高等教育又有了几乎与改革开放并行的 40 年发展。在这期间,恐怕最引人关注的是高校学生学成后的出口模式的改革。这种改革主要集中在从过去政府通过毕业生分配计划的全额包干,转化为"双向选择、自主择业"的毕业生就业新体制的全面实施,也就是从过去由政府下达指标对高校与用人单位进行行政连接,转变为高校与用人单位进入劳

---

* 叶文振,男,美国犹他大学社会学博士、福建江夏学院教授,主要研究方向为人口学、女性社会学。

动市场直接进行毕业生的职业对接。根据张薇等学者[①]的研究,新中国成立至今,我国大学生就业政策经历了一个不断变化的过程,大致可以划分为统包统分、由供需见面逐步向双向选择过度以及以市场为主导的自主就业三个阶段。前面提到的大学生就业改制就是指后面的两个阶段,大约始于 1985 年《中共中央关于教育体制改革的决定》的出台,其重大举措之一就是提出对国家招生计划内的学生实行"在国家计划指导下,由本人选报志愿、学校推荐、用人单位择优录用"的分配制度,完善于 1999 年教育部颁布的《面向 21 世纪教育振兴行动计划》,按照这一文件规定,从 2000 年起,我国要建立比较完善的毕业生就业制度,即不包分配、竞争上岗、择优录用的用人制度,停止使用"全国普通高等学校毕业生就业派遣报到证"和"全国毕业研究生就业派遣报到证",取而代之"全国普通高等学校本专科毕业生就业报到证"和"全国毕业研究生就业报到证",从而结束了计划经济体制下的"计划、分配、派遣"的大学生就业传统规制。

由劳动市场主导的大学生自主就业制度的建立克服了过去统包就业制度显而易见的弊端,就是统得过死,包得过多,毕业生、学校与用人单位缺乏事先了解和供求直接对接,而且不能互相选择、择优选用,容易造成人才配置与岗位的不适应,不利于调动三方积极性。[②]所以从理论上来说,如果过去是因为统包就业制度的计划干预,不存在大学生就业问题,那么现在则是因为市场竞争的效率驱动,激发了大学生就业市场三方的积极性和主动性,大家都会按照市场供需平衡原则和遵从平等就业竞争机制进入大学生就业市场,结果也应该是用更低的交易成本实现大学生的充分就业。但是,从实际的大学生就业统计来看,大学生就业并没有达到预期的理想状态,确实还存在不少问题,而且女大学生面临的就业问题要更加严峻。因此,我们的研究背景还涉及高校扩招、经济下行等高等教育、宏观经济的改革与发展,还有与社会性别意识相关联的对女大学生就业持什么样态度的性别文化与制度的变迁与发展,也就是还要把大学生就业放在更加多元的社会经济和文化背景里来考察。

自 1999 年开始的十年高校扩招是我国高等教育在改革开放时代出现的又一个重大现象。要讨论大学扩招的政策依据,就不得不提到一度被冠名为"扩招之父"的、时任中国发展研究基金会副秘书长的汤敏,他于 1998 年 11 月以个人名义向中央提交了一份题为《关于启动中国经济有效途径——扩大招生量一倍》的建议书,建议中央扩大招生数量。在这份建议书之中,他陈述了 5 点扩招的理由:其一,当时中国大学生数量远低于同等发达国家的水平,18～22 岁适龄青年入学率仅为 4%;其二,1998 年国企改革,大量下岗工人进入就业市场,如果大量年轻人参与竞争,就业将面临恶性局面;其三,国家提出保持经济增长 8%目标,扩招前经济增长率为 7.8%,急需扩大内需,教育被认为是老百姓需求最大的;其四,当时高校有能力消化扩招,平均一个教师仅带 7 个学生;其五,也是最重要的,高等教育的普及事关中华民族的整体振兴。[③] 建议被采纳之后,中央很快制定了以"拉动内需、刺激消费、促进经济增长、缓解就业压力"为目标的扩招计划。在扩招政策的推动下,我国大学生的绝对数量大幅度增长,大学升学率也出现明显的上升。全国普通高校招生规模从 1998 年的 108 万人,

---

① 张薇,等.大学生就业政策历史演变及未来选择[J].学术月刊,2013(11).

② 席明,李红梅.我国社会变革中的大学生就业制度[J].甘肃联合大学学报,2008(4).

③ 1999 年高校扩招:大众教育代替精英教育[EB/OL].(2009-09-10)[2018-10-29].http://news.sina.com.cn/c/sd/2009-09-10/144218622828.shtml.

增加到 1999 年的 160 万人,增幅高达 48.15％,录取率从 34％一下子提高到 56％,到 2002 年招生人数达到 320 万人,几乎是 1998 年的 3 倍,教育部在《面向 21 世纪教育振兴行动计划》中提出的,力求到 2010 年实现高等教育毛入学率 15％(即在校人数与适龄人口之比),实际上只用了 3 年,提前到 2002 年就实现了这一目标。所以时任教育部部长周济曾在接受记者采访时说:"我们用 10 年时间走过了其他国家 30 年、50 年的历程,实现了高等教育大众化。"[①]

虽然政府和学界都倾向于高校扩招是一项利大于弊的高等教育政策选择,但毕业生绝对规模的膨胀和相对质量的下降,却给大学生的就业带来前所未有的压力,原来期望用延长教育年限推迟年轻人进入就业领域的办法来减缓劳动人口的整体就业压力,现在却演化为大学生自身的就业压力,一方面从绝对供给方面超过经济增长对大学生人才的需求,另一方面还因为大学生自身的综合质量下降与专业结构的不合理约束了经济增长对大学生的容纳能力。当然,值得一提的是,这些年经济下行进入相对低一点增长率的新常态,更是从劳动资源需求增长趋缓方面,进一步加大了大学生就业的难度。我国经济增长率从 2011 年开始持续下落,到了 2015 年还降到 7％以下,与 2010 年相比,下降了近 4 个百分点,如果按照李克强总理在中国工会第十六次全国代表大会上经济形势报告中所估算的那样,GDP 每增长 1 个百分点就能拉动 150 万人就业,那么我国这些年的经济增长回落所造成的新增就业机会的减少,仅 2015 年就接近 600 万人。高校扩招与经济下行所构成的剪刀差也就是大学生这些年所经受的就业挑战。所以如何根据我国经济增长态势和经济结构转型来重新确定高校的招生规模和专业学历结构,有效地消除这个剪刀差,将是我国高等教育未来发展必须认真面对和解决好的一个重大问题。

以上的分析其实反映的是所有大学生都共同面对的就业形势,当劳动市场足够成熟后,尤其是不存在传统性别文化的影响,这种就业压力和困难是不会出现性别差异的。回顾过往,尤其是 1995 年在北京举办第四次世界妇女大会以来,我国妇女解放运动、男女平等事业、两性协调发展等确实都获得让全世界瞩目的巨大进步与收获。如单单就男女平等作为基本国策的几大时间节点来看,我们就可以强烈地感受这种变化与进步。1995 年,联合国第四次世界妇女大会在北京召开。江泽民同志在开幕式上指出:"我们十分重视妇女的发展和进步,把男女平等作为促进我国社会发展的一项基本国策。"[②]这是男女平等基本国策首次提出,是我国政府对国际社会的郑重承诺。2005 年,我国重新修订《妇女权益保障法》,首次将男女平等作为基本国策写入法律,明确规定,"实行男女平等是国家的基本国策,国家采取必要的措施,逐步完善保障妇女权益的各项制度,消除对妇女一切形式的歧视"。[③] 还是 2005 年,胡锦涛同志在纪念联合国第四次世界妇女大会 10 周年会议上发表重要讲话指出,"我们将坚持贯彻男女平等的基本国策,不断促进性别平等和两性和谐发展。我们将继续运

---

①　赵婀娜.教育部部长周济谈新中国 60 年教育:60 载教育 奠基中国[EB/OL].(2009-08-27)[2018-10-29].http://cpc.people.com.cn/GB/64093/64102/9935850.html.

②　江泽民.在联合国第四次世界妇女大会欢迎仪式上的讲话[EB/OL].(1995-09-04)[2018-10-29].http://www.people.com.cn/GB/99013/99043/6188135.html.

③　中华人民共和国妇女权益保障法(2005 修正)[EB/OL].(2005-08-28)[2018-10-29].http://v5.pkulaw.cn/fulltext_form.aspx? Db=chl&Gid=59781.

用经济、法律、行政及舆论等多种措施,使男女平等的基本国策真正落实到经济社会发展的各个领域和社会生活的各个方面"。[①] 6 年之后的 2011 年,国务院制定和颁布《中国妇女发展纲要(2011—2020 年)》,规定了新的 10 年妇女发展所要达到的具体指标,成为男女平等基本国策的重要见证。同年,习近平同志还在妇女与可持续发展国际论坛开幕式上的致辞指出,"我们坚持实行男女平等基本国策,制定并不断完善维护妇女权益、促进妇女发展的法律法规,注重通过司法、行政、宣传、教育和经济、社会等多种手段保障妇女发展机会和权利的实现"。[②] 到了 2012 年,党的十八大首次将男女平等作为基本国策写入报告。报告指出,"坚持男女平等基本国策,保障妇女儿童合法权益"。[③] 2015 年更是一个里程碑的年份,国家主席习近平在纽约联合国总部出席并主持全球妇女峰会,他在开幕式上发表题为《促进妇女全面发展　共建共享美好世界》的重要讲话中指出,"中国将更加积极贯彻男女平等基本国策,发挥妇女'半边天'作用,支持妇女建功立业、实现人生理想和梦想。中国妇女也将通过自身发展不断促进世界妇女运动发展,为全球男女平等事业做出更大贡献"。[④]

但是,尽管党和政府、各级妇联组织,包括大量的从事女性研究和教学的专家学者,做出了如此卓绝的努力,几千年建构起来并传续到今天的传统性别文化依然还在影响着我们的性别观念和性别关系,制约着男女平等基本国策在大学生就业市场中正面作用。2014 年全国妇联妇女研究所副研究员杨慧和她的课题成员,在北京、河北和山东的三所"985"、省部共建和普通高校进行了一次专题调查。结果显示,高达 86.6% 的女大学生受到过一种或多种招聘性别歧视。其中,有 80.2% 女生认为,在招聘过程中存在"招聘信息显示限男性或男性优先"、"拒不接收或不看女性简历"、"不给女性笔试、面试机会"、"不给女性复试机会"和"提高对女性的学历要求"等性别歧视现象。甚至还有 52.9% 的男大学生也承认,在招聘过程中存在上述现象。调查结果还显示,被访女生平均受到性别歧视的次数达到了 17.0 次。[⑤]中国人民大学国家发展与战略研究院的研究报告也认为,对女大学生就业歧视的情况确实比较严重,在使用同样简历的情况下,男性大学生接到面试通知的次数要比女生高出 42%;另外,学习成绩和学历对降低歧视没有帮助,实际上,学习成绩越好、学历水平越高的女大学生在求职过程中则会遭受更加严重的性别歧视。[⑥] 2016 年北京师范大学劳动力市场中心发布的《2016 劳动力市场发展报告》显示,2014 年和 2015 年,男性大学毕业生初次就业率比女性高约 10 个百分点;国际劳工组织 2016 年发表的《职场中的女性:2016 趋势》报告中甚至

---

① 胡锦涛在纪念联合国第四次世界妇女大会 10 周年会议开幕式上发表重要讲话[EB/OL].(2005-08-29)[2018-10-29].https://www.mfa.gov.cn/ce/cegv/chn/rqrd/rqfyda/t209170.htm.

② 习近平.在妇女与可持续发展国际论坛开幕式上的致辞［EB/OL］.(2011-11-09)[2018-10-29].http://www.gov.cn/ldhd/2011-11/09/content_1989527.htm.

③ 十八大首次将男女平等作为基本国策写入报告[EB/OL].(2012-11-14)[2018-10-29].http://www.xinhuanet.com/politics/2012-11/14/c_123954472.htm.

④ 习近平出席全球妇女峰会并发表讲话[EB/OL].(2015-09-28)[2018-10-29].http://politics.people.com.cn/n/2015/0928/c1024-27640018.html.

⑤ 李林、杜江茜.调查称 86.6%女大学生就业受过歧视 每人平均 17 次[EB/OL](2014-11-17)[2018-10-29].http://news.sohu.com/20141117/n406092205.shtml.

⑥ 女生就业遭歧视,学历越高越严重[EB/OL].(2015-03-06)[2018-10-29].http://www.china.com.cn/cppcc/2015-03/06/content_34971567.htm.

指出,就业市场的性别鸿沟在 20 年中仅缩小了 0.6％。2015 年我国实施"全面二孩"政策又给人潮涌动的大学生招聘会传导了新的压力。"有的女大学生为了好找工作,毕业前就结婚甚至生子,可以在简历里注明'已婚已育'给就业加分,可现在这招也不灵了。"实行"全面二孩"政策后,一些企业会考虑用人成本问题,无形中又增加了女生就业的难度。① 用人单位经常会片面地认为,雇佣女职工要支付更多的劳动成本,比如,生育和抚养孩子要耗费女性大量的时间和精力,在此期间,女性不能全身心地投入工作。"全面二孩"政策实施后,意味着女性可能会休两次产假、哺乳假,用人单位在招录时必然会考虑这些问题,因此,会对女性就业设置更多的障碍,从而导致女性就业性别歧视问题进一步加剧,一方面用人单位对女大学生录用歧视更加严重,另一方面女大学生职业生涯发展受到更多限制。②

更加值得注意的是,职场的排斥与挫折又会反过来强化传统性别文化的影响,这些年关于"干得好不如嫁得好"的调查结果与学界争论在一定程度上揭示了这一互动的路线,即传统性别文化中的女性刻板印象与性别劳动分工制约着女性在职场的性别成就感,或者加大干得好的性别代价和成本,而职业发展的性别机会与成就减少,以及干得好的巨大辛苦与付出,又复活了女性回家的情结,嫁得好的想法又开始成为不少女性甚至高学历女性持有的一种社会风气。全国妇联与国家统计局与 2010 年联合举行的《第三期中国妇女社会地位调查》结果显示,赞同"干得好不如嫁得好"说法的女性被访对象占比高达 48％,高于男性 7.3 个百分点,而且比 2000 年的占比分别提高了 10.7 和 10.5 个百分点。③ 所以这种传统性别观念的回潮并不是一个数据在一定时期的简单波动,它有着深刻的现实背景和文化基础,当社会现实与文化传统相遇时,或者社会现实在一定程度上证实了一些还存在的传统意识时,这种回潮也就成为一种必然,是可以预期的。

二、女大学生就业研究的性别意义

以上分析表明,大学生就业制度的改革在给予大学生更多选择自由的同时,也面临着一定的劳动市场风险,能不能及时找到期待的工作,对每一个大学生来说,都具有不确定性,高校扩招带来大学生市场供给的增加,经济下行造成大学生市场需求的减少,这种的剪刀差继续扩大大学生通过劳动市场找工作的不确定性。男女平等基本国策的落实还没有达到全面全方位的程度,社会性别意识还不可能全面取代几千年承续下来的传统性别文化,致使女大学生就业要比男大学生具有更大的不确定性,这种不确定性,一方面是和男大学生一样的,来自市场的风险,也就是高校办学质量缩水、专业结构脱节、培养规模增长过快,以及经济下行各个产业创造新的就业机会乏力,打破了大学生就业市场的供求平衡;另一方面是男大学生没有的,来自性别的风险,也就是对女性刻板印象和传统劳动分工所构成的落后性别文化对女大学生就业的排斥和歧视。而且女大学生就业的市场风险与性别风险之间存在着彼此

① 胡春艳."全面二孩"会不会加剧女大学生就业难?［N］.中国青年报,2016-3-25.
② 宋一,张朝.全面二孩政策对女大学生就业影响及对策建议［J］.河北企业,2016(8).
③ 丁娟,李文.关于妇女社会地位认知与态度基本情况的分析与思考［J］.山东女子学院学报,2012
(6).

推波助澜的关系,大学生就业的市场风险越大,就越有可能把风险转嫁给女大学生,女大学生在劳动市场所遭遇到的就业排斥和歧视就更加严重,就业的性别风险也被推高了;反过来,性别风险的扩大,尤其是对一些产业、职业的男性性别的保护,往往会加剧女大学生就业的结构性失衡产生的性别挤压,进而也抬高了女大学生就业的市场风险。总之,女大学生就业问题首先是性别问题,女大学生就业风险更多来自性别风险,在大学生性别结构不断地向女性倾斜的今天,如从 2000 年以来,高校在校生的女生占比一直处于走高的态势,2013 年已超过一半,高达 51.74%。比 10 年前的 2004 年的 45.65% 高了 6.09 个百分点,势必会出现女大学生就业的性别剪刀差,研究和解决大学生就业中出现的性别问题,消除女大学生就业中的性别风险已经刻不容缓了。

但是从以往的女大学生就业问题研究来看,虽然国外学者早在 20 世纪 60 年代就涉足本领域,而且偏重于理论框架的建构,试图对就业过程中存在的性别差异给出一个满意的解释,并逐步呈现出经济学家、社会学家、心理学家三分天下的学术态势,而且在社会学与心理学研究中越发体现出女性主义分析的倾向,我国学者的研究却起步较晚,大约始于 20 世纪90 年代初,经济学、社会学、心理学与法学学者表现相对比较活跃,其学术关注大致分为两大类别:一是对女大学生就业难的原因和对策的定性思考;二是对女大学生就业进行具体描述的个人问卷调查研究。而且我国已有的女大学生就业研究还存在着一些显而易见的不足,例如学术界还比较少把外国学者的相关理论应用于我国女大学生就业问题的研究;不少研究只停留在定性的论述上,即使进行定量分析,也仅局限于一般的统计描述和简单的比较分析;还有一些研究简单地比较毕业时的就业率,没有注意到即使在同样的就业水平下,仍然不排除性别歧视,即女大学生为了获取一个工作机会,不得不就低上岗或接受较低的工资待遇;尤其在解释女大学生就业问题的成因时,过于宏观和更多地依赖主观判断,较少结合社会性别理论视角进行系统的理论建构,并通过实证过程加以统计检验。所以,女大学生就业研究还要在理论解释与统计检验层面上进一步往前推进。

一是要体现学术定位的意义。经初步了解,虽然我国学者关于女大学生就业问题研究已有 20 多年的历史,介入的学者和学科也越来越多,甚至有一些研究是得到国家社科基金和省部级规划课题立项资助的,但还是没有看到有学者对过去的研究进行全面系统的梳理,客观地总结我们已经进入到什么样的研究状态,都取得哪些学术收获,都有哪些成功的研究经验和范式值得借鉴和推广,同时还存在哪些值得弥补和克服的不足和缺陷,还有哪些需要集中力量去攻关的重要问题和领域,致使不少研究无法了解整个研究进展的情况,明确自己将要展开的研究在这个进程中所处的位置,厘清自己资源投入与前人以往努力之间的学术关联,进而把自己的研究放在学术的最前沿,锁定立足于推进甚至超越已有研究的主攻方向。现在有必要通过系统而详尽的中外文献综述,为以后的女大学生就业研究提供新的学术起点,避免因为缺乏对前人成果的全面了解而出现低水平的重复研究,尤其是通过对不同学科理论解释的梳理和研究方法的推介,以推动多学科和跨学科的研究创新,从而养成致力于创新与超越的良好研究习惯。

二是要体现数据收集、概念操作的意义。关于大学生就业研究数据一般有三种,第一是制度性的定期统计,如层层报送到教育部的初次就业率或年终就业率等资料;第二是用于管理需要的专题调查数据,如由高校或教育部门根据就业指导工作需要不定期开展的就业数据收集;第三是学术界出于研究的目的组织专项问卷调查获得了资料。现在有必要汇聚这三种资料收集的特点,力求从就业全过程的各环节,从大学生就业的性别比较需要,从支持重要概念的统计操作、解释模型的理论建构和就业管理的制度改革等角度,来设计问卷、确定被调查对象和组织女大学生就业资料的具体收集,不仅满足实现本研究目标的需要,而且在总结以往经验的基础上推出一个更为科学的资料收集方法。另外,还要对就业观念、就业自我认知、就业质量和就业歧视等重要概念进行主客观相结合的测度尝试,以提高这些概念操作的统计效度和可靠性。

三是要体现理论建构、提升解释能力的意义。以往研究除了偏重描述分析和对策思考以外,有限的解释分析一般是质性的论述,或者把几个解释因素放在一块搞个回归估计,较少进行深入的理论思考,给出这些因素进入回归模型的思想依据,所以即使我们有了20多年关于女大学生就业问题研究的投入,也没有形成能够与西方学者平等交流的有分量的理论产出。现在需要突破这种持续较久的学术格局,把更多的精力放在解释分析上,放在女大学生就业理论的建构上,通过结合社会性别视角的理论模型建构,既在控制其他相关影响因素的条件下,估算各种劳动市场歧视对女大学生就业状况的影响率,又通过多种方式对女大学生就业歧视产生和存在的根源给出解释,把学术界对女大学生就业的关注更多地转移到解释研究上来,以提升本领域研究的理论品质。

四是要体现提高政策研究针对性的意义。提出有针对性的、实施有效的对策建议既是我们研究的一个目标,也是作为从事学术研究的一个学者的社会责任。但在以往的研究中,较多的是用政策综述来替代自己的独立贡献,对策建议与解释分析脱节,或者根本没有解释分析支持的对策思考比比皆是。我们也要在这方面有所突破,一是把对策思考牢固地建立在女大学生就业的原因分析或解释理论建构的基础上,有多少自己的解释分析发现,就展开多少有针对性的对策思考;二是从比较中借鉴和提炼出更好的解决女大学生就业问题的办法,进而不仅体现对女大学生这个特殊群体的人文关怀,而且为她们提供具有男女平等文化和制度保障的友好就业环境!

三、女大学生就业研究的理论解释

从对前人研究的学术突破来看,提出一个有别于以往研究的新的理论视角和解释框架是重中之重,它们不仅可以帮助我们更科学地分析女大学生就业观念、就业自我认知、就业准备和实际择业、就业水平和质量,以及与男大学生之间的性别差异的主要影响因素,而且还有利于去发现女大学生就业歧视产生和存在的根本原因。

前面的分析告诉我们,女大学生就业问题的实质是一种文化建构起来的性别风险,也就是因为这种与性别属性有关的风险,使女大学生多了一份男大学生没有的就业难度,同时还形成了不是源于市场风险的在就业过程与结果中呈现出来的性别差异,而且这种性别差异还在一定程度被固化了,女大学生在学期间更好的学业、更好的综合表现、甚至更多的校内创业和校外兼职经历,都不足以化解与消除。所以,用社会性别意识来认识女大学生就业性别风险的建构就成为一个重要的切入视角,而导致这种性别风险建构发生的传统性别观念则是我们应该用以构建女大学生就业问题解释理论的最初始因素。

社会性别是和自然性别相对应的,与后者不同,社会性别看重性别的社会属性。持自然性别意识或没有社会性别意识的人,一般把在社会经济方面呈现出来的性别差异归因于男女在自然生理、生物结构上的不同,认为这种性别差异不仅是先天的、合理的,而且还是很难改变的。相反,拥有社会性别意识的人,更把社会经济等方面的性别差异看成是后天的、不合理的、人为的或文化的建构,强调这种性别差异是可以通过对不合理文化和制度的解构得到消除的。建立在自然性别意识基础上的生物性生理性的"男强女弱"向生产劳动领域蔓延,在技术构成底下的、以体力劳动为主的第一产业甚至第二产业活动中,这种"男强女弱"与劳动效率上的差异不谋而合,"男主外女主内"的劳动分工也就有了意识和现实的基础,在这种传统劳动分工观念和制度支配下,女性不仅在经济上越发依附于男性,而且在户外的教育资源的获得和人力资本的集聚也都和男性拉开距离,尽管随着技术进步和产业优化,体力在生产劳动中的作用日益下降,但是因为缺乏教育和技能,女性还是无法进入社会劳动领域,从以前的体力到后来的技能的"男强女弱"的现实状况依然没有得到改变,并进一步强化了"男主内女主外"的家庭服务与社会劳动的性别分工。女性在社会劳动参与方面的性别弱势、在就业市场所遭遇的性别歧视,就是在这样的文化和制度的反复建构中,被合理化和被固化了,一旦面临两性劳动资源的市场选择,"男强女弱"意识就成了主要决策力量;一旦就业机会减少、劳动资源供给超过需求,首先想到的就是"男主外女主外"观念支配下的女性回家的安排。"男主外女主外"观念和实践还延伸到生育过程,把本来夫妻都要共同承担责任和一起参与的人口再生产基本上都推给女性,把本来夫妻双方都要分担的因为生育带来的劳动生产率的下降和对工作的影响也都添加到女性身上,不合理地抬高了雇佣女性职员的劳动成本,成为用人单位排斥和歧视女性劳动资源的看似可以理解的理由。可以想象,如果因为看护生病的孩子或者参加学校家长会,父亲也会向公司或单位请假,如果夜里给孩子喂奶粉和换尿布,父亲也会在白天上班时精力不佳,用人单位就不会以劳动成本的男女差异为由进行人为的性别选择。由此看来,生物生理上的"男强女弱"和生殖功能建构了社会意义上的"男强女弱"和"男主外女主内"的性别意识和分工制度,而这些意识和制度又进一步建构了男女对包括教育资源在内的社会经济资源的不合理的性别配置,女性对家庭责任和事务的单一性别包干,即使教育资源的性别配置日趋合理甚至出现女性超出,也还因为对女性家庭角色建构的固化,依然在家里家外双肩挑的女性与一肩只挑着社会的男性之间建构出的男性参与社会劳动的性别优势,从而在"男强女弱"和"男主外女主内"之间形成一种内在的、互为建构和强化的链条,把女性挡在就业市场之外,把工作机会留给所谓低劳动成本、高生产效率的男性人力资源。所以即使到了今天,"男强女弱""男主外女主内"的性别能力认知和性别分工意识依然还有比较明显的表现,甚至比过去还有继续走高的趋势。根据 2010 年第三期中国妇女社会地位调查数据分析结果表明,至少还有 20% 的被调查者不认同"女人的能力不比男人差",男性的不认同率高于女性;另外,分别有 61.6% 的男性和 54.8% 的女性对"男人应该以社会为主,女人应该以家庭为主"的观点表示认同,与 10 年前的 2000 年相比,居然分别提高了 7.7 和 4.4 百分点。[①]

当我们用建构起来的"男强女弱"和"男主外女主内"的传统性别能力认知和性别分工观念,以及对就业市场的性别影响,来审视学界所提出的对就业性别差异解释时,其理论上的缺陷就暴露出来了,社会性别理论视角的切入和分析的学术价值也因此得到彰显。

---

①　宋秀岩.新时期中国妇女社会地位调查研究[M].北京:中国妇女出版社,2013.

如贝克尔人力资本理论把就业质量的性别差异归结为男女两性人力资本上的差异，认为雇主对男女两性在就业中的差别对待符合"经济人"的假设，是一种理性行为。[①] 他还把男女两性的人力资本差异归因到人力资本投资的差异，认为人们在家庭责任和劳动力市场之间不仅"理性"地分配时间，同时还"理性"地分配他们的"努力"，女性往往分配更多的努力在家庭事务上，即使她们拥有与男性同样的工作资历或学历技能，女性生产力仍然低于男性。波拉切克还运用该理论解释职业的性别隔离现象，认为"女性之所以会集中在那些低收入的'女性化'职业中，是因为这些职业人力资本投资比较小且可以兼顾家庭，是女性自己'理性'选择的结果"。[②] 从性别建构的视角来看，从人力资本投资性别差异到人力资本存量性别差异再到就业的性别差异，实际上都是被建构起来的，传统性别文化不仅建构每一个差异，而且还建构了差异之间的联系，其实贝克尔已经发现了这种建构，是因为男女在时间和努力上的分配差异，既造成人力资本投资的性别差异，又把这种差异延伸为人力资本存量和转化为生产力方面的差异，但由于缺乏社会性别意识，他不可能从传统性别文化的视角给出这些差异产生并延伸的合理解释，同时还把这些差异归结为一种作为市场人的理性选择。作为被建构的女性，她们无法成为一个真正的经济人，在传统性别文化和制度的挤压下，她们更是一种社会人，根本没有选择的自由，更谈不上是一种"理性"的选择。所以，贝克尔人力资本理论的最大问题是前提假设是错的，在文化与制度支配下，理性是远离女性的；是解释只停留在中间变量上，并没有找到真正发挥影响的初始变量，即传统的性别文化与制度。至于雇主其实也是被建构起来的社会人，他们的理性实际上是建立在缺乏社会性别意识和遭受传统性别文化影响的基础上的，如果不是这样，这些雇主就不会区别对待男性和女性劳动资源，因为雇一个男性劳动力，就间接地分享了他的妻子贡献及其带来她丈夫更高的生产力，所以也理所当然地不会去排斥另一个女性劳动力的雇佣。

又如社会资本理论，通过对只关注凝结在男女两性人力资本差异的贝克尔解释的突破，把学术眼光转移到劳动力所拥有的外部社会资源或社会资本对其就业地位的影响，认为劳动力所占有的社会资本规模和结构在很大限度上决定他的就业机会和质量。[③④] 但遗憾的是，一方面该理论较少用于对市场就业性别差异的研究，另一方面它只注重劳动者所拥有的社会资本的存量及其结构，并没有分析这些存量是怎么形成的，又是怎么样加以运用的，尤其是不管社会资本的存量及其结构，还是如何形成和加以运用，以及在男女之间存在的性别差异，也都是在一定的文化和制度背景下被建构起来的，社会资本理论却基本上把这一建构过程和起决定建构作用的传统性别文化和制度给忽视了。在"男强女弱""男主外女主内"的

① Becker, Gary S. Human Capital: A Theoretical and Empirical Analysis with Special Reference to Education(3rd Edition) [M]. Chicago: The University of Chicago Press, National Bureau of Economic Research, 1994:205-214.

② Solomon Polachek. Occupational Segregation among Women: Theory, Evidence and a Prognosis [C]//C. B. Lloyd, E. S. Andrews, C. L. Gilroy (eds.). Women in the Labor Market. New York: Columbia University Press, 1979:137-157.

③ Lin Nan. Social Resources and Instrumental Action[C] //P. Marsden and N. Lin. (eds.). Social Structure and Network Analysis California: Sage Publications, 1982:131-147.

④ Bian, Yanjie. Guangxi and the Allocation of Jobs in Urban China [J]. The China Quarterly, 1994b (140):971-999.

传统性别能力认知和性别分工观念支配下,不论是对原生家庭所拥有的社会资本的使用配置,还是对长大成人的孩子个人的社会资本积累,甚至对孩子婚后共有的社会网络分配使用,也都基本上是向男性倾斜的,主要满足男性顺利就业和职业发展对社会资本社会网络的需要。女性所拥有的社会资本存量偏少、结构偏弱,以及增量有限和不可持续,都在很大限度上限制了社会资本对女性就业机会和质量的正面影响。

还有即使拥有社会性别的建构意识,也强调传统社会性别文化和制度重要影响的女权主义理论,如女权主义经济学家伯格曼认为,社会性别文化才是性别歧视的根源,大力改变决定"社会性别模式"的一些社会因素,才能根本上消除歧视,也存在着在社会性别建构上的三个不足,一是较少从生命周期的角度看待性别文化和制度的建构,往往只关注生命周期的某个或几个阶段的建构,没有意识到这种社会性别建构是贯穿整个生命周期的始终的;二是较少从全社会的角度观察性别文化和制度的建构,往往侧重于有限的几个主体,而忽视了相关利益主体的建构及其作用,如对女大学生的就业歧视,一般突出对用人单位歧视性行为的原因分析,忽视或者低估了在性别文化和制度建构下的女大学生本人、她们的父母,还有毕业的高校对就业歧视的影响,一定程度上高估了用人单位的作用;三是较少从实证的角度估算传统性别文化和制度通过社会性别建构所产生的影响,习惯于把性别文化和制度当作影子因素加以质性的论述,缺少对性别文化和制度对女大学生就业影响的概念操作和实证检验。也正是由于这三个方面的薄弱,女权主义理论的重要学术地位还没有足够呈现出来,对女大学生就业问题的独特理论价值和解释力也受到严重的遮蔽。

结合以上的讨论,我们在这里提出两个基于社会性别建构和性别文化理论基础的解释框架,一是用来解释女大学生就业歧视的理论模型,二是侧重于解释女大学生就业收获,即女大学生就业水平和质量,的理论模型。

图 1 是本文提出的女大学生就业歧视的理论解释框架。作为最重要的解释变量的社会性别意识,是建立在性别差异是一种文化建构认识基础上的对"男强女弱"和"男主外女主内"等传统性别观念的不认同程度,而且这种社会性别意识涉及用人单位的招聘人员、女大学生本人和父母、在读的高校。具有社会性别意识的用人单位和招聘人员就会抛弃性别偏见,对男女大学生一视同仁,以综合素质和专业能力为标准来公平地录用大学生,自觉地维护就业市场的性别公平,杜绝对女大学生的就业歧视;具有社会性别意识的女大学生就会对抗传统性别文化的不平等性别建构,维护自己的平等就业权益,进而直接减少就业市场对女大学生的歧视;具有社会性别意识的女大学生父母不仅给予女儿同等的人力资本投资甚至形成规模更大结构水平更高的人力资本存量,而且还鼓励女儿抵制就业市场性别歧视、帮助女儿减少家庭事务对生产力水平和职业发展的拖累,最后也会在一定程度上防止就业市场性别歧视的发生;具有社会性别意识的高校就会有意识地把先进性别文化和制度融入对大学生的人才培养中,贯穿到对大学生的就业指导中,有计划地培育女大学生的自尊、自信、自立、自强的"四自"精神,有针对性地指导她们识别和抵制就业市场的性别歧视,甚至通过对专场招聘会入会用人单位的严格筛选,确保整个招聘过程不出现性别歧视行为,所有这些也都会有力地提高就业市场的性别平等。除此之外,社会性别意识还会降低人力资本、社会资本的性别差异,以及统计性的性别推论对女大学生就业歧视的解释力,甚至从原来的重要作用转化为没有统计显著性的影响,用人单位就不再从人力资本和社会资本的性别差异、从统计性推论当中为自己的性别歧视行为辩护,寻找合理性的实证支持。

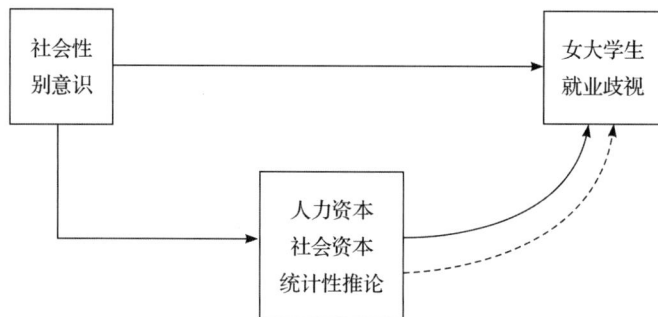

图1　女大学生就业歧视的理论解释

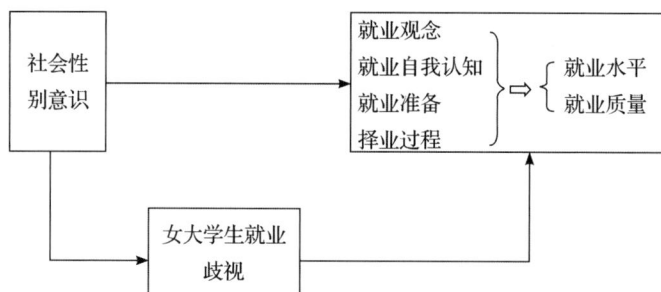

图2　女大学生就业水平与质量的理论解释

本文推出的女大学生就业水平和就业质量理论解释呈现在图2,其中社会性别意识的思想内涵和实际载体同上,它对女大学生就业水平和质量的重要影响是通过三个路径发挥出来的。一是对女大学生就业水平和质量的直接影响,如社会性别意识强的女大学生就会更加积极地参加就业市场的竞争,而且不会轻易地更不会主动地降低就业质量去实现就业,所以在女大学生这个群体体现出来的社会性别意识有利于提高她们的就业水平和质量。二是通过对就业观念、就业自我认知、就业准备和择业过程的正面影响,间接地推高女大学生的就业水平和质量,如社会性别意识强的女大学生一般有利于提高对自我能力的评价,形成对就业能力的性别差异的正确认识,结果也有助于消除不合理的大学生就业水平和质量的性别差异。三是社会性别意识可以弱化就业市场对女大学生的就业歧视,减少就业市场的性别歧视带给女大学生就业水平和质量的损失。另外,就业市场歧视依然直接影响或者通过扭曲就业观念、就业自我认知、就业准备和择业过程间接作用于女大学生就业水平和质量,就业市场歧视越严重,女大学生就业水平和质量都越会低于男大学生,它们之间存在着一种负向的因果关系,当然这种关系的统计显著性或影响力会在很大限度上受到社会性别意识的制约,所有把社会性别意识引入女大学生就业问题的解释模型,就会有效地防范两个理论风险,即或者在统计上夸大就业歧视对女大学生就业的影响力,或者在解释上还没有找出造成大学生就业水平和质量的不合理性别差异的最初始或最深层次的影响因素,从而提升对女大学生就业问题的理论解释力和准确度。

Gender Significance and Theoretical Construction of Female College Graduates Employment's Research

Ye Wenzhen

(Fujian Jiangxia University, Fuzhou, 350108)

Abstract: Based on the description of research background, this article studies the gender significance of female college students' employment, and proposes two theories to explain the gender difference of college students' employment. We find out that the traditional gender consciousness will certainly produce the discrimination against female college students' employment. The level and quality of female college students' employment will be determined by the progress of gender consciousness and the institutional regulation of gender discrimination in the employment market.

Key words: female college students' employment; gender significance; theoretical explanation

性别协同老年健康促进的
现实意义与可行路径探讨

王德文*

内容摘要:无论是从人口老龄化的发展趋势,还是从社会经济发展的压力,都警示加强老年人口健康管理与促进势在必行,只有制定并实施更多让老年人口保持健康状态的对策,才是应对人口老龄化最积极有效的路径。女性平均预期寿命都要长于男性。但是,女性长寿并不等于女性比男性更健康。研究提示女性老年人健康预期寿命比男性老年人差。本研究主要探讨性别协同发展老年健康促进的现实意义及其可行路径。针对男性老年人的健康促进以提升预期寿命为主要目标,针对女性老年人的健康促进以提升健康预期寿命为主要目标,从健康政策、日常生活习惯等入手,融入性别协同发展意识。

关键词:老年人;健康促进;性别协同

一、人口老龄化发展趋势与老年健康促进的现实意义

我国正处于人口老龄化快速发展期,截至 2017 年年底,全国 60 岁以上老年人口已经达到 2.3 亿人,占总人口的 16.7%。[①] 21 世纪以来我国人口老龄化系数与人口高龄系数增速明显,如表 1 所示,全国人口老龄化系数从 2000 年的 10.46 增长到 2005 年的 13.03,到 2010 年达到 13.31;同时高龄化系数也从 2000 年的 9.23 上升至 2005 年的 10.49,2010 年达到 11.66。从老化指数[②]的变化趋势中可见 80 岁以上老年人数量明显上升,据预计 2050

---

　* 王德文,女,医学博士,厦门大学公共事务学院公共管理系教授、博士生导师。主要研究方向为社会医学、人口健康、卫生事业管理等。

　① 张猛.我国老年人口数量已达 2.3 亿占总人口的 16.7%[EB/OL].(2017-04-26)[2018-09-12].http://henan.china.com.cn/news/2017/0426/4658399.shtml.

　② 在衡量一个地区或国家的人口老化程度,世界普遍采用老化指数来进行测量,以反映一个国家或地区的老化程度。所谓老化指数又称老少比,是指同一人口整体中,老年人口与少年儿童人口数的相对比值,即每 100 个 65 岁以上人口对 14 岁以下人口的比率,指数越高,则反映该国家或地区的高老化情况越严重,反之则越小。老化指数用来反映人口年龄结构上下两端相对变动的趋势,以及在衡量一个地区或国家的人口老化程度。即每 100 个 65 岁以上人口对 14 岁以下人口的比率,指数越高,则反映该国家或地区的高老化情况越严重,反之则越小。

年 65 岁以上老年人口将超过 20％,将有可能进入超高龄化社会(Super-aged Society)[①]。根据第六次人口普查数据,全国平均老年抚养比水平为 34.28％,其中,老年抚养比为 11.98。随着人口老龄化的增速这个数字将不断增大。

表 1　2000—2010 年我国人口老龄系数与人口高龄系数增速比较

年份	老龄化系数	老龄化增速	高龄化系数	高龄化增速
2000	10.46	—	9.23	—
2005	13.03	24.60	10.49	13.70
2010	13.31	1.80	11.66	11.11

注:人口老龄化系数＝60 岁及以上人口占总人口的比重(％);高龄化系数＝80 岁及以上人口占总人口的比重(％)

资料来源:国务院人口普查办公室,张为民,国家统计局.中国 2000 年人口普查资料[M].北京:中国统计出版社,2002.

国务院全国 1％人口抽样调查领导小组办公室.2005 年全国 1％人口抽样调查资料[M].北京:中国统计出版社,2007.

国务院人口普查办公室.中国 2010 年人口普查资料[M].北京:中国统计出版社,2012.

众所周知,所有老龄化社会都要面临的共同挑战是,在不降低老年人口照料质量和生活质量的前提下,控制不断增长的医疗费用支出。第五次国家卫生服务调查分析报告[②]提示,2013 年我国 60 岁及以上的老年人两周患病率[③]为 56.9％(城市 66.9％,农村 45.8％);慢性病患病率为 71.8％(城市 81.1％,农村 61.6％),16.2％的老年人患有 2 种及以上慢性病。所谓慢性病,即慢性非传染性疾病(chronic non-communicable diseases)的简称,是一类起病隐匿、病程长且病情迁延不愈,缺乏确切的传染性生物病因证据、病因复杂,且有些尚未完全被确认的疾病的概括性总称。常见的慢性病主要有心脑血管疾病、癌症、糖尿病、慢性呼吸系统疾病,其中心脑血管疾病包含高血压、脑卒中和冠心病。图 1 为 1993 年至 2013 年国家卫生服务调查获得的我国老年人慢性病患病率的变化情况:20 年来城乡老年人口的慢性病患病率持续上升,近 10 年来的增长速度快于前 10 年;城市地区慢性病患病率始终高于农村地区,但城乡差距逐渐缩小,农村老年人的慢性病患病率近乎翻倍,由 1993 年的 37.8％提高到 2013 年的 61.6％。两周患病率和慢性病患病率作为衡量居民病伤和健康状态以及卫生服务需求的一项重要基础指标,其快速上升有其积极的意义:结合我国近几十年医改政策的变化历程,说明了居民就医的刚需得到释放,即住院率增加有其合理性和值得肯定的一面。

[①]　当一个国家或地区 60 岁以上人口占总人口数的比例达到或超过 10％,或者 65 岁以上人口比例达到或超过 7％时,这样的社会即称之为"老龄化社会"。65 岁以上老年人口则将超过 20％,叫超高龄化社会(Super-aged Society)。

[②]　2013 第五次国家卫生服务调查分析报告[R/OL].[2018-04-09].http://www.nhfpc.gov.cn/mohwsbwstjxxzx/s8211/list.shtml.

[③]　两周内患病人数或人次数/调查总人数之比(百分率或千分率),是反映卫生服务需要的指标。

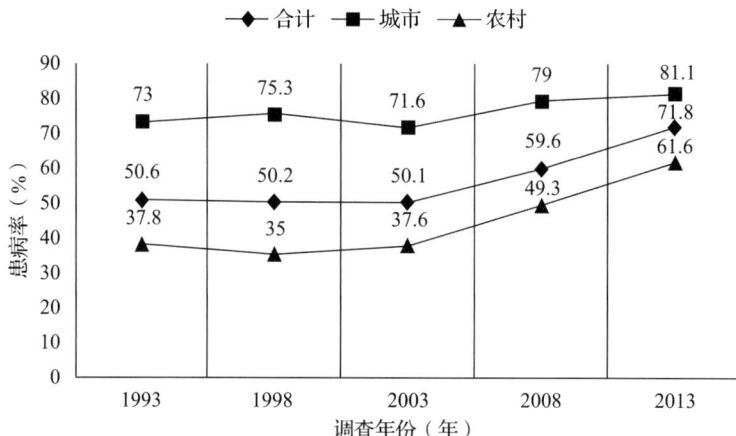

图1　我国不同年份调查老年人慢性病患病率的变化情况

同时,随着人口老龄化程度的加剧、城镇化进程的加快,两周患病率和慢性病患病率的不断增长[①]也提示了居民卫生服务需求量还会继续增加,这将会对居民生活和家庭经济带来压力,卫生总费用的进一步增加也加重了经济社会发展的负担。[②] 据郑晓瑛、陈立新的研究,2000年中国老年人口医疗费用占国民生产总值的0.48%,2020年将增长超过5倍达3.06%。[③] 然而,我国相应的老年医疗服务却远远未能反映该趋势,一方面,长期以来缺乏对人群健康管理的重视,导致老年人群带病、带残比例较高,不健康的预期寿命延长,降低了老龄及高龄人群的生活和生命质量;另一方面,居民收入中医疗保健方面的消费支出大幅上升,大大增加了社会及家庭的经济负担。图1提示慢性病在我国老年居民中的流行趋势仍然处于上升通道,慢性病对个人、家庭、经济和社会的危害还会持续加重。Lancet近期发表的系列研究也都一致呼吁公共政策要很好地回应人口老龄化发展趋势,回应不断增长的巨额医疗费用。[④]

曾毅等预测,假定老年人健康状况每年相对上一年改善1%,那么我国2030年、2040年和2050年家庭照料(不包括医疗费用)总成本将分别节省3667亿元、10709亿元和22194

---

① 居民两周患病率由2008年18.9%提高到2013年的24.1%。60岁以上老年人慢性病患病率由1993年50.6%提高到2013年的71.8%。资料来源:2013第五次国家卫生服务调查分析报告[R/OL].(2016-10-26)[2018-04-09].http://www.nhfpc.gov.cn/mohwsbwstjxxzx/s8211/list.shtml:142-145.

② 2013第五次国家卫生服务调查分析报告[R/OL].(2016-10-26)[2018-04-09].http://www.nhfpc.gov.cn/mohwsbwstjxxzx/s8211/list.shtml:142-145.

③ 郑晓瑛,陈立新.中国人口老龄化特点及政策思考[J].中国全科医学,2006,9(23):1919-1923.

④ Beard J R,Bloom D E.Towards a Comprehensive Public Health Response to Population Ageing[J].Lancet,2015,385(9968):658-661.

Bloom D E,Chatterji S,Kowal P,et al.Macroeconomic Implications of Population Ageing and Selected Policy Responses[J].Lancet,2015,385(9968):649.

Brownell K D,Roberto C A,Brownell K D,et al.Strategic Science with Policy Impact[J].Lancet,2015,385(9986):2445-2446.

亿元;如加上医疗费用,健康改善所节省的开支将更加惊人。① 根据第四次中国城乡老年人生活状况抽样调查成果②,2015 年全国城乡老年人自报需要照护服务的比例为 15.3%,分城乡来看,城镇老年人自报需要照护服务的比例为 14.2%,农村老年人自报需要照护服务的比例为 16.5%。分年龄段来看,80 岁以下的老年人自报需要照护服务的比例为 11.2%,80 岁及以上老年人自报需要照护服务的比例为 41.0%。可以发现,随着我国人口老龄化及高龄化的发展趋势,老年人口疾病负担的严峻性不容小觑。

人体器官及骨骼肌肉等系统的功能在成长过程在不断加强,在成年早期达到高峰,此后自然下降。下降的速度至少部分取决于我们在整个生命历程中的行为和暴露风险的程度。这些风险包括我们吃的食物、我们身体的活跃程度、我们面临的疾病问题,以及例如吸烟、酗酒或接触有毒物质等生活习惯。总之,人类的健康受到了社会、经济、环境、个人特征、行为等多种因素的影响。当下由于工业化、城镇化、生态环境、生活方式不断变化,居民的健康受到多种疾病的威胁,与生活方式密切相关的慢性病呈井喷的发展趋势。2016 年联合国总部可持续发展目标座谈会③指出,健康作为一项普遍权利,是人类日常生活的基本资源,是所有国家或地区共享的社会目标和政治优先策略。健康不仅是健康目标本身,健康对于促进其他可持续发展的目标也是非常重要的。"没有人的健康,一切的发展都是没有可能的",实践也证明了加强健康促进,提高健康素养,是提高人类健康水平最根本、最经济、最有效的措施之一。④

所以,无论是从人口老龄化的发展趋势,还是从社会经济发展的压力,都警示加强老年人口健康管理与促进势在必行,只有制定并实施更多让老年人口保持健康状态的对策,才是应对人口老龄化最积极有效的路径。习近平总书记在党的十九大报告中指出,"我国经济已由高速增长阶段转向高质量发展阶段,正处在转变发展方式、优化经济结构、转换增长动力的攻关期"。我国社会经济发展的基本特征也发生了重大转变。新华社评论,"高质量发展是坚持改革创新的发展,是更加公平、更为协调的发展,让发展成果惠及全体人民;高质量发展,是不断满足人民日益增长的美好生活需要的发展,要提高保障和改善民生水平"。2016年,中共中央、国务院发布了《"健康中国 2030"规划纲要》,确立了以促进健康为中心,将"健康中国 2030"理念融入公共政策制定实施全过程,以统筹维护人民群众健康。我国是世界上老龄化速度最快的国家之一,也是世界上老年人口绝对数最多的国家。随着老龄化趋势

---

① 曾毅,陈华帅,王正联.21 世纪上半叶老年家庭照料需求成本变动趋势分析[J].经济研究,2012(10):134-149.

② 第四次中国城乡老年人生活状况抽样调查成果发布[EB/OL].(2016-10-10)[2018-05-04].http://old.cnr.cn/2016csy/gundong/20161010/t20161010_523186698.shtml.该调查范围为全国 31 个省、自治区、直辖市(港澳台地区除外)和新疆生产建设兵团,样本涉及 466 个县(市、区),抽样比约为 1.0‰,调查有效样本为 22.017 万份。

③ 国家卫计委就《关于加强健康促进与教育的指导意见》有关情况举行新闻发布会[EB/OL].(2016-11-18)[2018-04-20].http://www.scio.gov.cn/xwfbh/gbwxwfbh/xwfbh/wsb/Document/1519991/1519991.htm.

④ 国家卫计委就《关于加强健康促进与教育的指导意见》有关情况举行新闻发布会[EB/OL].(2016-11-18)[2018-04-20].http://www.scio.gov.cn/xwfbh/gbwxwfbh/xwfbh/wsb/Document/1519991/1519991.htm.

的加剧,老年人口的健康问题也不断凸显。推动老年健康促进是提升我国"软实力"的体现,是适应我国社会主要矛盾变化和全面建成小康社会、全面建设社会主义现代化国家的必然要求,符合当前和今后一个时期的发展思路。

二、老年健康促进及其性别视角探讨的现实必要性

所谓健康促进(Health Promotion),是 WHO 于 1986 年在《健康促进渥太华宪章》(Ottawa Charter for Health Promotion)(以下简称《渥太华宪章》)中最早提出的。在 WHO 官网上[①]这样界定:"健康促进是促使人们维护和提高自身健康的全过程,是协调人类与环境的战略,它规定了个人与社会对健康各自所负的责任。"(Health promotion is the process of enabling people to increase control over, and to improve, their health. It moves beyond a focus on individual behaviour towards a wide range of social and environmental interventions.)健康促进是以"4P"为核心精神,包括增进健康(promotion)、预防疾病(prevention)、安全防护(protection)、民众与跨领域的参与(participation)等方面,全面营造健康环境,支持民众学习健康、选择健康,避免不健康行为,实践健康生活。[②] 健康促进是指一切能促使行为和生活条件向有益于健康改变的教育和环境支持的综合体。1995 年 WHO 西太区办事处发表的《健康新视野》(New Horizons in Health)中提出:"健康促进指个人与其家庭、社区和国家一起采取措施,鼓励健康的行为,增强人们改进和处理自身健康问题的能力"。[③] WHO 前总干事布伦特兰在 2000 年的第五届全球健康促进大会上解释:"健康促进就是要使人们尽一切可能让他们的精神和身体保持在最优状态,宗旨是使人们知道如何保持健康,在健康的生活方式下生活,并有能力做出健康的选择。"[④]所以,健康促进不仅是一个概念,也是一种方法,更是一套完善、周密的程序设计和实施,使民众从事有益健康的活动从而达到提高健康水平的过程。

《渥太华宪章》发表以来,这些具有变革性、实践性、深远影响、基于证据的健康促进策略为人类社会的健康发展提供了指南,引导人们对所有健康决定因素采取行动,赋予人们增强维护自身健康的能力,确保拥有以人为本的卫生系统。2016 年第九届全球健康促进大会在上海成功召开。《上海宣言》提到"我们将为健康做出大胆的政治选择"。[⑤] 具体内容为"我们正面临着全球健康促进的新情况。人民的健康再也不能与地球的健康分离,单靠经济增长再也不能确保健康水平的提高。健康安全挑战越来越多,强大的商业力量正在努力阻碍

---

① WHO. Health Topics Health promotion [EB/OL]. [2018-04-06]. http://www.who.int/topics/health_promotion/en/#.

② 郑惠美.台湾地区健康促进之理念与实务[J].海峡预防医学杂志,2016,22(1):67-69.

③ 胡新光,曹春霞,李浴峰.论健康促进在"健康中国"战略中的应用[J].医学与社会,2017,30(4):64-67.

④ 世界卫生组织总干事希伦特兰在第五届全球健康促进大会上的发言,见李新华主译.第五届全球健康促进大会技术报告,2002. 马云祥,闫旭霞.第五次全球健康促进大会简讯[J].河南预防医学杂志,2001,12(2):127-127.

⑤ 2030 可持续发展中的健康促进《上海宣言》[EB/OL].(2016-11-01)[2018-04-06].http://www.who.int/healthpromotion/conferences/9gchp/shanghai-declaration-final-draft-zh.pdf? ua=1.

健康。广泛存在的全球健康危机就是这些快速变化的证明,需要我们同舟共济、共谋出路。解决不可接受的健康不公平不仅需要跨部门和跨地区的政治行动,还需要在全球范围开展联合行动。如果要做到'一个都不能少',就需要采取果断的行动,保护妇女、流动人口和越来越多受到人权和环境危机影响的人们的权利。我们将优先选择良好治理、以城市和社区为平台的地方行动和通过提高健康素养的人民赋权,创新发展,共享健康,并致力于解决最脆弱群体的健康问题"。

刘路和史曙生[①]利用 Web of Science TM 核心合集数据库,选择 SSCI(Social Sciences Citation Index)和 A&HCI(Arts & Humanities Citation Index)的期刊,以"health promotion"为主题对 2005—2016 年所收录的文献进行检索,大约有 3839 篇主题为健康促进的研究论文[②],他们将其进行梳理后认为,2005—2016 年国际健康促进研究可分三个阶段:第一阶段(2005—2007)主要为探讨健康促进的预防与干预的基本手段,如通过体力活动(运动)和健康教育等手段进行健康干预;第二阶段(2008—2012)更加重视对目标人群的健康干预与促进,针对不健康的行为展开理论研究和实证分析;第三阶段(2013—2016)研究的目标人群转向中老年人,更加关注各类疾病对健康的困扰与危害,特别是心血管疾病和心理疾病,同时更加重视健康政策的制定与实施研究。可见,近几年健康促进的国际研究动态所涌现出来热点话题之一就是围绕老年健康促进议题。

新中国成立以来,我国健康促进事业取得丰硕成果。例如,人口预期寿命不断提高以及居民主要健康指标总体上优于中高收入国家的平均水平,这些均证明了我国预防保健、健康教育以及爱国卫生运动的成效。綦翠华利用全国(未包括台湾地区)2003—2012 年的政府统计数据,对健康查体、健康教育(此处仅为健康讲座与健康咨询统计)、农村人均年消费奶制品、农村饮用自来水比率(此为膳食结构改变的代表性指标)等指标与 60 岁及以上年龄别老年人口死亡率下降值(具体为 2010 年比 2005 年的下降值)进行相关分析,发现它们之间存在高强度相关,参见表 2。[③] 故綦翠华指出近十年我国大力推行的健康教育、健康查体、膳食改变等健康促进,对降低我国 60 岁及以上各年龄组死亡率均有十分重要的影响和作用。

表 2　健康促进与 60 岁及以上老年人口死亡率下降值相关系数

健康促进的主要指标	与 60 岁以上老年人口死亡率下降值相关系数
健康查体	0.7352
健康教育	0.8603
农村人均年消费奶制品	0.7708
农村饮用自来水比率	0.6406

转载自:綦翠华.健康促进与人口高龄化[J].山东社会科学,2014(10):66-70.

[①]　刘路,史曙生.国际健康促进研究的演进脉络与前沿热点——基于 CiteSpace V 的文献计量与可视化分析[J].沈阳体育学院学报,2017,36(6):69-76.
[②]　剔除没有文献作者、标题、关键词、来源出版物或摘要等信息的论文后的数量。
[③]　綦翠华.健康促进与人口高龄化[J].山东社会科学,2014(10):66-70.

21 世纪初以来,我国的健康教育模式向健康教育与健康促进并存的模式转变。2008 年以健康素养促进为核心,2013 年以健康促进为主成立了国家卫生计生委宣传司健康促进处。近年来,卫计委发布的《全民健康素养促进行动规划(2014—2020 年)》《"十三五"全国健康促进与教育工作规划的通知》,在全国范围内大力开展健康素养宣传推广,启动健康促进县(区)、健康促进场所和健康家庭建设活动,全面推进控烟履约工作,健全健康素养监测系统,在卫生部门的主导下积极推出的各种大型健康教育活动。仅 2003 年,全国各级健康机构中有近四成(36%)与电台电视台合作开办栏目,其中有 18% 的省级健康教育机构、45% 的地市级健康教育机构、35% 的县级健康教育机构与电台电视台合作开办健康教育栏目;另外各种形式的宣传制品也大量涌现,仅 2003 年健康教育机构就制作了各种健康教育宣传材料达 4.60 亿份,是 2002 年的 2.5 倍。[①] 但是,有研究指出我国大型健康促进项目往往面向全体居民,忽视了老年人群的特点,导致实际收益不高。[②] 由于我国老年群体文化程度普遍偏低,获取和接受健康信息的能力有限,对知识的理解程度较差。同时,研究发现我国很多老年人不了解营养结构搭配,未注意低盐低脂,尤其农村老年人高盐饮食的比例明显高于城市老年人。[③] 吸烟与慢性病发病呈正相关,我国老年人群吸烟比例仍较高,我国农村老年人中 30.9%~39.74% 在吸烟,城市中被动吸烟的比例较大。体育锻炼可改善生活质量降低慢性病死亡率,但是,匮乏的锻炼和不科学的膳食使得肥胖/超重现状在老年人中较普遍。另外,我国城乡现有居住环境从规划布局、交通、安全、设施、室内装修设计等方面都存在难以适应居家养老的情况。总之,针对老年健康促进的研究亟待加强。

在世界所有地方,女性平均寿命都要长于男性。WHO 公布的《2014 年世界卫生统计》显示,世界各地的人们活得更长了,从全球平均情况来看,2012 年出生的女孩预期可活到约 73 岁,男孩到 68 岁。男女之间的期望寿命差距在高收入国家更为显著,女性寿命约比男性长 6 年。在低收入国家,这一差距约为 3 年。[④] 在我国(未包括台湾地区),2010 年的女性平均预期寿命为 77.37 岁,男性平均寿命为 72.38 岁,女性比男性高出 4.99 岁[⑤]。由于女性平均寿命高于男性的客观现状,造成全球高龄者中男女性别比接近 1∶2[⑥]。谭琳[⑦]指出 2000

---

① 綦翠华.健康促进与人口高龄化[J].山东社会科学,2014(10):66-70.

② 陈轶愔,刘虹.中国老年人健康促进研究进展[J].中国老年学杂志,2017,37(19):4927-4929.

③ 魏咏兰,贾勇,王琼,等.社区老年人健康促进效果评价[J].中国慢性病预防与控制,2006,14(1):46-48;甘志高,卓家同.中国行为危险因素监测系统概述[J].现代预防医学,2003,30(4):550-552;刘戈,牟培陆,刘巧贞.既有居住社区居家养老模式路径设计[J].城市发展研究,2017,24(3):132-136.

④ 2014 年世界卫生统计期望寿命显著延长[EB/OL].(2014-05-15)[2018-05-04].http://www.who.int/mediacentre/news/releases/2014/world-health-statistics-2014/zh/.

⑤ 中国主要年份各地区预期寿命统计(1990—2010)[C]//国家卫生和计划生育委员会.2014 中国卫生和计划生育统计年鉴.北京:中国协和医科大学出版社,2014.

⑥ World Health Organization. Ageing and Life Course[EB/OL]. http://www.who.int/ageing/en/ Accessed,December 2006. 转载自:曾明月.性别差异在健康行为与健康相关生活品质之影响因素分析:以台湾社区老人为例.美和学报,2011,31(1).

⑦ 谭琳.1995—2005 中国性别平等与妇女发展报告[M].北京:社会科学文献出版社,2006.

年中国 60 岁及以上老年人口的性别比[①]为 95，预计 2050 年这一数据将下降到 82.2。桂世勋[②]指出，21 世纪下半叶，女性老年人口比男性老年人口基本多出 1700 万～1900 万人，且多出的女性老年人口中 50%～70% 都是 80 岁及以上年龄段的高龄女性人口。说明我国高龄化发展趋势同全球一样，高龄老年女性的人数远远多于男性。

但是，国内外的学术研究[③]却发现，女性长寿并不等于女性比男性更健康。影响性别期望寿命的因素包括生物学、社会学等方面[④]。从生物学的角度，学者段建明和张宗玉[⑤]指出，雌性激素有利于加强胸腺功能，提高人体的免疫力；同时，雌性激素还有利于胆固醇、脂蛋白代谢，因此女性的动脉硬化及心脑血管的发病率会明显低于男性。按照人体衰老的自由基学说来讲，清除人体内导致细胞老化的自由基的酶，其生物基因是定位于 X 染色体上，女性有两个 X，男性只有一个，所以男性抗自由基损伤 DNA 的能力要比女性弱。虽然进入老年阶段的女性体内雌性激素水平会下降，但拥有两个 X 的性染色体是不会改变的。所以，仅从先天的自然属性而言，女性具有更强的生命力。但是，笔者利用 2002 年中国人纵向健康长寿研究（CLHLS）[⑥]的数据对我国大陆地区 22 个省的 15789 名 65 岁以上的受访者的健康状况进行研究[⑦]，发现在包括日常生活自理能力（ADL 和 IADL）、认知能力、视觉功能、听觉功能、牙齿的数量、自评健康以及自评生活质量在内的健康指标中，除了自评生活质量外，女性老年人在其余各项健康指标上均处于劣势；同时，在上述客观健康指标即日常生活自理能力（ADL 和 IADL）、认知能力、视觉功能、听觉功能中，男女老年人的性别差值随着年龄的增加而加大，但是牙齿数量的性别差值随着男女老年人年龄的增加而缩小。在主观健康指标即自评健康与自评生活质量中，性别差值与年龄不存在统计学上的显著性差异。第五次国家卫生服务调查分析报告也显示，近年来我国居民慢性病患病率快速上升，农村地区增加了近 1 倍。不同病种中，高血压、糖尿病等疾病患病率增幅明显。65 岁及以上老年人口两周患病率、慢性病患病增长幅度大于其他年龄组人口。各类地区女性慢性病患病率均高于男性，其中，城市女性 55 岁及以上各年龄组的慢性病患病率高于男性；农村各年龄组，女性

---

① 性别比是人口学上关于社会或国家男女人口数量的一种比率，基本上以每 100 位女性所对应的男性数目为计算标准。

② 桂世勋.21 世纪我国老年照护需求及战略思考［EB/OL］.［2017-02-12］.http://www.zglry.org/Newsxs.asp? xwid＝52&SmallClassName＝2007%C4%EA7%D4%C2.

③ Dewen Wang, Jianmin Zheng, Michiko Kurosawa, and Yutaka Inaba. Relationships between Age and Gender Differentials in Health among Older People in China.［J］Ageing & Society,2009,Vol 29：1141-1154；王德文，叶文振.中国老年人健康状况的性别差异及其影响因素［J］.妇女研究论丛,2006(4)：21-26；柳玉芝.关注中国高龄老人中的性别问题——中国高龄老人健康长寿影响因素研究项目简介［J］.妇女研究论丛,2001(4)：47-51；王树新，曾宪新.中国高龄老人自理能力的性别差异［J］.中国人口科学,2001(c00)：48-52；曾毅，柳玉芝，萧振禹，等.中国高龄老人的社会经济与健康状况［J］.中国人口科学,2004(S1)：173-176；汤哲，项曼君.北京市老年人生活自理能力评价与相关因素分析［J］.中国人口科学,2001(c00)：92-96.

④ 王德文，叶文振.中国老年人健康状况的性别差异及其影响因素［J］.妇女研究论丛,2006(4)：21-26.

⑤ 段建明，张宗玉.寿命的性别差异［J］.生命的化学,1996(4)：49-50.

⑥ Chinese Longitudinal Health Longevity Study［EB/OL］［2018-04-12］.https://sites.duke.edu/centerforaging/programs/chinese-longitudinal-healthy-longevity-survey-clhls/.

⑦ Wang /Dewen, et al.Relationships between Age and Gender Differentials in Health among Older People in China［J］.Ageing & Society,2009,29(7)：1141-1154.

慢性病率均高于男性,45 岁及以上年龄组差异变大。我国男性两周患病率为 52.5%,女性为 61.0%,各类地区老年人女性的两周患病率均高于男性。城市地区西部的性别差异最大,东部最小;农村地区则为东部的性别差异最大,西部最小。农村地区两周患病率的性别差异略大于城市。[①] 即中国女性倾向于长寿但是健康状态比男性老年人似乎更差。Verbrugge 早在 20 世纪中叶就指出"男性要比女性更可能死亡,但是女性要比男性更容易得病"(men are more likely to die than women,but women are sicker than men)。[②]

现实生活中有很大一部分老年人丧失伴侣后,出现心理及生理健康问题,情感得不到倾诉和安慰;即使和子女在一起,也无法弥补这种孤独感。所以,我们必须结合性别视角探讨老年健康促进,针对男性老年人的健康促进以提升预期寿命为主要目标,针对女性老年人的健康促进以提升健康预期寿命为主要目标。如图 2 所示的性别协同发展老年健康促进的主要目标。目前学界研究普遍认为,人们的生理寿命和健康寿命存在差异,长寿并不一定健康,要准确区分平均预期寿命与健康预期寿命的概念[③];不能泛化地将长寿和健康等同起来,许多老年人虽然长寿但是晚年深受病痛折磨。这些都提醒我们,随着人口日益老龄化与高龄化发展趋势,性别视角下探讨老年人口健康促进的研究具有现实意义与必要性。如果能够缩小性别寿命的差异,多少可以解决一大部分丧失伴侣老年人的孤独感和丧失感。"在天愿作比翼鸟,在地愿为连理枝"。通过提升性别意识,推进男女老年人口健康状态的协同发展,保证男女两性老年人口都能从健康促进中受益,避免顾此失彼的健康促进发展模式,确保两性健康促进的均衡发展。性别视角关注男女老年人身体健康以帮助老年人度过圆满和有益的一生。

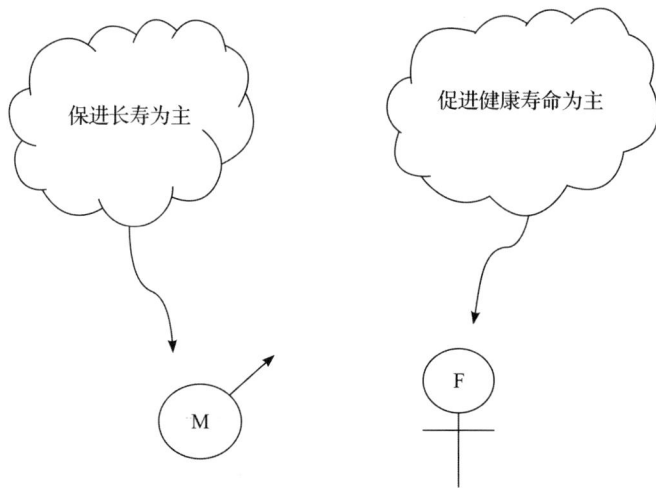

图 2　性别协同发展老年健康促进的主要目标

　　① 2013 第五次国家卫生服务调查分析报告[R/OL].(2016-10-26)[2018-4-9].http://www.nhfpc.gov.cn/mohwsbwstjxxzx/s8211/list.shtml:30.
　　② Verbrugge L M.Females and Illness:Recent Trends in Sex Differences in the United States[J].Journal Health Social Behavior,1976,17(4):387-403.
　　③ 人口平均预期寿命是人口健康与生活质量中的一个重要指标,是根据死亡率估计出的人口平均寿命的期望值。健康预期寿命就是健康状态下的寿命,国际上常用的健康寿命的指标包括:未患病寿命、未残障寿命、未痴呆寿命、日常生活能自理的寿命或有活力的寿命等等。参见:王德文,檀晓青.人口老龄化语境中的健康寿命及其探索[J].福建江夏学院学报,2012(4):80-84.

三、性别协同发展老年健康促进的可行路径

协同发展理论起源于原联邦德国科学家赫尔曼·哈肯在 20 世纪 70 年代创建的"协同学"。[①] 协同学认为协同是系统各部分之间相互协作而产生的整体效应或集体效应,[②]以探索带有普适性的规律为目标,研究系统如何通过子系统的自我组织,产生时间、空间或功能结构。协同学与传统科学的态度相反,它立足于各部分之间相互作用,而非把对象还原为各部分之和。理论上,协同学的原则是系统的行为并不单纯是其子系统行为的叠加,而是由子系统通过相互作用组织和调节起来的。宏观上来看,系统的性质和行为就是其各个子系统合作效应的体现。协同学的主要研究内容就是各子系统之间的协同作用,即其从无序到有序的转变机制,这种协同作用也就是系统的自组织能力,即系统使自己统一为一个有机的整体,并使这个整体向着更完善的形式发展进化的动力。[③] 协同论是系统论的延伸,系统能否发挥协同效应是由系统内部各子系统或组成部分的协同作用决定的,协同得好,系统的整体性功能就好。若一个管理系统内部,人、组织、环境等各子系统内部以及它们之间相互协调配合,共同围绕目标齐心协力地运作,那么就能产生 $1+1>2$ 的协同效应。反之,若一个管理系统内部相互掣肘、离散、冲突或摩擦,就会造成整个管理系统内耗增加,系统内各子系统难以发挥其应有的功能,使整个系统陷于一种混乱无序的状态。协同理论强调作为一个系统,组织必须不断与外界进行资源交换,在组织间关系的平衡与不平衡的动态发展中从无序走向有序。[④]

从定义出发,协同治理是指政府组织企业和社会力量创造公共价值的方式,具有协同性[⑤];而卫生协同治理的核心价值是以人为本,以实现全面健康为导向,旨在实现卫生服务一体化、卫生服务便捷化、卫生资源普惠化、服务供给多元化的目标。微观层次上的卫生协同治理涉及同一类别主体之间和内部的结构与运作关系,包括了政府、卫生机构、社会三类。[⑥] 现有对健康协同的研究中,协同发展理论较多被用于地区间的医疗卫生协同发展。医疗卫生事业作为政府公共服务的重要组成部分之一,在跨区域城市群发展中起到了重要的基础保障作用。国内研究较多围绕着京津冀、长三角、珠三角地区和武汉城市圈的医疗卫生协同发展的实践经验。有学者对比了以上四个城市群的医疗卫生协同发展的现状,发现虽然各城市群的医疗卫生协同发展各具特色,如京津冀和珠三角地区建立了卫生应急管理区域合作机制、武汉城市圈建立了医疗信息一体化工作平台,但医疗资源较多地集中在"核

①　吴大进,等.协同学原理和应用[M].武汉:华中理工大学出版社,1990:1.

②　H.哈肯.协同学:大自然成功的奥秘[M].凌复华,译.上海:上海译文出版社,2005:12.

③　韩雪磊.基于协同管理理论的综合性公立医院公共卫生职能实现策略及路径研究[D].武汉:华中科技大学,2013.

④　孙迎春.发达国家整体政府跨部门协同机制研究[M].北京:国家行政学院出版社,2014:63-64.

⑤　王有强,叶岚,吴国庆.协同治理:杭州"上城经验"[M].北京:清华大学出版社,2014:66-72.

⑥　王有强,李海明,王文娟.卫生体系和服务能力现代化的实现路径:基于协同治理视角[J].中国行政管理,2017(4):35-39.

心"城市,跨区域城市群医疗卫生资源总体配置不均衡。[①] 协同理论还体现在医疗卫生协同网络构建实践中,例如上海浦东新区区域医疗中心联合区域内 11 家社区卫生服务中心构建了业务紧密型的医疗卫生协同网络,新型的区域医疗卫生协同网络在促进医疗资源纵向整合上有着明显优势。[②] 一般而言,协同理论所讨论和研究的对象既可以是宏观系统,也可以是微观系统,可以归纳为是一个开放、处于非平衡状态且由大量子系统组成的复杂系统,这些子系统可以通过自组织形成有序结构。老年健康促进系统是一个体系庞大、结构复杂的系统,其内部涵盖了老年健康促进的社会环境、主体、对象等多个子系统和重要影响因素。通常情况下,各个子系统之间、子系统与外界环境之间处于开放的状态,它们能实现能量流、信息流、物质流的流动互通。目前的老年健康促进事业的发展存在诸多障碍,因此,老年人口健康状况改善的过程就是该系统由无序向有序的渐变转化过程,以协同理论来讨论分析老年健康促进工作存在逻辑上的适用性。老年健康促进系统是一个体系庞大、结构复杂的系统,其内部涵盖了老年健康促进的社会环境、主体、对象等多个子系统和重要影响因素。协同理论所讨论和研究的对象既可以是宏观系统,也可以是微观系统,可以归纳为是一个开放、处于非平衡状态且由大量子系统组成的复杂系统,这些子系统可以通过自组织形成有序结构。下文就性别协同发展视角探讨缩小老年健康的性别不均等的可行路径。

(一)响应 UNICF 的"性别主流化"策略,积极构建"性别主流化"的健康政策

在大多数情况下,生命历程健康发展(Life Course Health Development)框架的结构是连续的,能够反映在生命跨度(life span)期间的不断变化,早期健康(包括胎儿健康)在整个生命过程中对后期可能带来的影响。联合国儿童基金会于 1997 年把实现性别平等作为一项战略,采用了性别主流化[③],将对女性和男性所从事的一切工作的各个层面进行评估,包括立法、政策和项目,该战略综合女性和男性的需要和经验,设计、执行、跟踪和评估政策和规划,使性别不平等不再延续下去。联合国儿童基金会要求各个国家把性别分析纳入所有决策过程,无论是核心政策的制定,还是日常项目方案的决定;性别问题纳入主流意味着,项目的设计和评估,要确保妇女和女童受益于联合国儿童基金会项目,对整个社会产生影响的项目,如旨在确保所有儿童接受教育,解决女童在求学过程中面临的障碍,特别是满足女性性别身份的需求,如降低产妇死亡率的安全孕妇项目。所以,从生命周期理论视角,联合国儿童基金会的性别主流化可以更好地确保女性及儿童健康,从而为个体健康老化奠定良好基础,也为推动各国性别健康促进做出了很好的标杆。

针对健康的性别不平等,WHO[④]认为医疗体系中存在性别结构与权力分配不平等,大部分权力集中在少数精英的男性医生手上,通过医化独占,医学研究与资源偏向以男性为主的疾病,而对女性造成成见,影响医生对待女性病人的判断与态度;同时,生殖科技发展成

① 牟燕,何有琴,程艳敏,等.城市群医疗卫生协同发展现状及主要措施研究[J].中国卫生事业管理,2015,32(12):887-889、910.

② 余波,王薇,吴晓君,等.分级诊疗下业务紧密型医疗卫生协同网建设的实践[J].中国医院管理,2015,35(12):7-9.

③ 性别平等[EB/OL].[2018-08-01].https://www.unicef.org/chinese/gender/3984_3994.html.

④ WHO.Gender,Equity and Human Rights[EB/OL].[2018-08-01].http://www.who.int/gender-equity-rights/understanding/gender-definition/en/.

为满足男性传宗接代的工具。曾月霞[①]认为产生健康照护服务上差异的原因有：(1)提供者的偏见(providers bias)；(2)接受者的偏好(patient preference)；(3)提供者和接受者之间的互动不良。WHO 提出解决性别不平等之道在于根除男性用以维护父权制、支配女性的策略，清除女性在这一关系中的附庸角色，提升女性尊严与权利；同时，将女性主义的观点带入生命伦理的研究领域。

新中国成立以来，妇女解放运动的持续开展和"男女平等"基本国策的大力落实在一定程度上缩小了健康状况的性别差异。但是，我国老年健康性别上的差异是客观存在的，且女性老年人被虐待的现象更严重，所以，构建我国"性别主流化"的卫生与健康策略旨在推动性别健康均等化发展[②]，具体有如下：

(1)制定具有性别意识的健康政策，建立性别意识的医学伦理与医学教育；

(2)强化性教育，提升女性身体及性自主权，避免性病及非自主之怀孕；

(3)健康决策机制中应考量性别的平衡性，落实对妇女友善的医疗环境，充分尊重女性的就医权益及其自主性；

(4)全民健康保险制度之决策及资源分配，应力求地区、阶级、族群及性别的平衡；

(5)从事性别意识的女性健康及疾病研究；

(6)检视并改善女性健康过度医疗化的现象；

(7)肯定女性对促进及维护健康之贡献，对家庭及职场的女性照顾者提供充分的资源及报酬。

(二)促进社会性别公平，从微观、中观、宏观做到性别均等化发展

第四次城乡老年人生活状况抽样调查的数据显示我国女性老年人的养老金(或收入)和保障水平低都均低于男性老年人，同时地区及社会阶层都存在差异。因此，要将性别公平的健康管理和服务理念纳入政府或有关组织部门的工作范围，采取有效策略使性别健康均等化。要推进性别预算观念和分性别统计工作，逐步建立和完善我国的性别预算框架和操作规范，将社会性别纳入健康政策主流，利用健康政策和政府卫生预算以促进社会性别公平。特别需要注意的是考虑到老年人口受教育程度不高的特点，有关部门要主动动员社会力量多方协力深入老年人口的生活环境中开展健康教育工作。设计适合老年人口阅读和学习的健康知识的宣传资料和宣传品；搭建健康讲师队伍，邀请健康科普专家队伍为健康讲师进行健康促进培训以增加老年人口健康课堂的科学性和实用性，做好老年人口健康教育传播工作。

曾月霞[③]认为不同性别的老年人的老化经验有其差异性。老化的经验不仅受到个人文化背景的影响，还受到性别差异的影响。老年人的社会文化背景会影响到个体对性别的社会角色及功能的看法，因而产生经验上的差异。图 3 为性别主流化的生态系统框架示意图，从微环境，做到教育机会性别均等，健康投入性别均衡，社会化发展机会性别均等；从中观环

---

① 曾月霞.台湾老人老化经验之中性别差异[J].荣总护理,2004,21(2):117-126.
② 参考台湾的卫生政策:台湾行政主管部门.老人健康促进计划 2009-2012[R/OL].(2009-03-27)[2018-08-10].https://www.hpa.gov.tw/File/Attach/953/File_969.pdf.
③ 曾月霞.台湾老人老化经验之中性别差异[J].荣总护理,2004,21(2):117-126.

境：做好社会福利、行政管理、社区发展与建设中的性别主流化政策；从宏观环境，即从法律法规及社会文化的性别主流化建设。

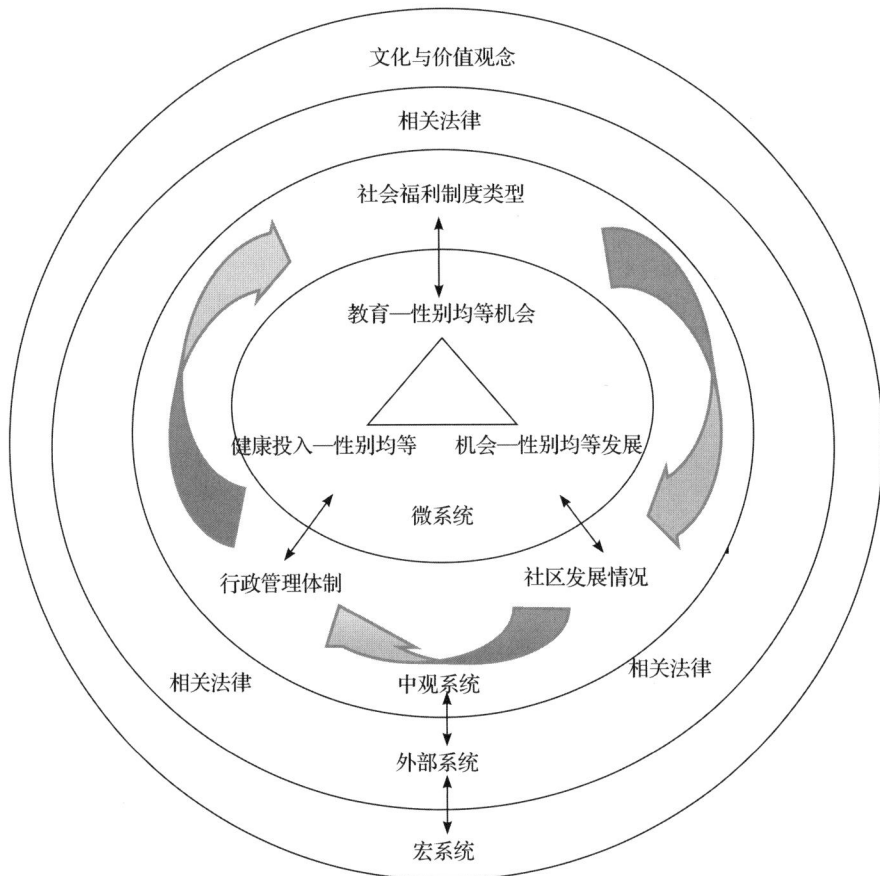

图 3　性别主流化的生态系统框架示意图

（三）从日常生活细节入手，重点加强男性平均预期寿命的提升与女性健康预期寿命的提升

以健康促进具体措施为例，要将"性别主流化"融入，从促进预防、二级预防、三级预防的具体内容上，融入"性别主流化"，帮助人们改变可能导致疾病的行为举止，改善不良的个人的生活习惯，如抽烟、醉酒等。虽然老年人疾病无法消除，但是通过良好的健康实践来创建有利于健康的保护性生态条件，减少男性与女性老年人各自的不同健康风险，从而促进男性延长寿命，提升女性未患病寿命、未残障寿命、未痴呆寿命。实现健康长寿是人类社会的共同奋斗的目标。

纵观先进国家老人健康促进政策，为维护老人健康，预防慢性病，增进老年人生产力以及保障独立自主的生活，以提升生活质量，在达成目的的策略与健康议题的拟定，皆考量其文化、性别、健康状况及行为、物理及社会的环境、社会支持、社会经济地位等因素，所采取的措施，诸如：建构老人健康的支持性环境；制定、发布与实施健康促进法；整合资源，多元化行销健康老化的认知与方法；有效激发老年人持续参与的介入措施；提升老年人专业人员的素质与服务品质;改善老年人生活习惯;缩小健康不平等的差距;老年人健康监测指标的发展等。很多发达国家或地区健康促进的议题,包括:营养、动态生活(身体运动)、肥胖、口腔卫生、烟酒控制、健康检查(乳房摄影、乙状结肠或大肠镜检查、胆固醇筛检)与事后指导、伤害预防(安全、放跌)、慢性病防治(糖尿病、心脏病、脑中风、癌症)、接种疫苗(流感、肺炎)、休养、药物滥用的预防、心理准备、老人退休准备、社会参与、物质滥用等议题。因此,将"性别主流化"融入上述老年健康促进监测指标,围绕健康促进相关议题:营养、动态生活(身体运动)、肥胖、口腔卫生、烟酒控制、健康检查与事后指导、伤害预防(安全、防跌)、慢性病防治(糖尿病、心脏病、脑中风、癌症)、接种疫苗(流感、肺炎)、休养、药物滥用的预防、心理准备、老人退休准备、社会参与、物质滥用等议题,切入"性别主流化",重点探讨如何提升男性老年人的平均预期寿命以降低女性高龄者的丧偶率;相反针对女性老年人口,则重点探讨提升她们的健康预期寿命以减轻晚年的病痛折磨。研究[①]提示女性老年人跌倒盛行率是男性的1.5~2.0 倍,但男性经常吸烟率高于女性。所以,要从日常生活细节入手,加强健康促进,以达到缩小老年人口的健康性别差异的目标。

总之,性别协同健康促进的目的是使男女关注的事项及经验能整合至所有政治、经济及社会领域的政策计划的设计、执行、监测及评价,使男女不平等现象不再永久存在。在做任何领域或层级的规划或行动(包括立法、政策及规划)中,要评估其对男性和女性(men and women)的影响。性别平等是一个技术及政治的过程,需要转变组织之文化与思维方式,并调整目标、架构和资源分配。性别主流化需要在不同层级机构内部的议程设定、政策制定、规划、执行、评价时进行改变。主流化措施包含新的员工及预算制订措施、培训规划、政策程序及指引。性别协同健康促进的是借由重视性别及促进男女平等及公平性之健康研究、政策来对男女健康做出更好的贡献。

Significance and Strategy of Gender Cooperation
in Health Promotion among the Elderly

Wang Dewen

(School of Public Affair, Xiamen University, Xiamen, 361005)

Abstract: Both the trend of population aging and its pressure onto the society and economy indicate that it is urgent to strengthen health promotion of the elderly in China. The most effective solution to deal with this pressure is to improve the percentage of healthy elderly population by implementing more countermeasures. Although the female tend to have longer lifespan than the male, many studies suggested that the health expectancy of the female elderly is worse compared to male elderly. This study mainly discusses the significance and possible strategies of gender cooperation in health promotion

---

[①] 福建省老龄工作委员会办公室.福建省老年人生活状况与老龄事业发展研究[M].厦门:厦门大学出版社,2018:66-72.

among the elderly. Starting from the details in daily life, the main goal of this study is to increase in life span of the male elderly people, as well as to improve the health expectancy of the female elderly with the gender cooperation policy in health promotion towards elderly.

Key words: the elderly; health promotion; gender cooperation

凤凰论丛

Fenghuang Research Forum of Xiamen University

Women/Gender Studies

女性主义研究中的空间转向

强乃社*

摘　要：女性主义研究中出现了所谓的空间转向。这是对当代作为社会科学研究范式、话语方式的空间性变化的一个响应。空间在不同的学者那里含义是丰富的。但是女性主义研究中的空间转向，在英美和欧洲大陆是不相同的。英美国家以马西为代表，重视女性主义研究中的地理学和空间问题；而欧洲大陆女性主义并不相同：法国的伊莉格瑞重视建筑、性别和空间的关系；而克里斯蒂娃重视语言、精神分析与空间的关系。总的看来，女性主义研究中的空间转向是有比较明显的表现的。

关键词：女性主义；空间；地理学；性别；语言

一、空间转向是什么

(一)含义和演变

如果以关于英文和德文的空间转向的两部文集中的有关论述作为参考[①]，空间转向在1960年代开始，在不同的研究领域尤其是社会学、地理学和政治学英语展开的一种思潮。开始的时候，在城市和区域研究中，很多学者逐渐认识到，空间是人们生产和生活的条件与结果，而且空间受占据主导地位的市场化和资本化的生产模式的制约。从国外马克思主义社会批判理论的研究看，一些学者在理解资本主义发展的时候，加入地理和空间的视角。比如城市化、不平衡的地理发展等是资本保持正常运行的形式，是资本主义历经危机而幸存的路径。从社会哲学或社会科学哲学的角度看，进入21世纪以来，人们在进行社会和历史的研究与描述的过程中，空间与社会、时间是同样重要的要素或者维度。重视空间在当下成为一种范式、共识或者话语。

20世纪60年代以来，在工业化、信息化和全球化推动下，西方国家城市化迅猛发展，也出现很多城市问题。如何理解这些问题？法国学者列斐伏尔是探索空间转向的重要人物。

---

*　强乃社，中国社科院哲学所《哲学动态》副编审。主要研究领域为当代马克思主义哲学。

①　Barney Warf, Santa Arias(ed.). The Spatial Turn: Interdisciplinary Perspectives[M]. London and New York: Routledge, 2009; Joerg Doering , Tristan Thielmann (Hg.), Spatial Turn: Das Raumparadigma in den Kultur-und Sozialwissenschaften [M]. Bielefeld: Transcript Verlag, 2008.

他在1974年《空间生产》一书中指出,关键是理解资本主义的空间生产。它表现为城市的迅速发展、社会的都市化等,这种生产将全球和地方、城市和乡村、中心和边缘连接起来。资本主义的生产模式对城市空间的生产和消费起重要作用。在社会城市化的条件下,空间生产是理解城市问题关键。美国学者卡斯特在1973年《都市问题——马克思主义视角的研究》中指出,空间作为一种社会产品,永远是由不同的社会结构、经济、政治和意识形态及其联合形成的关系来决定的。城市是一个系统,是诸多因素组成的特定空间。美国学者哈维在地理和空间研究中注入马克思的政治经济学批判的活力,对城市问题进行探讨。他的城市与空间研究相对集中在1974年的《社会正义与城市》、1985年的《资本的城市化》和《意识与城市经验》、2003年的《巴黎:现代性之都》等著作中。从城市和空间与地理的关系看,他把资本主义条件下的城市化,城市中的经济、政治和精神活动,看作是资本控制下形成的。阶级的斗争和资本的积累是构成城市空间的核心因素,城市空间布置是资本支配的。

美国学者苏贾是总结、概括并大力推广空间转向理论的重要人物。他认为空间或者空间性是具体的,即空间已经是城市的,或者彻底城市化的。在1989年《后现代地理学》中,他明确提出并比较系统地论证了社会批判理论中的空间转向。在2000年的《后大都市》一书中,他提出城市与区域研究中,空间性分析是第一位的,我们需要在后现代视野下综合现有对城市的各种理解,以形成城市建构或者重构的新认识。在2009年《时代精神到空间精神:空间转向的新纠结》一文中,他指出空间转向在当代的突出表现就是空间作为资本出现,由于这些空间是社会生产性的而不是自然给予的,这些城市化的空间中形成的问题应该通过社会行为来改变。他对空间生产和消费中实现空间正义给予强调并充满期待。

(二)空间转向的背景

1. 从理论看主要和法国哲学传统重视空间有关。

按照苏贾的研究,法国学界有一个对空间性敏感的传统,不像英美和德国传统。从18世纪的孟德斯鸠、卢梭和伏尔泰,到20世纪的超现实主义、情景主义、编年史学派的历史学家如布隆戴尔,也有很多关于空间、地理、城市的描述。但是只有福柯和列斐伏尔,明确开始了思考时间和空间、并隐含地探讨了地理和历史的关系。这种关系是以往社会本体论、认识论和理性论的激进再思考。福柯关于地理学、空间和现代性的统治的关系,影响很大。列斐伏尔是马克思主义视野的最为深入的探讨者,对以后的研究影响很大。卡斯特是西班牙裔、法国文化传统的美国学者,是在法国20世纪70年代初的背景下完成了《都市问题——马克思主义视角的研究》这一重要著作的。法国哲学传统使得空间问题在很多地方在法国哲学甚至在阿尔都塞哲学中都有值得重视的探讨,影响也比较大。

2. 空间转向是一个现实问题

空间转向固然首先表达为一种社会思潮,一种社会科学研究的范式、话语转向,但是,这也是现实问题的一种表达,主要与城市危机和全球化形成的空间问题的突出有关。

第一,和城市危机有关。西方在20世纪60年代发生了重大的社会变化。这个变化中有个特点比较突出,那就是城市危机。卡斯特在20世纪70年代提出,这个时期的城市问题意味着城市危机、城市化加速、环境意识形态、国家干预的增加、城市规划的矛盾后果、大众反叛、邻里关系的组织化、城市政治学兴起。在当时城市危机有很多理解,比如,城市关键设施危机、财政危机、公共需求和财政资源不足危机,社会服务的进化、城市组织的结构和经济性危机。卡斯特认为城市危机是一种城市结构的危机,表现在内城社会秩序的破坏、集体消费手段的生产和消费系统内的危机、大内城地方政府的危机、城市发展模式的危机。他用经济活动来理解空间,用工业发展来说明空间危机。后来他进一步用空间消费来理解城市问题。他认为在资本主义条件下,经济有生产、消费和交换这些环节,城市重要是在消费这个环节上发挥其作用和功能。城市中的消费主要是集体性的,交通、医疗、住房、闲暇设施等。这些消费是城市的根本性特征。美国学者桑德斯也吸收了卡斯特的观点,但他是从社会发展提出的,在福利国家阶段国家的职能在消费中的主导作用更加明显了。人的收入不取决于其努力,人所占据的空间直接影响人的财富占有量,空间消费具有重要的意义。在资本主义空间生产和消费中,过分追逐利益是问题所在。

按照苏贾的研究,19 世纪中叶以来,城市工业资本主义呈现出比较明显的繁荣与危机的周期性变化。城市危机与这种危机是契合的。这种危机的波长大约是 50 年。19 世纪 70 到 80 年代、20 世纪 20 到 30 年代、20 世纪 60 到 70 年代都发生过城市危机。每次城市危机都表现为,城市发展出现实验性时期,城市建设中试错行为较多,城市发展方向重新定位和改变,同时有解构和重构的过程发生。危机时期社会矛盾突出,经济生活效率受到影响。[9]应对这些问题需要在后现代话语基础上达成共识,超越大都市,将人们从市场和资本的不正义的空间统治中解放出来。

第二,和信息化与全球化有关。就像有些论者说的,"这些问题不仅仅是一个学科自身的,由于电讯和媒介的形成,空间问题成为重要的,这些慢慢发展成为一个跨学科的范式性的因素。在精神、社会和文化学科中的研究中,共同的一个话语。"①

空间转向在当代社会中,和全球化、赛博空间、互联网、数字媒体的形成一个特定的领域有关。人们交往的空间意识和概念比以前有很大增加。比如近年卡斯特在信息社会研究中,提出了全球经济和政治时代的发展中,在赛博空间中形成了一种新的去具体空间化特点,赛博空间是一种新的经济和社会空间,人们受到赛博空间的影响很大。这个问题必须重视。通讯、其他交通运输工具的发展,形成了所谓的时间和空间的压缩现象。空间不是消失了,而是形成了其他形式的时间和空间。这也是一种变化和转型。

这种转向从现实和社会发展,与人类认识的相互作用的角度来看,也是现实对人的认识和意识的影响形成的。所谓的空间转向从语用学来说,空间、地点、图绘、全球化等概念对理解空间非常重要,是空间问题得到理解的语境。人们认识到,事物在哪里发生对于理解他们如何以及为什么发生是很关键的。②很多学者理解"空间是一种社会建构,这种结构与人类主体的不同历史的理解、文化现象的生产有关。"③空间的重要性也从全球化、赛博空间、主体性和同一性的变化、环境问题等当中表现明显。

① Barney Warf,Santa Arias(ed.).The Spatial Turn:Interdisciplinary Perspectives[M].London and New York:Routledge,2009:10.

② Barney Warf,Santa Arias(ed.).The Spatial Turn:Interdisciplinary Perspectives[M].London and New York:Routledge,2009:1.

③ Barney Warf,Santa Arias(ed.).The Spatial Turn:Interdisciplinary Perspectives[M].London and New York:Routledge,2009:1.

总结起来,"空间转向很难是一些象牙塔里知识分子的杜撰。这种社会思想的变化更多反映了当代世界中更加广阔的经济、政治和文化的转型。"①这些变化主要有,第一,全球化,全球化没有消灭空间,反而是空间更加突出。第二,赛博空间和互联网也对空间性问题提出了更多的挑战。赛博空间中,一个坚实的虚拟和实在之间的距离消失了。很难说哪里是开始而哪里是结束。就是认同和主体性的问题突出,一个固定的、统一的统一性,是现代性的自我核心,但是在我们这个时代,主体的异化似乎已经被主体的碎片化替代了。第三,生态和环境问题对与形成空间问题的突出也有重要的意义。虽然这些问题的发生是地方性的,但是,越来越多的人则认识到,这些问题需要有全球性的眼光和角度。

总的来看,空间转向首先是空间的社会转向,从社会的资本化和市场化的生产模式来理解空间问题;其次是空间的城市转向,空间在现代和当代很多国家尤其是发达国家,主要指的是城市空间;再次,是全球化和地域化、本土化关系受到重视的转向。

(三)空间的含义

空间的含义是复杂的。空间在哲学发展历史上,从早期的赫拉克利特的原子和虚空关系中的空间,到近代哲学康德的作为直观的先天形式的空间,还有现代哲学柏格森对时间和空间关系的空间,到爱因斯坦的相对空间,有比较大的变化。我们所谓的空间转向,多与柏格森、福柯传统的空间概念联系紧密。在当代调价下,哈维的影响比较大,他关于空间的理解,尤其从马克思主义视角的研究,值得重视。

1. 福柯与列斐伏尔

福柯在 1976 年在法兰克西学院的讲座中,提出了时间和历史对于空间与空间性的优先性。他指出,空间和空间性对时间和历史的解释并没有优越性,这种观念已经深入到社会科学中,以及马克思主义的基础主义的历史唯物主义的产物即科学社会主义中。我们需要做的是,要给空间与地理重新赋权和重新平衡。福柯与列斐伏尔从 1960 年代后期开始进行这种重新平衡的工作一直到去世。他们认为要完成任务,现有的空间思想是不足的。他们建立了更加复杂和合丰富的思想来进行这个工作,形成新的知识。福柯所说的空间与身体、家庭,到全球化的各种统治方式都有关系。而列斐伏尔则提出三种空间:生活空间、表达的空间、表达性的空间。在历史上,空间有两个被强调的方面,一个方面强调其物质性、绘图性的形式,在空间中的事物;一个方面强调有关心灵、理念、呈现和思想决定的空间所影响的空间。这两个空间概念是有局限性的,分别强调了客观和主观的方面,而没有对于主客统一的方面给予足够的重视。这种情况在列斐伏尔提出的空间生产那里获得了修正。其实,空间是社会性的,是社会生产而来的,是主观和客观的统一。对于这一点,哈维和苏贾的研究在一定程度上说更加明白。

2. 哈维

哈维近年来的研究,似乎与空间并不如早期那么紧密了。他以当代马克思主义研究为志业。哈维对空间的重视似乎在 1970 年代到 1990 年代之间更多一些。在那个时候,哈维

---

① Barney Warf, Santa Arias(ed.). The Spatial Turn: Interdisciplinary Perspectives[M]. London and New York: Routledge, 2009: 1.

似乎更加强调了不平衡发展的空间关系与阶级关系一样是非常重要的。对于如何理解空间,他有两个地方做了几种解释:

(1)在《后现代状况》中,他提出列斐伏尔的三种空间,所谓的物质空间、空间表达和表达的空间,也是空间实践,是人的一种活动。他将这些活动和实践相对具体化。[①] 总的看来,空间表现为人们活动中彼此接近或者距离和间隔,也是人们一种利用或者占用空间的过程,这里人们可以支配和利用空间,空间当然可以创造出来。所有的空间与人的活动联系在一起。不同的空间就是人们不同的空间活动、空间实践。

第一种空间是我们社会生活和生产中的空间,可以看作物理性空间。

首先,这种空间表现为一种间隔或者距离,生产诸多因素在流动,交通运输系统本身形成一种空间,作为其他要素空间移动的方式,同时市场也需要占有空间,形成市场和都市等级制度,生产活动也表现为空间上的聚结。其次,表现为人的活动对空间的利用,比如占用土地,形成建筑环境,还形成社会空间,这些空间并形成了社会民众的划分标志,形成了沟通和相互帮助的社会网络。再次,客观的地理的空间中存在支配和控制的关系,比如空间以私有财产的形式存在,国家和政府的空间划分,排外的社群和邻里存在,形成管辖和监督的区域分离等制度。最后,从创造空间的角度看,形成交通运输、建筑环境以及土地清理;社会基础的领土结构形成等。

第二部分是空间表达。各种表达空间的方式都包含了一切符号和含义、代码和知识,它们使得这些物质实践能够被谈论和理解,无论是按照日常的常识,还是通过处理空间实践的学术上的学科的专业术语。

首先,这种空间表现为距离,比如社会、心理和身体的尺度。人的空间表达中一个著名的事件就是绘制地图。其次,空间作为一种空间表达,它首先是个人空间,个人以此表征自己的存在,个人内心地图,人和人之间由于空间不同而形成等级,在不同的空间中形成不同的话语等。再次,空间表达中首先有一种被禁止的空间,形成了人和社会中的领土规则。人也是划分为社群的,这也是一种空间控制和支配,甚至地区文化也是为这种人和人的隔离、等级、彼此限制服务的,而地理政治学和等级制度,则是表达空间中的支配和控制的重要方式。最后,空间表达也可以创造出来,比如地图和视角表达交流形成了新的系统,同时有新的艺术和建筑的话语形成,符号学也是一种空间创造的研究专门学问。

第三种空间实践是表达的空间。这些是内心创造的,他们为空间实践想象出了各种新的意义或者可能性。这些创造可以是代码、符号、空间话语、乌托邦计划、想象的景色,甚至物质构造如象征性空间、特别建造的环境、绘画、博物馆以及类似的东西。

这种空间,更加接近一种主观的空间。首先,空间的吸引和排斥是首先形成,同时也形成距离,也有欲望的表达空间形成,而接近和拒绝是一个问题的两个方面。其次,这种空间往往利用作一定目的,人们一般很熟悉一种控制和支配,家庭也是人的一种表达性的空间,人的被控制的社会化过程中家庭占据重要地位,及时开放的场所也表达了一种可能意图形成的控制意图,那些通俗的表演场所比如街头、市场和广场也是支配和控制的地方,这种支配是以吸引的方式进行的。最近比较突出的是插话和涂鸦、广告,是赤裸裸的一种知道和支配与控制的欲望的显现。再次,表达性空间中,支配和控制的关系也很突出,比如形成不熟

---

① 哈维.后现代状况——对文化变迁之缘起的探究[M].阎嘉,译.北京:商务印书馆,2003:275.

悉感觉,惧怕,财产和拥有一定获得社会地位的要素。也可以形成纪念性的意识空间,形成一些象征性障碍与象征性资本。而且传统也是一种,比如建构传统等。最后,从创造的角度看,人们形成乌托邦计划、想象性景色、科幻小说的本体论和空间,制造空间和场所神话,空间诗歌,构建欲望空间等等。

哈维是从空间实践的丰富内涵来理解空间。空间和空间实践是一致的。可以说空间实践决定了空间,空间自身的特性也是非常具体的,没有抽象的可以到处应用的空间。空间已经是社会活动和社会事物自身的特性。不仅仅是场所、地点等的意思。他的其他含义也是从这个角度分析的,比如资本主义的地理学就是资本主义发展的空间实践。这个问题在哈维早期形成从实证主义到批判理论的转变过程中就已经形成,他认为,什么是空间,需要从人类不同的时间活动怎样生产和利用空间的角度来理解。

(2)哈维在2003年《空间作为关键词》一文中提出最新的表述,比较集中地对空间概念的含义做了说明。他提出了所谓的三种空间:第一是绝对时空,第二是相对时空,第三种是莱布尼兹的空间,这种是一种相对性的关系性类型。[①] 和相对时空有关,但是也不是爱因斯坦意义上的。而是哲学上的莱布尼兹和斯宾诺莎意义上的。

空间是绝对的也是相对的,也可能是关系性的,这不取决于自身,而是取决于环境。这是人的行为决定的。用人的行为的特点来解释空间。这些和列斐伏尔与索亚的解释是有区别的。比如去听音乐会,这里有绝对性的空间,没有在音乐厅这个空间中的人,是不能听到音乐的。同时,演奏者和听众之间的空间在一定范围内事相对的,因为有相对关系存在。这种空间关系但是关系性也是存在的,比如有些能够听见,有些不能听见。有些听到的效果和一些听众听到的效果并不相同。这个时候取决于这种关系性的空间。

他对这些概念作了更加仔细的说明。他绘制了两张表格。[②] 第一个表格是"空间性的一般含义"。第二张表格是关于马克思主义空间性的概念的含义。我们理解,空间有自身的一般性的界定,但是在不同的研究者那里,在不同的视角中,空间并不表现出来同样的品格。

"空间性的一般含义"的表格中,表格的纵向是物质空间(经验的空间)、空间的表征(概念化空间)和表征的空间(既有空间)三栏,横向是绝对空间、相对空间(时间)、关系空间(时间)三栏。第二张表格是"马克思主义理论空间性的含义"。纵、横向三栏与第一张表格相同。内涵则有区别。

哈维认为从1973年的著作《社会正义与城市》开始,他已经认识到,要理解资本主义条件下的城市化,关键就是必须理解空间的特征。第一种把空间当做物自体,可以将空间当做格子来放置事物。第二种将空间作为物体彼此有关系存在的一种关系。第三种是关系性空间概念,是莱布尼兹说过的,空间包含着事物自身之中,事物包含和表达了对其他对象的关系。

绝对空间是固定的,我们在这个框架中记录或者计划事情。这是牛顿或者笛卡尔的空间,通常被表达为已经存在、不可移动容器,可以进行标准化测量,可以计量。测量学上欧几

---

① David Harvey. Spaces of Neoliberalization:Toward to a Theory of Uneven Geographical Development[M].Stuttgart:Franz Steiner Verlag,2005:93.

② David Harvey. Spaces of Neoliberalization:Toward to a Theory of Uneven Geographical Development[M].Stuttgart:Franz Steiner Verlag,2005:105-111.

里得空间,是各种地图、工程图等形式的空间。这是一个个体化的空间。从社会来看,这个空间就是私有财产和其他有地域限制的设计(国家、行政单位、城市计划、城市网格等)的空间。在这个时空中所有的不确定性和模糊都是禁止的。相对性空间是和爱因斯坦的名字联系在一起的,是非欧几何学中的空间。关系性空间则是从社会生产活动的关系中进行,形成和事物、活动本身不可分割的那种空间,一个事物或者活动与其他事物、活动在相互联系中存在,这种存在具有空间特征和关系,这种就是关系性的空间。他认为这种划分是他在三十年前就做出的,也无需做出修正。

所谓的横向绝对、相对、关系性空间三栏,就是他自己主张的,而纵向物质的空间、表征的空间和空间的表征三个类型的空间,和列斐伏尔有很大关系。这些栏目从横结合,形成了很复杂的空间概念的矩阵。这些其实表明空间概念的复杂性,空间概念在不同的活动中,纵向三栏物质空间、空间表征、表征空间和空间实践有密切的关系,侧重强调人的活动,而横向三行,也有自己的科学基础,是人类认识历史上空间概念演变的过程中形成的,是对空间不同角度的理解和探索。纵横结合,就有了很多的含义。比如,物质空间和绝对空间交叉,就有人们平常所见的所谓的墙体、桥梁、门、台阶、地板、屋顶、街道、建筑物、城市、山峦、大陆、水体、物理界限和障碍等。

在马克思主义空间性的概念中,也非常复杂。绝对空间和物质性空间的结合,其内涵就是有用的商品、具体劳动过程,纸币和硬币(本地货币)、私有财产、国家界限、固定资本、工厂、建筑环境、消费空间、占领空间、攻占巴士底监狱、攻打冬宫等。这些就是一种空间和空间实践,是绝对空间和物质性空间,是人们经验性空间。

总结起来,哈维将空间和空间时间、空间性联系起来的观点。空间是人类生活中绝对的、相对的和关系性空间的结合。人们的活动有物质性的、也有精神性的因素,其实人的空间概念也是如此。空间概念和空间实践是互动中发展起来的。空间从来没有单一的绝对的意义,它是复杂的、多样的。

从历史上也比较容易证明这点。在封建欧洲时代,场所具有确切的法律、政治和社会意义。明确了一定范围中的社会关系和社群的相对自治权利。随着社会发展,塑造空间和时间概念革命的过程逐渐发展起来。透视的根本法则,彻底结束了中世纪艺术和建筑实践的各种法则。问题是,这种透视法则统治到了20世纪。透视的地图和绘图的固定点,是很重要的原则。透视法则突破了中世纪几乎所有的空间限制。

空间更多与统治、贸易等联系在一起。后来随着社会的发展,地图在近代社会的商业和军事、国家统治以及对外扩张中不断发展起来。"地图博取了一切幻想的和宗教信仰的因素,也博取了涉及它们之产物的一切经验符号的因素,已经成了对空间现象进行实际安排的抽象和严格的功能体系。它们日益运用在地产权、领土边界、行政和社会控制范围、交通路线等等。人口别确定在一个范围内,有人说地图第一次使得一种集权成为明显可能。"地图和社会统治联系起来,"总体化的地图观使得强烈的民族感、地方感和个人身份能够在地理上的差异当中建立起来。"①

3. 苏贾

苏贾认为自己对列斐伏尔的空间社会辩证法的贡献是对地理和历史的关系进行了探

---

① 哈维.后现代状况——对文化变迁之缘起的探究[M].阎嘉,译.北京:商务印书馆,2003:312.

索。他认为自己 20 年来的工作就是强调,空间性思维多么重要,甚至认为地理对社会过程和社会活动进行塑形和揭示。他认为在理解社会历史事件的过程中,社会、空间和时间三个要素不能偏废,三维辩证法和城市空间因果性的认可,进入到了当代话语,这些是福柯和列斐伏尔在 20 世纪 60 年代所呼吁的。他认为自己形成的转向是现代性地理学向后现代地理学的转变。他认为空间转向的未来进一步发展就是,空间正义问题将受到很多人的重视。苏贾在很多时候被认为是洛杉矶学派的代表,即后现代的、马克思主义的都市主义,重视都市、地理、空间在当代社会发展中的意义和价值。

　　总的看来,空间是一种社会理论的重要方面。空间和社会、历史、人类时间有内在的、密切的联系。甚至,空间和权力的形成、行事和作用是密切关联的。女性主义所倡导的男女平等,是一种权力关系的重构。这种关系的重构也表现为空间关系的重构,这是女性主义研究出现空间转向的根本原因。就是说,社会、空间、性别的关系非常密切,随着社会理论中的空间问题的突出,女性主义研究中的空间问题也表现得很突出,其中也发生了空间转向。

二、女性主义空间转向的两个流派

(一)女性主义研究中的空间视角

　　1990 年代中期以后,空间研究在传统马克思主义、女性主义和文化地理学中已经有新的发展。像哈维、马西(Doreen Massey)、乔治雷(Derek Gregory)、罗斯(Gillian Rose)、斯密斯(Neil Smith)、考斯格洛夫(Denis Cosgrove)等开始了新的领域和范围中空间问题研究,他们进入到经济学、人类学、心理分析、电影研究、文学批评和国际关系等研究范围。[①] 这些研究的特征是,"从一定角度看,这种转型用一些简单的语义学词语表达,是文学的和隐喻的使用和假设,空间、场所、图绘,以标志文化生产中地理维度是一个基本的方面。"[②]

　　由于性别有一个很大的特点,就是具体的、地方的特性,所以有人研究所谓的性与城市,这在文学研究中尤其是明显。这种研究的根源和福柯有关,他重视他者,重视性历史中的规训,这种规训的空间性受到重视。女性的自我同一性往往和地方、场所的一致性联系在一起。在历史上为他者立传者当属福柯之类。他们重视他者,特定种族、女性作为他者,自然受到重视。赛义德在后殖民批判中,对于不同的种族关系的他者的研究,对于地理和空间的重视,总的来说还是尚待开垦的土地。而克里斯蒂娃的时间和空间中的具体女性后来和家庭联系起来,场所、地点等变成了女性重要的工作和实践场所。这些和女性的自身同一性联系起来。[③]

---

　　①　Barney Warf,Santa Arias(ed.).The Spatial Turn:Interdisciplinary Perspectives[M].London and New York:Routledge,2009:24.

　　②　Barney Warf,Santa Arias(ed.).The Spatial Turn:Interdisciplinary Perspectives[M].London and New York:Routledge,2009:1.

　　③　Pamela K.Gilbert.Sex and the Modern City:English Studies and the Spatial Turn[M]//Barney Warf,Santa Arias(ed.).The Spatial Turn:Interdisciplinary Perspectives.London and New York:Routledge,2009:102.

福柯在性别问题的研究上是受到重视的。近来一些人已经将他的研究直接和空间联系起来。这里地理、空间和权力联系,权力和性联系,从而空间和性联系,多被展示出来,但是对福柯来说,其核心是权力。知识作为话语,是表达权力、服务权力、创造权力的。性是行为、话语、知识、控制和禁忌。这里人们可以形成一种性征地理学(geographies of sexuality),这里有历史的发展,有现代社会的表现,还有性征和空间的基本规则。比如,从福柯看,性征变成了对统治的适当的关系,"事实上,谈论性的规制甚至多余甚至自相矛盾。"①福柯也从统治的角度分析家庭。这些是性征得以形成和表达甚至继续保持原来控制性关系运行的场所。床不仅仅是性征之所,这是家务的中心,也是一个功利性的繁衍后代的地方。② 福柯的研究更多是从性和社会的关系,尤其是性为社会所培育,是社会的一种表达而已。微观的统治更加重要。性也是如此。但是,在空间和地理中的许多设置,是针对性的,性和空间与地理直接联系起来。

(二)空间转向的研究角度中的两个方向

女性主义研究中的空间转向在不同的国家和区域,表现并不相同。从文化传统看,主要是英美传统和法国传统。前者更加重视地理学转向,后者重视语言、精神分析自身统一性与空间的关系。

1. 英美国家:女性主义地理学转向

英美国家地理学研究中,尤其在人文地理学、文化地理学研究中,女性研究自然是一个重要方面。性别和地理、空间,经济、政治、文化的地理学研究本来就受到一些学者的重视。一些地理学家从自身来分析女性主义。比如有人要将女性主义空间化,③有人要将公共和私人空间的性别和性征问题进行新的思考。④

从女性主义的空间化看,出现了很多的发展趋势,总的看空间和女性主义联系的研究,"要将一些地理学的范畴如空间、地点、本土的和全球的、抗拒的地点、图绘、田野工作、跨越界限、公私空间的分割等重新思考,重新政治化。"⑤那么空间如何定位和定义?用马西的话来说,"对象之间的关系发生在时间和空间中;这些关系形成和确定时间和空间。"⑥空间和全球化有关,和这种全球化带来的焦虑有关。这种焦虑尤其在不同文化、区域、发展成都国家的交流中明显,这个时候受到威胁的首先是社会统一性,比如地域化、脱位、位置、空间性

---

① Philip Howell. Foucault, Sexuality, Geography[M]//Space, Knowledge and Power: Foucault and Geography. Edited by Jeremy W. Crapton, Stuart Elden, Oxon: Ashgate Publishing Company, 2007:294.

② Philip Howell. Foucault, Sexuality, Geography[M]// Space, Knowledge and Power: Foucault and Geography. Edited by Jeremy W. Crapton, Stuart Elden, Oxon: Ashgate Publishing Company, 2007:296.

③ Linda McDowell. Spatialzing Feminism: Geographic Perspectives[M]//Bodyspace: Destabilizing Geographies of Gender and Sexuality. Edited by Nancy Duncan, London and New York: Routledge, 2005:27.

④ Nancy Duncan. Renegotiating Gender and Sexulity in Pubilic and Private Spaces, Linda McDowell, Spatialzing Feminism: Geographic Perspectives[M]//Bodyspace: Destabilizing Geographies of Gender and Sexuality. Edited by Nancy Duncan, London and New York: Routledge, 2005:127.

⑤ Linda McDowell, Spatialzing Feminism: Geographic Perspectives[M]// Bodyspace: Destabilizing Geographies of Gender and Sexuality. Edited by Nancy Duncan, London and New York: Routledge, 2005:1.

⑥ Massey, D. Politics and Space/Time[J]. New Left Review, 1992, 1(196):65-84.

联系等。这种不安和焦虑是一些著作的核心。这种焦虑也在女性主义研究中间接地存在。比如霍密·巴巴①，"焦虑是由本土的和全球的欢乐引起来的；在去中心化、破碎的主体痕迹上，国际空间的困惑。文化的全球性在双框架的空间中勾勒：它的历史起源性有认知上的模糊标志；它又是非中心的主体，跨民族的时间性，当下的出现的可视性。"②这种情况不仅仅针对女性，但是没有非性别的焦虑：本土的非中心化，空间地平线的扩张，解放了旧的焦虑但是又引起了新的焦虑。形成的空间是统治性和屈从性的空间，有团结和合作，这有差异的地理学，这种实质是权力地理学。

所谓的空间化女性主义可以从三个方面去展开。第一，理论的定位（location of theorizing，理论的本土化?）。第二，一些全球化、移民等对地方性同一性忠诚的实质性影响。第三，女性主义跨界的政治学建构展望。"空间是隐喻，也是一套实质性的关系。"③比较重要的是，全球化与地方化的关系，全球化导致地方意识突起。无论地理上是稳定的还是流动的，"绝对大多数社会关系在地方发生，在一个地方，这个地方对信息和消息是开放的，对来访者和移居者也是，对口味、食物、商品和经验是开放的，甚至到了前所未有的程度。这种开放性可称之为全球性地方主义（global localism）。"④可以说，现实中的地方性和全球性的关系凸显，导致女性主义研究中的空间化、地方化特征突出。这种空间化的女性主义是分裂主义的，不能和那种和谐主义并存。

2. 法国学者：空间、语言、精神分析和性别

法国学者对于空间研究贡献很大。可能与其文化传统中的空间意识突出有关。最近所谓的后女性主义的三个人物、法国文化传统的伊莉格瑞（Luce Irigaray）、秀克斯（Helene Cioux）、克里斯蒂娃（Krisiteva）比较重要。她们研究涉及的内容比较多：空间与建筑，地点、场所、空间和女性，空间符号化与女性的地位，性别、空间与电影、时装、广告等，话语、符号与性别，后现代性与空间等，对一些大陆国家的学者比如哈贝马斯公共空间和领域中的性别问题批判比较突出。

这里可以将马西、伊利格瑞、克里斯蒂娃的研究做一个比较深入的探讨，来具体分析女性主义研究中的空间转向的内容和特点。

三、朵琳·马西：空间和性别

在当代有关地理学研究、空间研究和地方研究中性别问题的探讨，以马西的研究最为深入。她带有马克思主义视角，有些问题在中国语境下容易获得理解。她的研究以性别和空间关系的探讨、后现代视野中空间的性别建构等问题上比较突出。这里将她对空间和性别的关系的一般理论进行一些概括。

---

① Homi Bhabha.The Location of Culture[M].London and New York：Routledge ，1994

② Homi Bhabha.The Location of Culture[M].London and New York：Routledge ，1994：216.

③ Homi Bhabha.The Location of Culture[M].London and New York：Routledge，1994：30.

④ Bodyspace：Destabilizing Geographies of Gender and Sexuality[M].Edited by Nancy Duncan，London and New York：Routledge，2005：36.

（一）空间和性别联系在一起

马西理解的空间不是一般的而是和社会联系在一起。空间的社会性表现在场所具有特定的社会功能、用途，其中主体有特定行为和意识。这些场所，大而言之有城市，小而言之有消费场所、色情场所、家庭、享乐场所。马西在性别和空间研究中出名，主要是她更多从城市空间发展中女性的职业聚集角度进行的分析，比如资源性煤炭城市中，女性工作职位的多少、种类、家庭关系等的关联度分析。有些城市对女性的职业是排斥性的，比如资源性煤炭城市。有些则形成女性职业聚集，比如一些纺织业发达的城市。

按照马西的进一步替身和概括，时间和空间是一种社会关系。空间、场所与性别的建构是联系的，性别关系的建构也和空间、场所联系。一些关系是通过真实世界的地理关系建构的，一些是通过性别定义的文化特殊性进行的。她指出，"地理影响性别的建构，以及性别关系中地理上变化的事实，这是一个想象地理学和不平衡发展生产和再生产的重要因素。"简单言之，"空间是社会关系延伸而来。"空间不是静止的，而是运动的，这是因为，"事实是，社会关系从来不是静止的，它们内在是活动的。"① 社会关系和空间、性别关系和空间建构，这些都是密切联系的。

她认为，在历史上长时间以来人们没有形成对空间的正确认识。一种观点认为，时间像男性，"空间，缺席或缺乏，一如女性。"② 在历史上，对场所、空间的定义中，有对他者的限制，每个对象都有自己的范围。人们强调的是，安全的界限，需要一个保卫性的、反位置的统一性的界定，这在文化上是男性的。可以解释为，对空间的界定中性别因素很重要，但这个定义限制女性进入一定空间，而仅仅为男性开放。

后来她一直坚持这个观点。马西认为空间和时间的区别在历史上已经有了。但是有一种看法，时间是内在的而空间是外在的。这种差别被当做西方思想中的性别建构，但是如何如此，怎么论证，何以女性和空间联系而男性和时间联系，并没有较为系统是说明。伊利格瑞就做了这种区分。这种区分是有意义的。③

马西强调了空间和社会关系的复杂性。她认为，"社会空间非常多样化，性别也是多样化的。"④ 人和空间、场所内在关联，"人（person）的统一性是场所的统一性。"⑤ 多样性的场所，多样性的性别，多样性的女性，多样性的社会。那么统一性如何确立？这是一个难题。空间控制就是统一性的控制，都是性别控制。"总的说来，空间控制无论是通过传统或者符号的力量进行，或者是通过暴力的直接威胁，很清楚都是在其（高度不同的）形式上在性别建构中的基本因素。"⑥

---

① Doreen Massey.Space，Place，and Gender[M].Minneapolis：University of Minnesota Press，1994：2.

② Doreen Massey.Space，Place，and Gender[M].Minneapolis：University of Minnesota Press，1994：6.

③ Doreen Massey.For Space[M].London：Sage，2005：57.

④ Doreen Massey.Space，Place，and Gender[M].Minneapolis：University of Minnesota Press，1994：3.

⑤ Doreen Massey.Space，Place，and Gender[M].Minneapolis：University of Minnesota Press，1994：7.

⑥ Doreen Massey.Space，Place，and Gender[M].Minneapolis：University of Minnesota Press，1994：180.

(二)地理学和地理受到性别的影响,反之亦然

地理学是研究空间和人的关系的学科。这种学科在很多地方都有性别因素的影响。

是地理学的性别化还是性别的地理学化? 都有。前者主要工业化、城市化过程中女性的职业、活动场所的变化。后者是马西她自己研究的一种进展,即地理知识的性别化模式。在地理研究中,空间和场所概念往往和男性气质联系在一起。她反对还未早期研究中对时间和空间的划分。哈维认为,时间意味着变(becoming),而空间意味着在(being)。空间是静止的,这成为哈维的一种审美模式,但是这是反动的。马西所理解的,空间和地点不是单一的,而是需要反对的,因为没有这种抽象的空的空间,永远有空间和时间的相互交织,其中,意义是连续建构的。"地方[place(s)]是那些意义的部分——这些部分是潜在有价值、而绝不是唯一活着终极的重要部分。"①还需要说明的是,性别和地方、空间的关系不是固定不变的,而是变化的。地理学及其知识的性别特征,在马西探讨中是非常肯定的,多次提及,"地理学在各种伪装的形式中,影响了性别和性别关系,而性别也在地理学的东西的生产中有深深的影响。"②

性别也深深包含在地理学的建构中,——地理学作为不平衡发展、地区变化、地方特殊性(在这些建构中,不仅仅是作为事实),地理学作为学院智力话语或者社会制度系统,地理学作为系统知识、基础概念,都是和性别有关的。尤其是,"性别对空间和场所的地理建构是重要的。"③马西区域地理特征的性别本质(the gendered nature of regional geography features)④值得重视。这在英美地理学研究中受到重视。

还有,地理和经济的发展中,在社会发展中,性别和一切都联系。在资本主义发展中,性别和性别关系中的地理关系是内在一致的。"资本主义和父权制被当作是独立且具有同等重要的地位。"⑤这个命题的理解可以是复杂的,但是很肯定,资本主义和父权制度都是压迫性的,都是能够独立成立的,二者是相互为用的,狼狈为奸。马西非常肯定地指出,"空间和地方,所有空间和地方,我们对它们的感觉(以及与此有关的作为我们移动程度的事物),统统都是性别化的。"⑥

(三)城市和性别有密切的关系

现在很多研究中充满了城市诱惑,其中性别诱惑也是一个方面。那里有很美妙的事物,

---

① 　Philip Howell, Foucault, Sexuality, Geography[M]//Space, Knowledge and Power: Foucault and Geography.Edited by Jeremy W.Crapton, Stuart Elden, Oxon: Ashgate Publishing Company, 2007, :104.

② 　Doreen Massey.Space, Place, and Gender[M].Minneapolis: University of Minnesota Press, 1994: 177.

③ 　Doreen Massey.Space, Place, and Gender[M].Minneapolis: University of Minnesota Press, 1994: 180.

④ 　Doreen Massey.Space, Place, and Gender[M].Minneapolis: University of Minnesota Press, 1994:12.

⑤ 　Doreen Massey.Space, Place, and Gender[M].Minneapolis: University of Minnesota Press, 1994: 181.

⑥ 　Doreen Massey.Space, Place, and Gender[M].Minneapolis: University of Minnesota Press, 1994: 186.

其中包括美妙的性别,帅哥、美女等充斥。"城市生活的空间和社会重组,繁荣昌盛,是一个新时代形成的基本条件。但是城市也是性别化的。其性别化是关乎空间组织的方式性别化的。"①马西对 19 世纪一段时间发展中,将公共领域和私人领域分开这个现象进行了比较深入的品牌。"现代性黎明的激情描述,公共城市在其中欢呼,但城市是男人的……妇女在这里为男人消费。"②这在很多地方看来是真的。西方很多这个时期的小说,我们看到的不是文明,而是对女性的野蛮。对公共和私人领域的区分也是女性主义一致声讨的,她认为这是对性别和统一性的一种控制,尤其是空间性的控制。

(四)家庭是一个规训女性的地方

很多女性主义者对家庭目前的建构和其中男性和女性的关系耿耿于怀。马西也不例外。"把女性限制在家庭中,是一种特殊的空间控制,通过这个,也是一种社会对统一性的控制。"③甚至提出,有一个叫家的地方吗这样的疑问。

家被人们往往视为是稳定性、可靠性和真诚性的来源,其实,"这些地方观点,回应着已经失去的乡愁,根本上编码为女性的。家是心之所在(如果你恰好必须离开有空间上的移动),妇女(母亲,你将 1 天后返回身边的情人)所在。"④在一些小说中,妈妈别当做稳定的象征性的中心,是其他人栖息的地方。

家是一个很符号化的存在,是一个空间性的存在,但是这个空间和女性联系起来。这是一个很明显的性别和空间建构联系的地方。这种建构作为一种意识形态,在电视、电影、广告、社会服务、建筑、艺术中表达的非常明显。甚至让人感到很反感。比如中国大陆最近一些年来热播的《亮剑》《潜伏》《旗袍》《乡村爱情》从性别和空间的角度看,都是非常失败的作品。

四、伊莉格瑞:建筑、空间与性别

伊莉格瑞的著作中包含了大量的西方文化中男性和女性空间的讨论。从身体、社会、空间尤其从建筑和性别来分析,关于性别和空间的研究是有特点的。⑤

(一)"两在"(being-two):爱与居

伊利格瑞在 2001 年国际建筑协会做过一次精彩的演讲。她认为,建筑师可以通过建筑来关怀不同人之间的关系,尤其是爱这种关系。她以为在家不能仅仅考虑彼此共同的亲近,更要考虑其中相互视为他者的不同与距离。这对那么多男人和女人一起生活非常关键。她认为不能像现在这种居住单元,公共活动使用的部分其实可能缺乏公共性,而是要建成单身

---

① Doreen Massey.Space,Place,and Gender[M].Minneapolis:University of Minnesota Press,1994:233.

② Doreen Massey.Space,Place,and Gender[M].Minneapolis:University of Minnesota Press,1994:234.

③ Doreen Massey.Space,Place,and Gender[M].Minneapolis:University of Minnesota Press,1994:179.

④ Doreen Massey.Space,Place,and Gender[M].Minneapolis:University of Minnesota Press,1994:180.

⑤ Peg Rawes.Irigaray for Architects[M].London and New York:Routledge,2007:1.

公寓,不要有公用的部分,这些公用的部分其实是有性别特征的,比如卧室、厨房、卫生间、客厅,这是男性统治性实施的场所。要创造新的场所,形成各自的世界,形成一种新的亲昵的场所。这是在男性空间和女性空间以外的另外一个地方。这个谈话公开发表,颇为引人注目。①其实也给很多人启发,这是一种居所和建筑场所建设中应该考虑的问题。

爱和建筑是一个很有意思的话题。这个话题也许是伊利格瑞接着海德格尔的《筑、居、思》往下讲的。两个主体、两种状态、两样居住,其实是两种具体的存在,是两在。当然,女性和建筑还涉及女性职业和建筑的关系。

我们如何能够将生活、爱、居与他者问题联系起来?伊莉格瑞说,"生活本在关系中,尤其是与他者的关系中。我们常不能将这种关系中的不同存在区分开来,因为我们把居住在同一世界中并分享同一世界与生活混淆。这并未考虑世界的可能差异,尤其是男性和女性世界的差异,他们居住的差异。"②我们在一个世界上,其实并不准确,也许我们在不同的世界。男女两性的世界是差异的,尤其男女差异是一个基本的差异。我们文化中,男性占据主导而女性屈从。无视这种差异是不对的。

要勇于面对那些以美好的面目出现的东西保持警惕。"亲密、家庭和接近,不仅仅彼此生活在一起,分享同一空间。相反,这导致解构。亲密和家庭首先和在母亲、与母亲、居住家里混淆起来。这种接近的观念与一种幼儿期般对无差异的要求混淆,甚至成为无差异的全部,在这里属于父母或者谱系性的宇宙,保护孩子的出生和变化……为了确认她/他的特殊存在和变化,主体必须放弃这种熟悉的内在经验。"③传统的性别认识、空间认识是有问题的。这种混淆需要清理。很多人从小就被灌输了这种概念,把母亲符号化为特定的空间,将女性符号化、抽象化为特定的空间。这样就将偏见从开始就固化了。

如何居住、爱和思呢?女性不是要建构一个唯一单独的世界,而是要建立一个独立的存在、私密性,甚至是"两在(being-two)"。不要从属一个人,不能让女性从属男性,把自己变作他者。这里有两个主体,而非一个主体,"两(二)样存在。"所建构的世界不是男人一样的世界,而是超越暴力和权力的一个世界。男女关系中的空间,要摆脱了空间的这种特殊的界定,展示其丰富性,一定程度上摆脱这种固化的监视、紧密,就能够摆脱统治。问题是,那种充满性别其实的空间尚待分割和重建,在这之前,是否能够达到空间的变化和压迫的摆脱,就很难说了。这是伊莉格瑞所说的空间问题。

对于伊利格瑞来说,世界上有三种空间,单独的两个主体自身的空间应该保障,每个主体自己的空间界限、内容必须得到认可。当男女之爱发生的时候,不是到双方其中一方的空间中,而是需要到第三空间。这种第三空间不是苏贾的主体和客体空间以外形成合理融合的第三空间。对于伊利格瑞来说,不需要被主体化了的男性空间、被客体化了的女性空间,而需要在彼此客体化、对象化的男性和女性空间以外的世界和空间,"只有超越了这些各自空间的内容和局限,他者才能够相遇、形成欲望和爱,提供给各自世界的而无侵害各自的界限。接近可以形成,因为男性和女性各自的界限存在,并没有形成统治性和压迫性。这形成

---

① Luce Irigaray.Key Writing[M].London and New York:Continuum,2004:123-133.

② Luce Irigaray. Being-two in Architectural Perspective, Coversation between Luce Irigaray and Andrea Wheeler[M]//Coversation.London and New York:Continuum,2008:55-56.

③ Luce Irigaray.Key Writing[M].London and New York:Continuum,2004:132-133.

了第三空间,超过了自己世界,这个地方不属于一个人,而是属于两个人……这个地方永远开放——它不仅仅是空的,而且可能欢迎他者。"①他者是泛指,不仅仅是性别。

(二)建筑与女性的自我建筑

建筑从历史上看来,是具有特殊的含义。修建、建筑也和人的成长有关。"一般说修建(build)就理解为建筑(building),一些材料被给予形式。这些关于建筑的观点从西方文化的看是相当男性的,男性必须熟悉这种修建,以不同于自然,这种技术提供原材料,还有技术和技艺。建筑意味这将一个人从自然中分开,包括人性,尤其是呈现为母性甚至女性。建筑很少理解为是为自身的建筑。这种建筑的方式一定意义上是要求女性,变得女性化和去爱。性别化、保证母性需要一种作为自然的文化,这也是唤醒和维持性的欲望。这种建筑女性自身为自然,是不足的,因为这在最大部分上是强加于女性的。为达到建筑自己目的,妇女必须保持和开发自己的本性,在一种自愿和自决的方式中进行。她要发现何以从她的物质性、身体性自然,到文化的、精神的适合她的自然。这就是说,她必须发现何以按其本性地生活、爱、说、思。建设家必须考虑通过工程、技能和技术来应对原材料、转变性材料。但是有一个建筑师能够在不建立自己的房子而为他者建造房子吗?不幸的是这个维度没有被重视,甚至遗忘了。"②有建筑师说准备在房子里做一个搁置汽车的地方,如何能够一起生活、两样地生活,应该尊重更多的人的关系。过去是两居、两室或者二居、二室,现在是两在、二在性的房间。也许这是真是一个值得注意的建筑性别哲学问题。

如果说既有的空间分享实质上是被迫的,如果说不能形成有效分享,那么"人们为什么要疑惑,何以在家庭外找爱事(love affair)呢?"③空间和人的具体性的存在、真正的存在,是有密切联系的。这里,居住被提高到了本体论的程度。空间的建筑、建筑的空间,是和人的自我保持、存在有密切的联系的。也许,建筑及其空间是形而上学的最好的场所。这里虽然直观到空间,但更多是形而上学的场所。其实,这里是一种哲学。这种哲学强调的是差异,"维持世界的多样性,可以使得或被迫一个人回归自己,也允许一个人对他者世界的熟悉,不仅仅在观念和言辞的水平上,也通过日常生活的视角。"④这是人的存在的方式和水平的思考。在这个问题上,海德格尔的存在要分开大写的存在和小写的存在,而伊莉格瑞要分开大写和小写的在和差异的在。这种在需要考虑性别的、性别一样的差异的维度。⑤

五、克里斯蒂娃:语言、精神分析、性别与空间

克里斯蒂娃是法国女性主义者,她关于空间的观点受到重视。她也是女性主义的空间

①　Luce Irigaray.Key Writing[M].London and New York:Continuum,2004:133.

②　Luce Irigaray. Being-two in Architectural Perspective, Coversation between Luce Irigaray and Andrea Wheeler[M]//Coversation.London and New York:Continuum,2008:59.

③　Luce Irigaray.Key Writing[M].London and New York:Continuum,2004:127.

④　Luce Irigaray.Key Writing[M].London and New York:Continuum,2004:130.

⑤　Luce Irigaray. Being-two in Architectural Perspective, Coversation between Luce Irigaray and Andrea Wheeler[M]//Coversation.London and New York:Continuum,2008:63.

转向、后现代转向甚至后女性主义转向中的重要人物。她说的空间是复杂的,和现实的空间有关,但是和哲学历史上的作为隐喻的空间更加有关系。

(一)背景

从她的学说的基本走向看,克里斯蒂娃和福柯、德勒兹/瓜塔里一起在有关空间思想的研究中,有一个共同的基本线索,就是鲍德利亚所确认的"生产范式",他们从生产和空间的关系来理解空间。另外,空间不是虚空,而是一种关联意义的要素。空间和意义有关系,意义是关键,其中有空间的参与甚至决定性影响。空间和意义的关系不能在这里分开,而需要形成有效交流。① 甚至可以说,空间具有一种格式化的作用,在社会生活中是前见性、基础性的东西。空间不能被当做种尚待开拓的虚无,而这种格式化的空间与既有的意义是内在一致的。②

进而言之,1960年代在法国学界传统中,关于空间的文献大量出现,此前占据主导地位的是历史决定论的范式。结构主义的索绪尔从语言研究转向语言系统研究。以往对于知识的公正性的解释受到怀疑,知识、空间和权力的关系受到重视,这也是福柯所关注的。这种批判和否定性认识,也预示了1968年的学生运动、民权运动等过程。空间在这里扮演了一个突破既有思维的角色。在语言中,语言需要在一种空间的间距、节奏等当中推开。这些要素是空间性的,和意义有联系。也可以说,空间是规范性的,具有意义、价值等特性。

(二)精神空间以及符号空间克拉(chora)

1980—90年代克里斯蒂娃空间研究,往往将空间不是当做实体性的、文本性空间,而是当做心理—社会空间,这些来自她作为心理分析者的著作。在她那里,前主体的空间和后俄狄浦斯社会化空间,二者的划分已经受到限制。而符号学的后俄狄浦斯主观空间发挥重要作用。

由于克里斯蒂娃与精神分析学派关联较多,她认为,弗洛伊德也相信,歇斯底里和空间联系。女性和男性的对立,有空间和时间的区别因素。③ 在精神分析的空间解释中,俄狄浦斯情节的空间解释逐渐形成了:在这种母子的假设接近中形成其间的一种距离,这种距离是空间的。这里有一种特殊的精神空间,儿子对母亲的依赖和对父亲的排斥。后来在精神分析中,形成了一种主体间的流放,即在语言的所指和能指之间形成距离。④ 俄狄浦斯形成的是被指代对象的缺席。将父亲放逐,他的统治将通过所谓的空间、规则、法律和语言的改变等来进行。语言是男性化的。语言的功能是福柯所说的那种通过支持、禁忌、惩罚等来确立统治,确立性别化的统治。

---

① Russell West-Pavlov. Space in Theory: Kristeva, Foucault, Deleuze[M]. Amsterdam-New York: Rodopi B.V.,2009:21.

② Russell West-Pavlov. Space in Theory: Kristeva, Foucault, Deleuze[M]. Amsterdam-New York: Rodopi B.V.,2009:25.

③ Russell West-Pavlov. Space in Theory: Kristeva, Foucault, Deleuze[M]. Amsterdam-New York: Rodopi B.V.,2009:43.

④ Russell West-Pavlov. Space in Theory: Kristeva, Foucault, Deleuze[M]. Amsterdam-New York: Rodopi B.V.,2009:51.

克里斯蒂娃有关文化和语言生活中符号论的理论是最基本的。她认为需要强调符号学的位置即克拉,这种位置仅仅意味空间。克拉空间是前语言空间,部分构成了语言的原始意义,这个空间在后来,对社会化的欧几里得空间进行建构并有了规则,其缺席和出场是重要的。这种原始的空间被当做社会空间的条件,在社会事物出现以后,不可避免地消失了。[①]克里斯蒂娃在阅读柏拉图的蒂迈欧篇的时候,提出空间概念具有始源性的意义,它是永恒的,无毁灭,提供所有事物形成的情景。这种空间具有一种元意义,是克拉。

克里斯蒂娃将克拉空间女性化,和伊莉格瑞不同(她将自我问题化)[②]。虽然巴特勒等人批判之,有些人提出克拉将空间本质主义化,但我们认为这是一个反本质的空间概念。甚至所谓的克拉是空间之前的空间。在具体的空间中,"空间是有越轨和散漫行为的,而时间性是规范性的。"[③]空间似乎是特殊的空间,符号化、象征化了。

进一步看,这个词,和运动、链接有关,它们构成了空间领域。这是事物的先在和基础,同时也与几何学或空间性的解释不同。我们将它这种不确定、不决定性的链接,和依赖呈现而形成的特性分开,而赋予它现象学、空间的直觉,和几何学分开。克拉是开裂、啮合(节奏)有关的,先于通常的空间性和时间性。我们所有的话语都与此有关,结果可以将克拉具体化,如有需要,给其拓扑学形式,但不是公理的形式。[④] 拓扑学形式是变化中的不变,公里则是不变中的不变。

这种空间是内在的,不是仅仅测量可以做到的。以后的欧几里得空间,成为一种没有变化可以依赖的容器和媒介,不受变化的客体、景观、人和事件的影响。先有世界和空间,后有语言交往和人类行为在其上开始。但是这空间特征是不够的,以后有变化。

(三)走出困境:爱、流放、革命

对既有的空间原则和建构的反对,形成新的空间关系和男女关系。这就是对亲昵的革命。[⑤] 甚至这些是人的认知结构和基本认知设置的一种变化,在经验、时间和空间的关系中形成的变化。对人的经验而言,这些都是不可缺少的。真正的幸福是什么?"幸福是充满的呈现。没有等待,所有事情都在这里。幸福是质性的,而不是限制在量上。它一旦发生,就幸福。"[⑥]帕弗罗敷的解释更加有意思,"幸福是一个空间,是发生的空间,非缺乏。是质性的

① Russell West-Pavlov. Space in Theory:Kristeva, Foucault, Deleuze[M]. Amsterdam-New York: Rodopi B. V.,2009:25.

② Russell West-Pavlov. Space in Theory:Kristeva, Foucault, Deleuze[M]. Amsterdam-New York: Rodopi B. V.,2009:44.

③ Russell West-Pavlov. Space in Theory:Kristeva, Foucault, Deleuze[M]. Amsterdam-New York: Rodopi B. V.,2009:45.

④ Russell West-Pavlov. Space in Theory:Kristeva, Foucault, Deleuze[M]. Amsterdam-New York: Rodopi B. V.,2009:44.

⑤ Russell West-Pavlov. Space in Theory:Kristeva, Foucault, Deleuze[M]. Amsterdam-New York: Rodopi B. V.,2009:89.

⑥ Russell West-Pavlov. Space in Theory:Kristeva, Foucault, Deleuze[M]. Amsterdam-New York: Rodopi B. V.,2009:107.

丰富,其中量即时间及其消失,年龄和死期等无关。"①对于非常日常的体会和经验做出非常难理解的解释,这是一种无可奈何的选择。因为我们沉浸在日常中太久,含义破解日常中的特殊空间,我们经常陷入困境,陷入日常生活的困境。需要破解,需要出走、流放甚至革命。

克里斯蒂娃的研究就是对现代心理生活中的符号学探索。空间概念在其中具有重要的地位。空间在符号学中就是缺乏,不在场。这种缺乏是意识形态的建构,不能改变空间的基本特性。空间的丰富性在后期克里斯蒂娃著作中有回来了,在爱、流放、革命的喜气洋洋的符号下又出场了。她成为一个讲故事的人。

六、结语

总的看来,女性主义研究中,形成了对于空间的重视。这种空间可能是物理性的,也可能是社会性的,更多是精神性的。空间和权力联系,共同形成了对女性主义的压迫性状态。要推进女性主义的研究,完成对女性的解放,必须形成空间的解放。形成对空间研究的重视,虽然这并不能立刻解决所有问题,但是,应该对问题进行深刻的空间理解,并在无论哪个层面上进行空间实践中的抗争,是有价值和意义的选择。具体说有几点值得重视:

(1)空间是生产和建构性的,在目前的状态下,需要我们重视具有性别歧视的空间建构,用行动来改变空间的歧视性性别建构从而改变它。行动在这里是重要的,行动针对的空间建构也是明确的。

(2)空间建构的权力性需要确认,特别是男性霸权的性别建构需要确认。经常在一种公正的名义下进行的不公正的性别有关的空间建构,其实是权力的性别歧视建构的管用伎俩,需要警惕之。

(3)空间转向有一定的新意,是一种新视角下对于一个旧问题的重新审视。性别歧视可谓根深蒂固,甚至在很多女性的血管里流淌着男权主义的血液。需要男人和女人共同来破除这种坚固的性别歧视堡垒。寻找并变革更多的性别歧视的空间,有些很隐蔽,有些则赤裸裸。空间转向视角也可以说是新的透镜。

The Spatial Turn in Feminism Studies

Qiang Naishe

(Institute of Philosophy, Chinese Academy of Social Sciences, Beijing, 100732)

Abstract: There is an obvious paradigm turn or discourse changing in the study of feminism in the present time. The situation of American and England is different from that

---

① Russell West-Pavlov. Space in Theory: Kristeva, Foucault, Deleuze [M]. Amsterdam-New York: Rodopi B.V.,2009:107.

of the continental countries such as French. Doreen Massey put emphasis on the geographical elements in feminism, and Irigaray gave more attention on the architecture and the gender while Khristiva claimed that we should paid more attention to the language and the space.

Key Words:feminism;space;geography;gender;language

论女性主义知识论的后现代立场

左兴玲[*]

内容摘要:受后现代主义的影响,一些女性主义者反对追求普遍性的知识,转而青睐一种包含多元化、差异性的知识主张。因为后现代主义反对以启蒙运动为代表的现代主义所推崇的普遍的"宏大叙事",在后现代主义看来,不存在不含偏见的、占绝对优势的知识形式,只存在不同主体讲述的各种各样的故事,女性主义也不过是不同的女性讲述不同的经验故事而已,她们并不追求建构新的绝对知识权威和普遍话语。基于上述观念,女性主义知识论从女性立场出发,将后现代主义的这些观念有机地融合到自己的立场论乃至整个女性主义知识论的建构中,使女性主义知识论在观念的多样性和体系的完整性上都超越了传统知识论。

关键词:女性主义知识论;后现代主义立场;反本质主义;多元性

一、后现代主义的基本哲学观念

后现代主义是一种文化思潮,最早出现在文学、艺术、建筑等领域中,其特征表现为打破求同的稳定模式或固定结构,而强调差异的不稳定模式、异质性、多元性、模糊性、不确定性和偶然性。这是"因为进入20世纪后半期,世界在一些人眼中发生了本质性变化,即世界不再是同意的,意义单一的和明晰的,而是破碎的、混乱的、无法认识的。因此,要表现这个世界,便不能像过去那样使用表征性的手段,而只能采用无客体关联、非表征、单纯能指的话语"[①]。紧随其后,哲学、社会学、政治学等诸多领域,均就后现代境况进行了论述,都反对以特定方式来继承固有或者既定的理念。就哲学上来说,法国哲学家率先对后现代境况进行了阐释,其中的代表人物及其哲学观念有:德里达(Jacques Derrida)的解构主义、拉康(Jacques Lacan)的精神分析理论、福柯(Michel Foucault)的权力—话语学说、利奥塔(Jean-Francois Lyotard)的后现代境况论和元话语的终结学说等等。此外,德国的伽达默尔(Hans-Georg Gadamer)、美国的罗蒂(Richard Rorty)等都是著名的后现代哲学家。

概括地说,后现代主义的基本哲学观念可以归结为以下几个方面:

其一,后现代哲学最为突出的哲学观念在于反理性主义和本质主义,集中体现为德里达

---

[*] 左兴玲,女,厦门大学哲学博士,现为玉溪师范学院教师,主要研究方向为女性主义哲学。

[①] 董美珍.女性主义科学观探究[M].北京:社会科学文献出版社,2010:238.

对"逻各斯中心主义"的解构。"逻各斯中心主义"是德里达对整个西方哲学传统的总称。从词源上看,"逻各斯"是希腊文"λογοσ"的译音,有语言、思想、理性、尺度等多方面的含义。作为哲学术语,一般指世界的可理解的规律,因而也有语言或"理性"的意义。古希腊哲学家赫拉克利特最早将这个概念引入哲学,用来说明万物的生灭变化具有一定的尺度,即万物虽然变幻无常,但也有内在的秩序可循,使人们能够把握这种规律性。因而,逻各斯成为关于普遍规律的哲学范畴。此后,柏拉图的"理念"相当于逻各斯;亚里士多德用"逻各斯"表示事物的定义或公式,具有事物本质的意思;斯多葛学派视"逻各斯"为"宇宙理性";古犹太神秘主义哲学家斐洛把"逻各斯"看作是"神的理性";基督教中用逻各斯一词专指上帝的话语。德里达认为,逻各斯作为万事万物的基础和本原在近现代西方哲学家的学说中也无处不在,如笛卡儿的"我思"、斯宾诺莎的"实体"、黑格尔的"绝对精神"、胡塞尔的"先验自我"、分析哲学的"语言"、列维-斯特劳斯的"结构"等等。总之,逻各斯中心主义是指理性、本质、终极意义、真理、第一因等一切思想、语言、经验以及万物之基础的东西,追求现象背后的逻各斯成了传统和现代西方哲学的终极价值和最终目标。① 在德里达看来,这种追求是不可能实现的,因为世界并不存在这种普遍规律、永恒本质、绝对真理以及终极意义。因此,必须对逻各斯中心主义进行解构,其关键是要肢解西方哲学对逻各斯的"在场"和中心统治地位的预设。进而,他认为,逻各斯中心主义是通过二元对立的思维方式被确立起来的,其言说方式的特征为正/反对立,如客观和主观、男性和女性等等。这种二元对立的言说方式,一直在西方语言文化中占据主导地位。"从能指上看,其结构为双元并置;从所指上看,其意义为纵向不平等。这种表面上的平等而实质上的不平等,表明了前者对后者的支配、前项对后项的统治,它实际上是西方形而上学最为深刻的内在本质,同时,也反映了作为西方思想文化的载体——语言文化的暴政性和等级性"②。因此,要摧毁逻各斯中心主义,最根本的在于解构这种二元对立的等级化哲学观念。

其二,后现代主义极力反对现代哲学建构出来的人类中心主义。现代西方哲学以理性为旗帜,将"人"作为哲学的基本问题来研究,从而使得"人"在现代西方哲学话语中被放大,进而表现出一种人的自恋情结。后现代反对这种人类中心主义。法国解构主义哲学家们沿着尼采的"上帝之死"的认识路线,对"人"进行了解剖,对人类中心主义进行了无情的批判。在福柯看来,"人"只是近两个世纪的知识的产物,在此之前,人只是世界秩序中的一个存在物,只是会说话的理性动物。在德里达那里,人的在场性,是通过不在场的东西得以说明其有关性质的。在后现代主义看来,当代世界的文化多元性、科学发现中的不确定性和无序现象,使人们逐渐放弃了用单一的、固定不变的原理来说明和解释世界。现代哲学的机械论、人类中心主义的观念,是造成人类与自然界之间的严重对立的根源所在,在人化自然的过程中人类不断地在自我膨胀,人对自然的无限索取和占有导致自然环境逐渐呈现出病态趋势,从而反噬着人类的生命健康,威胁着人类的生存境况。

其三,反对现代哲学的基础主义和表征主义。基础主义是现代哲学的一种知识论观念,它将信念区分为基础和非基础两种形式,基础信念是不需要推论的,是直接构成知识体系的牢固信念,而后现代主义认为这种基础主义观点是不合理的,正如罗蒂指出的,传统哲学追

---

① 佟立.后现代主义哲学思潮研究[M].天津:天津人民出版社,2003:224-225.
② 佟立.后现代主义哲学思潮研究[M].天津:天津人民出版社,2003:227.

求绝对真理、终极价值和永恒不变的基础已经与现代人的生活格格不入,甚至变成了荒诞不经的东西。他指出,后现代哲学的首要任务是转换视角,开创话语交流,通过人与人、人与世界之间的对话打开哲学的新天地,从而使思想、精神和价值在不断变化的世界中不断创新,并倡导实践性、协同性和解构性的哲学理念,对传统哲学的"合法性"根基加以质疑,从而解构基础主义和表征主义。在利奥塔看来,反基础主义和表征主义是对"元叙事""元话语"的质疑。此外,表征主义决定了主客二分,主体对客体的表征,这是自笛卡儿以来的哲学观念之一,主客二分将人类的知识分化成为客观知识和主观知识,而且认为客观的知识才是科学的,主观的则是非科学的,科学必须排除人的主观因素,只有这样才能获得可靠的知识。对此,霍兰德(Norman N.Holland)的"本体主体论"试图改变传统哲学认识世界的范式,以一种主客融合的哲学范式瓦解主客二分。他认为,主观知识和客观知识是不可分离的,二者是统一的,而且都离不开人的存在和认识,是人的需要创造了人的知识,是人的认识改造了人的世界。因此,脱离了人的存在和认识划分所谓"客观现实"和"主观现实",将二者完全对立起来,看不到它们之间的相互作用是思维方式的一大误区[1]。

总而言之,后现代主义的哲学观念以其严厉的批判态度、反思立场和挑战精神,重新审视了传统和现代哲学中的思想观念、思维模式和认识方式,以开放性和多元性的观念开拓了被传统和现代哲学家们所忽视和遗忘的价值。从这个意义上说,后现代主义哲学彻底暴露了传统和现代意义上的本体论和知识论的多方面的局限性。传统和现代哲学中所追求的"中心性""本质""确定性"等等,被置换成"边缘""非本质""不确定性"等等[2]。因此,后现代主义对传统哲学中被遗忘的边缘、差异等等,在反理性主义、基础主义等的基础上给予了新的关注,将批判和继承、解构和重构辩证地统一起来。后现代主义哲学对后现代境况的阐释,反映了西方两千多年来的文化精神和价值体系正在经历着重大的转折和演化,其自身也有局限性和不合理性,因此,我们同样应该用它批判传统哲学的态度批判地看待它。

二、女性主义的后现代主义立场

女性主义后现代论兴起于 20 世纪 80 年代后期,它吸收了后现代主义各种思想资源和哲学话语,开启了女性主义的后现代主义研究领域,并对女性主义做了新的阐释,其主要代表人物有:克里斯蒂娃(Julia Kristeva)、巴特勒(Judith Butler)、伊利格瑞(Luce Irigaray);哈拉维(Donna Haraway)和弗拉克斯(Jane Flax)等等。

沿着后现代主义的批判路径,一些女性主义者也批判了现代基础主义哲学的知识论,揭示出那些被主流文化视为普遍的、必然的和绝对的真理,不过是局部的、偶然的和相对的东西。此外,也质疑传统知识论哲学旨在寻求一种凌驾于一切条件和立场之上的以"上帝之眼"面貌出现的客观性。女性主义后现代论显然不只是对后现代主义的亦步亦趋,她们认为

---

① 佟立.后现代主义哲学思潮研究[M].天津:天津人民出版社,2003:35-36.
② 佟立.后现代主义哲学思潮研究[M].天津:天津人民出版社,2003:40-51.

"后现代主义仍然是男性中心主义的,而且在政治上过于天真"①,女性主义后现代论结合女性主义视角,对后现代主义进行了新的阐释,形成了自己独特的女性主义的后现代立场。

首先,反对本质主义和普遍性话语。受后现代主义反本质主义的影响,女性主义后现代论也反对普适性的话语体系,她们指出,从启蒙思想开始,所有标榜普遍性和性别中立的宏大理论都是以男性为标准的,因此,不仅要拒斥由男权文化缔造的宏大叙事、普遍性理论和客观性,而且也要对我们的社会合法性建立的所有法则和原理进行重新审视。所谓"知识的普遍性"完全是一种主观预设,各种具体的科学知识只具有局部的适用性和相对的价值。巴特勒指出,普遍性这样的概念正是通过违背一些需要贯穿的最普遍性的原则来实现的,也就是说,普遍性概念的建立是以一些"排除"为前提或基础的,她说:"实际上,从我的观点或从任何带有历史局限性的视角来看,任何一种关于普遍性的总体概念都会把那些没有预料到的和不可预料的、将来会以'普遍性'之名出现的主张拒之门外。"②正是基于这种质疑,巴特勒所代表的女性主义后现代论反对对性别、种族、阶级做宏观的分析,认为每一个类别内部都有很大的差异性,难以从总体上进行概括。在她们看来,就连"女性"这类概念也属于本质主义的东西,因为它完全忽视了女性的阶级、种族、民族、性倾向等特殊性,根本不可能有一种抽象的女性概念能涵盖所有的女性。巴特勒就曾对这种具有普遍性特征的女性主体进行解构,她借鉴了福柯对主体概念的理解,认为福柯的"主体消亡"并不是对主体的否定或抛弃,而是号召从认识论给定的术语之外重写这个概念,她说:"解构主体并不是否定或抛弃这个概念;相反,解构仅意味着我们对'主体'这一词语的所指不再承担任何义务,而且我们考虑它在权威的巩固和隐藏中所起到的语言学功用。解构不是否定或抛弃,而是进行置疑,也许更为重要的是,使一个术语开放"③。进而她指出,正如普遍性概念以"排除"为基础,主体也是通过排除实现建构的,以此反观女性主义主体的概念,认为"妇女"既不是压迫者也不是被压迫者的范畴,我们将妇女从被压迫者的范畴内排除出来从而进行理论化,其主体立场的建构是将妇女从压迫描述中排除出来,然而这又构成了另外一种由排除本身所造成的不同的压迫。巴特勒通过对"妇女"概念的深入研究,发现在男权主义时代乃至整个人类文化中,"妇女"的含义包含着各种不合理的内容,而本质主义对"妇女"概念的解释则将不合理的内容变成了具有普遍意义的合理性的内容。因此,巴特勒主张要解构这种具有普遍特征和本质主义倾向的"妇女"概念,当然这并不是要彻底废除"妇女"一词,而是要释放出"妇女"这一概念的超越本质主义的更多的含义。

其次,对启蒙理性、理性主体概念的质疑。女性主义后现代论认为,现代主义以进步和理性为幌子来维持不平等和压迫的长期存在,其理论基础就是理性概念。它解释了科学把男性作为全人类的典范,知识的范式是对男性利益和价值的偏袒。她们看到,尽管启蒙传统的本意是推动人类解放,但它的知识观却促使男性利益和价值主宰得以长久地维持下去。

① 南希·弗雷泽,琳达尼科尔森.非哲学的社会批判——女权主义与后现代主义的相遇[C]//李银河主编.妇女:最漫长的革命——当代西方女性主义理论精选.北京:中国妇女出版社,2007:100.

② 朱迪斯·巴特勒.暂时的基础:女权主义与"后现代主义"问题[C]//王逢振,等,编译.性别政治.天津:天津社会科学院出版社,2001:75.

③ 朱迪斯·巴特勒.暂时的基础:女权主义与"后现代主义"问题[C]//王逢振,等,编译.性别政治.天津:天津社会科学院出版社,2001:86.

因此,女性主义后现代论要拷问的是"谁的解放""什么样的解放",而不是传统的普遍解放。弗拉克斯指出,启蒙运动和现代性的一个允诺,就是知识与权力之间的矛盾可以通过以理性建立权威并运用权威来解决。理性不但表现为真理,而且包含真理。真理性的知识在这种观念中具有奇特的两面性,它可以同时是客观的和对社会有益的,利用真理性的知识来为合法权力服务并确保社会的自由和进步,这是启蒙运动的基本宗旨,这种启蒙运动的宗旨就是以普遍接受的理性为基础,将所谓"真理性的知识"借助一定的社会力量转化为社会权力,并强调这种权力的中立性、公正性和透明性等等①。正如弗拉克斯指出的,这种希冀理性获得真理或知识只是启蒙运动和现代主义的一种梦想,因为这种启蒙运动的元叙事的基本概念(理性、知识、权力和性别等等)的含义已经随着民族解放运动、妇女运动以及反种族斗争的兴起而受到不同程度的挑战。进而,她在女性主义的知识观上持一种后现代的理论视角,认为女性主义者需要重新思考启蒙运动以来的真理、知识、解放等概念,应该将知识与真理的关系移开,转到那些知识、欲望和权力之间的关系上。知识论应该重新建构为一种谱系,即是对产生知识的社会关系与无意识关系的研究;应该放弃裁判真理论述的愿望,而投身于对知识结构和具体的话语构成内部的矛盾进行语言学的、历史的、政治的和心理学的探讨②。

不仅如此,女性主义后现代论还批判了理性主体概念,指出由传统理性所建构的主体具有本质主义的特征,而这种本质主义所表述的是男性的气质,当然也就是一般的抽象个人主体的气质。女性主义后现代论则认为这样的主体仅仅是男性话语霸权自己建构的主体,在现实社会中不存在一致的、纯粹的主体,而是由男性和女性、阶级性、种族性等多样的有区分的主体,要认识这样的主体,就必须引入女性话语。

再次,解构二元对立的思维方式,倡导多元的方法论。女性主义后现代论在批判二元论的同时,提倡一种多元的、尊重差异的思维模式,她们吸收了德里达解构逻各斯中心主义的合理的观念,将传统的二元对立的范畴如真理和谬误、心灵和物质、男人和女人等僵化的观念都做了彻底的批判,强调非本质、边缘、差异等的重要性,并对逻各斯中心主义所建构的男优女劣、男尊女卑统治逻辑的根源做出了深刻的分析,指出要解构男性中心主义,就必须消除它的逻各斯中心主义的理论基础。简单说,女性主义后现代论认为彻底改变二元结构的分离和对立,主要在于女性争取与男性同等的话语权,并在生活实践中使女性像男性一样成为人类话语的主体,如此才能解除男性对女性的性别统治,最终实现女性的自由和解放。当然,解构男性中心主义,并不是要确立女性中心主义,而是要去中心化,反对任何形式的中心。由此可见,去除中心就意味着消解了性别二元对立的等级特征,其背后的认知逻辑实际上是推崇一种尊重差异、强调多元的方法论。如强调对女性身份理解的多元性和差异性。正如弗雷泽(Nancy Fraser)和尼科尔森(Linda Nicholson)所言"女性主义后现代主义应以多元的和复杂建构的社会身份概念来替代统一的妇女和女性的性别身份概念,将性别视为

---

① 简·弗拉克斯.清白的终结[C].王逢振,等,编译.性别政治.天津:天津社会科学院出版社,2001:5-6.

② 简·弗拉克斯.清白的终结[C].王逢振,等,编译.性别政治.天津:天津社会科学院出版社,2001:21-23.

其他许多类别中的一种，同时也关注阶级、种族、民族、年龄以及性倾向的问题"①。女性主义后现代论对差异的关注和对多元身份的重视，既是一种政治行动的需要，也是一种强有力的批判视角。弗雷泽和尼科尔森继续指出，女性主义后现代主义理论可以为当代女性主义政治实践所用，这一实践正在日益成为一种联盟的行动，而不是一种围绕着一个共同的利益和身份认同所展开的统一行动，它承认，妇女的需求和经验的多样性意味着不再有唯一的解决办法能够普遍适用。与此同时，斯特里克兰（Susan Strickland）则将女性主义后现代主义强调差异的主张，视为对普遍适用的理论的强有力的批判，她指出，那种占支配地位的理论和社会范畴是错误的，其错误不仅在于它们只是在有限范围内适用，是局部性的，而非普遍适用。不仅如此，这些理论和社会范畴也是被意识形态化了的、带有成见的以及被扭曲了的，因而只是片面性的。

最后，从权力和知识紧密关联的维度阐明真理（知识）。与后现代主义一样，女性主义后现代论者反对将真理看作是认知主体通过理智的运用而获得的具有普遍性的真理，在她们看来，真理（知识）是话语的结果。福柯的权力—知识学说为这种新的真理观奠定了理论基础，其目的在于阐明，权力可以创造知识，知识也可以产生权力。换言之，福柯所关注的不是知识本身，而是知识是如何形成的，在他看来，权力在知识形成的过程中起着十分重要的作用，他将认知看作一种实践活动，从知识与权力的关系考察知识是如何形成的。进而他指出，知识和权力是相互作用的，在知识的形成中，真正起作用的是权力，而不是理性，知识是权力的产物，反过来，知识又服务于权力的实施和运作。② 因此，不存在绝对客观的知识，知识的产生、传播与消费始终与权力纠缠在一起，尤其是作为"话语"的知识与权力密切联系在一起，没有脱离权力运作的知识话语体系，只有借助于权力，知识才能够产生和传播，甚至知识本身就是一种权力，正如福柯所言"真理无疑也是一种权力"③。

福柯的权力与知识关系的理论为女性主义后现代论开启了新的理论视角，使她们从权力与统治的角度出发来理解性别关系；男人和女人都是被性别关系所标记的，性别关系融入并强化了其他已经存在的构成性关系。换言之，权力是如何通过各种实践的网络运作，实现对人的控制或使人遵从规则的，从而维持了男性对女性的统治关系。女性主义后现代论将权力定义为分散的、弥漫的，而不是某个机构或群体所占有的东西；因此，没有行使权力的主体，权力是通过规范化实施的，即通过规范化强迫一致；而且权力是通过话语进行实际运作的，通过话语表现出来④。海克曼（Susan Hekman）深受福柯知识—权力理论的影响。在她看来，后现代思想家并不致力于启蒙运动所定义的那种"知识论"（epistemology），女性主

---

① Nancy Fraser, Linda Nicholson. Social Criticism without Philosophy: An Encounter between Feminism and Postmodernism[M]//Linda J. Nicholson, ed. Feminism/Postmodernism. London and New York: Routledge, 1990: 34-35.

② 董美珍. 女性主义科学观探究[M]. 北京：社会科学文献出版社，2010：247-248.

③ 福柯. 权力的眼睛——福柯访谈录[M]. 严锋，译. 上海：上海人民出版社，1997：32.

④ 女性主义后现代论对权力的理解基本沿袭福柯的观点。福柯认为现代主义对权力的基本假设有：其一，权力是被占有的（被个人或群体）；其二，权力是自上而下的；其三，权力是以镇压的（压抑的）方式以实施的。据此，他对权力的考察与传统的权力模式截然不同，表现为：第一，权力是运作的，而不是占有的；第二，权力的运作方式主要是生产的，而不是压抑的；第三，权力是自下而上的，是分散的（decentralized），而不是集中的。参见 Bazilli, S.(ed.)Putting Women on the Agenda, Ravan Press, Johanneburg, 1991: 20-21.

议题关于知识的理论(theories of knowledge)的后现代进路需要试图阐明的不是启蒙运动那种替代意义上的"知识论",而是一种话语过程的解释,即通过人类对他们的一般世界所获得的理解。与福柯一样,海克曼也注重考察知识和权力之间的关系,她将知识的研究看作是对话语形成(discursive formations)的研究,也就是对一些规则体系的研究,尤其是分析关系刻画每一种话语形成的那种权力/知识。因为每种话语都有自己与众不同的规则或程序,它们支配着有意义的或真实的陈述的产生,每一种话语或者"话语的形成"同时既授权又有所限制,即一种话语的规则可以创造出某些陈述和真理主张,但是同样的规则又强迫我们停留在系统之内,并且只创造符合这些规则的陈述。① 从中可以看出,话语能够创造主体、客体和真理,真理总是与语境关联,而且依赖于规则,话语是地域性的、异质的,而且经常是不可比较的,没有任何独立于话语之外或超验的规则可以支配所有的话语,因而她主张,所有知识都是语境的和历史的。

进而,女性主义后现代论者借鉴了福柯通过言说产生主体、客体的思想,说明启蒙运动关于理性的话语如何将女性塑造为非理性的,女性被指定为非理性,直接关系将女性看作是社会地位低下的社会机制。知识与权力是一体两面,通过揭示现代知识论的理性主义(男性主义),可以看出它只是多种话语中的一种,仅仅因为女性没有获得话语权,知识以男性掌握话语霸权的方式呈现出来,实施了对女性的种种限制和压抑。知识即权力,也暗示她们更注重对话语权力的关注,因为只有掌握了话语权、言说权,才能建构知识理论。有鉴于此,一些女性主义后现代论者指出:"这个世界是男性的话语,男性是这个世界的话语中心……一个男性以人类的名义说话,一个女性以一个女性的名义说话。但正是由于男性陈述了关于我们的所有真理,关于女性的真理,所以仍旧是男性通过女性的嘴在说话,整个女性解放就是以男性的语言对女性低语。"②因此,她们主张要建构一种关于女性的话语。对建构女性话语的呼声的确反映出这样的事实:话语是控制文化和主体思维方式的关键力量,它存在于历史的、特定的叙述中。传统的叙述方式和话语阐释是父权制的产物,在由男性逻辑构成的语言世界里,女性在历史中处于缺位状态,男权制度遮蔽了女性应有的历史地位,女性作为一个亚文化群体游离于父权制度的边缘位置。女性的默默无闻限制了她们的自我了解和表达,不仅如此,由于女性被排除在男性建构的权力规范和语言体系之外,必然会失去发声的机会,因而即使在语言功能健全的前提下也很难充分表达自己。由此可见,创建女性话语的必要性和重要性。当然,需要指出的是,女性话语的建构并不是要与男性争夺统治的话语权,而是要争取本该享有的与男性同等的表达权,并形成平等、多元的性别话语体系。

此外,有的女性主义后现代论者还借鉴和发挥了福柯关于标准化和正常化的思想。福柯指出,社会通过纪律管束着人的身体,通过话语来定义正常与反常,也就是说,通过标准化和正常化过程来要求人们遵从社会规范。借用福柯的生命权力观念,女性主义后现代论阐明了标准化的社会如何将男人定义为标准的,而将女人视为不合常规的。正如田纳西尼(Alessandra Tanesini)指出的那样,"生命权力构成了标准化的社会,其中不符合标准的东

---

① Susan Hekman. Gender and Knowledge: Elements of a Postmordern Feminism[M]. Cambridge: Polity Press,1990:9,19.

② 詹妮特·A.克莱妮.女性主义哲学——问题、理论和应用[M].李燕,译校.北京:东方出版社,2006:589-590.

西都被看作是不正常的。社会将女人怀孕看作是一种疾病,等于说将其视为非正常。然而,潜在的含义并不是说不怀孕的女人就是正常的。不孕也被看作是一种疾病,它意味着不能怀孕的女人是有问题的,并且经常用来支持母职是女人的天然职责的信念。这些含义都在表明女性不是标准。因此,需要应用医疗技术对待女人怀孕的身体,这也是生命权力的特征之一,它强化了男性才是人类的标准"①。

三、女性主义知识论后现代主义立场的理论意义

女性主义知识论从女性视角出发,将后现代主义的基本理念和方法融入自己的知识论体系中,无论对女性主义知识论还是一般知识论(传统知识论或社会知识论),都具有重要的理论价值。首先,后现代立场的引入,是女性主义知识论融入并变成了当代主流哲学观念的有机组成部分。众所周知,当代西方哲学占主流地位哲学观念大多都是通过反思和批判现代主义哲学观念,如本质主义、普遍理性主义、二元对立思维方式等的前提下,而形成的后现代主义的哲学观念,这些哲学观念是当代哲学的主流标志,任何期望在当代哲学中占有一席之地的哲学观念或流派都不可避免地具有后现代主义哲学的理论气质。而女性主义知识论正是通过合理有机地融合后现代主义的哲学观念,才使自己变成了当代主流哲学的不可分割的一部分。其次,后现代主义立场的引入,还使得女性主义知识论体系的基本理念和方法变得丰富多样,使自己比传统男权主义知识论甚至包括社会知识论,在整体的知识论观念上显得更具优越性和合理性。稍做比较,我们就可以发现,传统男权主义的知识论在基本理念上只是强调知识的抽象个体主体性、普遍有效性和绝对客观性,从单一的理性主义或经验主义出发,来解释知识的一切问题。而女性主义知识论既重视传统的经验主义和理性主义,又在女性主义视角的前提下,引入后现代主义的各种新的观念和基本方法,使知识论的基本立场变得多元、灵活、宽容、丰富。这对重新认识、理解和评价知识论本身无疑是更合理的。因此,女性主义知识论之所以在观念的丰富性上优越于传统知识论,其后现代主义立场的引入显然起了重要的作用。最后,后现代主义立场的引入,为女性主义知识论建构自己系统的知识论观念提供了重要的理论视角。女性主义知识论在批判传统的男权主义知识论的知识观的同时,系统地阐释了自己对知识的性质、知识的具体创造过程、知识可靠性的评价方式等新的理解和论证,如它批判了传统知识论关于知识客观性的绝对主义理解方式,强调知识性质的情境性、相对性;再如,对传统知识论的抽象的个体主体做了系统的批判,并论证了自己的个体主体和社会主体相统一、男性主体和女性主体相互补等新的主体观。而这一切对知识论基本问题的新的解读方式,在理论观念上都与后现代主义的引入相关联,正是借助于后现代主义的反本质主义、反理性主义,强调多元性、边缘化等后现代主义观念,女性主义知识论才创造了自己与传统知识论不同的知识论体系。总之,女性主义知识论的后现代主义立场在其整个理论体系中,占有不可或缺的作用和地位,要理解女性主义知识论就必须对后现代主义对之的影响做深入系统的挖掘和梳理。只有这样,女性主义理论体系才能丰满起来。

---

① Alessandra Tanesini. An Intruduction to Feminist Epistemologies[M]. Blackwell Publishers Inc, 1999:207.

On the Postmodern Standpoint of Feminist Epistemology

Zou Xingling

(Yuxi Normal University, Yuxi, 653100)

Abstract: Under the influence of postmodernism, some feminists oppose the pursuit of universal knowledge, and instead favor a knowledge proposition that contains diversities and differences. Because postmodernism opposes the universal "grand narrative" advocated by modernism, which represented by the enlightenment, in the postmodernism point of view, there is no unbiased and dominant form of knowledge, only a variety of stories told by different subjects, Feminism is just a theory of different women telling different stories of their experiences, they do not seek to construct a new absolute intellectual authority and universal discourse. Based on the concept mentioned above, starting from female standpoint, feminist epistemology organically integrates the postmodernist ideas into its own standpoint and even the whole construction of feminist epistemology, which makes the feminist epistemology surpass the traditional epistemology in the diversity of ideas and the integrity of the system.

Key words: feminist epistemology; postmodern position; anti-essentialism; the diversity

重读《饥饿的郭素娥》：
女性欲望、原始强力与伪主体性问题

王晓平*

内容摘要：中国现代著名作家路翎的小说《饥饿的郭素娥》由于聚焦于劳苦女性受剥削和压迫的悲惨命运，经常被读解为充满女性（主义）关怀的小说。本文试图通过分析小说中塑造的无产者形象，其凸显的性欲望与由此呈现的"伪主体性"现象，并比较这种"阶级意识"与马克思主义理论中的"阶级意识"的异同，说明这些描写是当时知识分子在文化政治的层面上，自身焦虑和欲望的投射。

关键词：路翎；《饥饿的郭素娥》；欲望；主体性；文化政治

1942 年，还不到 20 岁的路翎（1923—1994）创作了著名的中篇小说《饥饿的郭素娥》。小说情节本身颇为简单：这是一个由对女主角激情似火的性欲的描述而形成的叙述。由于此性欲，她"被野蛮地殴打、被施以炮烙之刑、最终被强奸致死"[①]。1943 年，胡风为其作序，鼓吹小说创造了一个显示人的复杂内蕴的世界："用劳动、人欲、饥饿、痛苦、嫉妒、欺骗、残酷、犯罪，但也有追求、反抗、友爱、梦想所织成的世界；在这中间，站着郭素娥和围绕着她的，由于她的命运而使鲜明现出本性的生灵。郭素娥这个女人却扰动了当时的这个世界。"女主人公"用原始的强悍碰击这社会的铁壁"。[②]

胡风的评价得到了后世学者的呼应。美国学者邓腾克（Kirk Denton）由此认为郭素娥爆发的能量"代表了另一种自我，另一层心灵"，并进而提出它是一种原始的无意识和毛泽东的革命大众之间的一种结合。[③] 然而，果真如此否？本文通过分析小说中塑造的无产者形象，其凸显的性欲望与由此呈现的"伪主体性"现象，并比较这种无产者形象与"流氓无产阶级"的关联、这种"阶级意识"与马克思主义理论中的"阶级意识"的异同，试图说明这些描写是当时知识分子在文化政治的层面上，对于自身焦虑和欲望的投射。

---

* 王晓平，男，华侨大学特聘教授，上海交通大学人文与艺术研究院兼职教授，文学博士。

① Kirk Denton. The Problematic of Self in Modern Chinese Literature：Hu Feng and Lu Ling［M］. Stanford，CA：Stanford University Press，1998：134.

② 胡风.一个女人和一个世界——序《饥饿的郭素娥》［M］//胡风评论集：中册.北京：人民文学出版社，1985：382-383.

③ 胡风.一个女人和一个世界——序《饥饿的郭素娥》［M］//胡风评论集：中册.北京：人民文学出版社，1985：382-383.

一、流氓无产阶级形象

这一小说本身是一个女人和她的世界里的三个男人的故事。女主人公郭素娥 16 岁跟父亲离开家乡逃难;途中又与父亲走散。失去了亲人后,她孤身一人边讨饭边流浪,进入川北一家矿区,饥寒交迫昏倒在路边。年过四旬的矿工刘寿春搭救了她,于是她就做了刘的媳妇。但作者这里并不是要展现一幅穷苦人的"阶级感情"。刘寿春本是大户出身,因家道败落又染上了鸦片瘾而到处招摇撞骗,靠骗来的钱胡混着过日子,病歪歪的他也无法满足郭素娥的生理需求。为了养活自己,郭素娥只好到矿区摆香烟摊子。在左翼文学的作品里,我们会看到不少底层人民相依为命的画面,但这里却奇特地出现了一个反例。为什么会如此?

这时郭素娥遇到自己的第二个男人——矿区新来的 25 岁的强悍汉子张振山。晚上,当烟鬼丈夫刘寿春佝偻着身子走出家门上夜班,张振山就潜入她家破旧的窝棚和她偷欢。这是一个什么样的人? 他是流氓恶棍还是郭素娥的保护者? 他和刘寿春有什么不同吗? 我们看到一个段落这样介绍他:

> 这是一个以武汉的卖报僮开始,从五岁起就在中国的剧变着的大城市里浪荡的人。他自己也记不清楚他的穷苦的双亲是怎样死去,他是怎样变成一个乖戾的流浪儿的;他更不能记清楚在整个的少年时期他曾经干过多少种职业,遭遇过多少险恶的事。记忆的黯澹的微光所能照耀得到的那个时候,他已经阅历过短兵相接的战争,刑场,狂暴的火灾,做过小侦探,挨过毒打和监禁,成为一个虎视眈眈,充满着盲目的兽欲和复仇的决心的少年了。一九二九年,当他十三岁的时候,他和一群年青的工人、农民从湖南逃了出来,以后,在夏天里,他目睹着曾经和他穿着同样的军服的,这些年长的伙伴们死去了。[①]

18 岁时,他就因为替朋友抱打不平杀死了欺侮他们的恶棍,逃亡到上海卖苦力。在日本侵入上海后,他随难民逃到川北,来到矿山工作。他的苦难不可谓不深重,他的反抗也可圈可点。但他是正面英雄吗?

叙述者对他的外貌和道德品质的描绘也让我们怀疑他行为的正义性("粗笨而且呆板","刚愎和狞猛","狡猾、顽劣","他的更主要的特性:恶毒的藐视,严冷的憎恨","毒辣的,冷漠的""无心肠的,无赖的男人!"[②])。所有这些贬义性的描写都让我们不由自主想到他是否比那些压迫他的流氓地痞和地方恶势力更好。当这个感觉与他的人生经历对应起来后,我们将会明了,他不过是流氓无产阶级中的典型一员。

"流氓无产阶级"的概念原先在马克思主义理论里指称在无产阶级队伍里缺乏阶级意识的成员(特别是罪犯、流浪者与失业者)。他们是无产阶级队伍里最低下的、最堕落的阶层。一个马克思主义者对这个阶层的分析指出:

---

① 路翎.路翎文集:第三卷[M].合肥:安徽文艺出版社,1995:14.
② 路翎.路翎文集:第三卷[M].合肥:安徽文艺出版社,1995:14,22.

虽然大多数流氓无产阶级者从无家可归的无产阶级队伍中来，但他们据以谋生的手段与无产阶级迥然不同，他们因此有非常不同的、在许多方面相反的世界观……那些人的贫困并不自动使他们变得革命。实际上，流氓无产阶级总体上来说，扮演着一个反动的角色。马克思和恩格斯说，这个阶层"可能不时被无产阶级革命卷入运动中；但是它的生活状况却使它更可能成为被反动派阴谋贿赂（而成为后者的）工具"。①

张振山一直过着漂泊不定的生活，又有负案在逃的惊恐，使他不可能做长远打算，只能过一天算一天，像漂萍一样过着无根的日子。这些流氓无产阶级角色的一个重要特征是他们作为无家可归的流浪者。永远处在被流放状态的漫游中，他们的身体上的无归属感导致他们精神上的不稳定。他们是"没有家庭、居住之所，或者能约束（他们）的道德观……拒斥权威但缺少意愿或意识进行长期的政治斗争"的个人主义"英雄"。② 因为他们的无根性与自我疏离，他们是工人阶级队伍中的"非典型"成分。将他们的"原始能量"和冲动的反抗性视作无产阶级中"典型性特征"是错误的。相反，他们"常常倾向于不稳定状态；宣扬冒险主义、无政府主义、伤害（革命）运动的有组织有纪律的品格"。③

而这个张振山只是逢场作戏，他对郭素娥的热情只是满足他对女人身体的渴望，填补他寂寞空虚的灵魂。最后他也是在被开除后一个人逃走，而置郭素娥不顾。

二、性欲望与伪主体性的显现

在故事里，素娥的饥饿和性欲等身体欲望被突出。她的原始兽性欲望暴烈地燃烧，"自由"地漫游。下段的一则典型场景生动地展现了她原始本能爆发的一幕。

> 现在，郭素娥热切地把她的鼻子埋在这男人的强壮的，濡着汗液的胸膛里，狂嗅着从男人的胳肢窝里喷出来的酸辣而闷苦的热气。她的赤裸的腿蜷曲地在对方的多毛的腿边，抽搐着；她的心房一瞬间沉在一种半睡眠的梦幻的安宁里，一瞬间又狂热地搏动，使她的身体颤抖，仿佛她只有在这一瞬间才得到生活，——仿佛她的生活以前是没有想到会被激发的黑暗的昏睡，以后则是不可避免的破裂与熄灭似的。④

虽然文中多次出现的令人作呕的原始生理机能爆发情形（如上所见）经常被视为社会转

---

① Mark Evans，Roosevelt Washington，Jr.，Rosie O'Connell. Social Classes in the United States［J/OL］. Workers' Herald，1983，4（2）［2010-01-13］. http://www.mltranslations.org/us/Rpo/classes/classes3.htm.

② Kirk Denton，The Problematic of Self in Modern Chinese Literature：Hu Feng and Lu Ling ［M］. Stanford，CA：Stanford University Press，1998：133.

③ Mark Evans，Roosevelt Washington，Jr.，Rosie O'Connell. Social Classes in the United States［J/OL］. Workers' Herald，1983，4（2）［2010-01-13］. http://www.mltranslations.org/us/Rpo/classes/classes3.htm.

④ 路翎. 路翎文集：第三卷［M］. 合肥：安徽文艺出版社，1995：10.

变的本源(这部分也因为看起来他们毁灭性的冲动最后似乎带来了某些局面的改变),往往被忽评论者略掉的是素娥无法自我控制的欲望并没有赋予她任何"(女性)主体性"。因为正像作者其他类似角色一样,在他们身上显现了理智与欲望相分裂的精神症状。而关于"主体性"的一个关键规定就是人能自动控制自身的情欲,成为自己理性的主人。

对于郭素娥没有主体性(或具有"伪主体性")的判断并没有否认她渴望得到爱的滋润。她的现任丈夫是个鸦片鬼,并对她冷酷,经常打骂。她的情人张振山看起来也对她没有真正的感情,只是把她作为发泄自己性欲的工具(尽管他对她的生活状况略为关注)。但我们也同时需要注意到素娥拒绝了魏海清的求爱,后者也是个煤矿工人,而且是她的远亲,并显然十分爱她。而当性吸引力更强的张振山还未出现时,素娥也认真考虑过他。素娥在临死前最后的叫喊"你们不会想到一个女人的日子……她捱不下,她痛苦……"给了我们问题的答案:是她对性的欲望,而不是对纯粹爱的渴望,才是更重要的方面。这是我们不得不接受的事实。但这种对性和爱的某种程度上的分离与其说是底层人的真实"情欲"生存状态,不如说是资产阶级知识分子自身身心欲望焦虑的一个显现和投射。

郭素娥实现她的欲望的坚韧毅力与路翎另一长篇小说《财主的儿女们》中孱弱的蒋蔚祖形成了鲜明的对比,后者尽管对自己的妻子金素痕有深藏的欲望,但却没有类似的权力意志去实现。而她对待自己欲望的强力恰恰与作为市民阶级一员的金素痕的泼辣、野蛮、强悍与阴毒异曲同工。当我们把郭素娥与后两个身份迥异的角色做比较,我们将更会明白显然难被视为"现实主义描写"(就角色的心理刻画乃至外在形貌行为的描述)的女主角的故事(她所谓的"心灵饥渴")与其说是关于底层民众生活的真实言说,不如说是对孱弱的知识分子的焦虑和欲望的投射,以满足其心理幻想、性满足的间接替代。作者在这些角色身上不但赋予了他希望从束缚人欲望天性的传统和阶级压迫中解放出来的欲望,也释放了他们在被商业化社会与官僚排斥到社会边缘而导致无能为力感的愤懑与抑郁。①

无疑,底层民众这里被刻画为利用性作为武器来反抗黑暗的社会,并且她们受压迫的原因更多地被展现为身体欲望的压迫而非阶级的等级差异和剥削。但我们并不难注意到这些受压迫者的毁灭性能量仍然只是一个自发的、原始的反应。这种性的陷溺挥霍本身对压迫的社会构成了一个丑闻,但它无法推翻极为不公的阶级等级制并重组社会经济结构。相反,在它无政府主义的狂欢中,它只是对它意图颠覆的不公的社会秩序形成了反向加固的作用(在大多数情况下,作者小说里的角色甚至没有这个颠覆的想法和目标)。同时这种无政府主义的选择冲动同时也易被各种各样的政治势力所利用,虽然这些政治势力可以有相左的政治目标。

必须指出的是,这样的描写是出于资产阶级知识分子的观察和体会,后者声称出于对底层人民受苦的同情,声称他们背负着"几千年封建压迫的创伤",并声称这种性欲望的饥渴其实是精神上的饥渴。但不仅这些被"代表"、被"表征"的底层不能说话(一旦他们会说话,他们会愤怒地抗议这种对他们的"污蔑"),而且这种叙述为作者所声称反对的统治阶级所喜闻

---

① 这并非仅仅是一个臆测。不同学者从同一现象得出了相似的结论。比如,邓腾克曾经颇有洞见地指出,在这个"人民大众的原始强力的象征"里,郭素娥最终成为知识分子历史无能感的解药。Kirk Denton,The Problematic of Self in Modern Chinese Literature:Hu Feng and Lu Ling [M].Stanford,CA:Stanford University Press,1998:251.

乐见：看！中国的底层就是如此没有智识、如此伤风败俗、如此淫荡！这种叙事与其说呈现了劳苦大众的苦难，不如说"暴露"了他们的不堪。是他们需要对自己的苦难负主要责任：由于郭素娥显然在通奸（她呼喊的"痛苦"说不过去，因为这个丈夫是她自己选择的，没有人逼她；她的背叛甚至是淫乱是出于自己的性欲——但其实不是"她的性欲"，而是她的"他者"资产阶级知识分子的性欲），被发现后她的丈夫刘寿春先是哀求她念他曾经救过她的命，有 10 年的夫妻情分，以及念他已是将死之人，断了和张振山的来往，本本分分和他过日子。但被塑造为如同潘金莲的郭素娥不但没有回心转意，而是不仅一口拒绝刘寿春的要求，还破口大骂。正是在这种情况下，绝望了的刘寿春才雇来了打手，喊来了保长，把郭素娥捆起来折磨，并要把她卖给一个老粮商。

三、伪无产阶级与阶级意识

但更复杂的角色其实是素娥的第三个男人魏海清。他是刘寿春的亲戚，4 年前死了老婆，带着 5 岁的儿子小冲投靠表亲来矿山当上了矿工。他看到刘寿春不能为人，乘虚而入和郭素娥偷欢。可是，郭素娥并不喜欢他，接纳他是因为他强壮的身体，但是不喜欢他的呆头呆脑。因此当张振山出现的时候，她就不再允许魏海清进她的屋。当郭素娥与张振山偷情的时候，一旁魏海清却在偷窥并嫉妒万分，气急败坏的他咽不下这口气，找张振山决斗，可是被张振山打得鼻青脸肿。他一怒之下，告知了刘寿春郭素娥与张振山的私情。这种叙事让我们联想起狭邪艳情小说，但此时却再次出现在 40 年代路翎的"左翼小说"里。

虽然魏海清对郭素娥最后的悲剧结局负有责任，但当他听说郭素娥死了，心中却不能原谅自己的出卖，把儿子小冲托付给朋友，不顾一切地找刘寿春报仇去了。他一个人与仇敌殴斗，虽然教训了对方，自己却在这场殴斗中被活活打死。这一切读起来让人感情复杂，但却给人以出于情杀与仇杀这样私人恩怨的印象。而结局反而是正义在某种程度上得到了声张：刘寿春丢了矿山的工作，隐匿在乡下打法残生；而趁乱强奸郭素娥的黄毛则被判 10 年监禁，关进了监狱。

魏海清在这里显得十分暧昧。在小说的前半部分，他只是一个陪衬性人物，烘托男女主角的蛮力、顽固与野性的力量，几乎就像一个丑角；但在后半部小说里，他却突然像变了一个人，胆力无穷增大，最后以自身性命报了素娥的仇。这种不寻常的小说结构与情节设计值得更细致的考量。对他背景的检视以及将他与张振山做对比的结果得出的结论令人惊奇：实际上，在小说中他才是真正的英雄！他是作者心中的一个有着"真正革命意识"的觉醒了的无产阶级角色：因为就他的"阶级身份"而言，他曾是佃农；在他妻子死后，他丧失了土地，去到煤矿成为工人，这样一来他成为"贫苦工农"的代表。与只把素娥当作泄欲工具的张振山相比，他默默地照料着她，与她保持着简单有节制的关系。出于爱，他也提醒素娥需要提防张振山，因为他认为后者并不严肃对待自己与素娥的关系，只是个流氓。一个由农民转化成工人的"无产阶级"，他仇恨当地土豪恶霸。在经受很多羞辱、对他所爱的女人深具同情、也对自己的过错深感悔恨之后，当他偶遇杀害素娥的凶手时，他潜在的"革命意识"爆发了，他突然从一个懦夫变成了一个勇者。

不难看到，对于小说中的三个男性角色：刘寿春、张振山与魏海清，作者的描写均充满了暧昧。这种暧昧与其说是更"真实",更符合底层人物实际,不如说是作者观念的化身。因为他们本属于流氓无产阶级或者带有很多流氓无产阶级习气,而作者却让他们时而看似英雄,时而让他们显得十分可鄙。实际上,我们如果仔细审视其细节描写,不难发现他们并非是叙事行为的客观记录,而是出自作者自身作为知识分子的焦虑与主观性投射。我们可以在对角色内在心理活动的描写中领会这一点:它们经常显出一种与其身份与日常习性不相符合的复杂的自我反思活动。比如,在张振山身上,我们看到了这样的描写:他自我反思道"我们不能狂纵自己,要选取大家所走的路。……但性格又怎样解释呢? 张振山何以成为张振山呢? 我已经忍不住了! 谁都在毁坏我们,我们还多么不自知。……哼,打击给他们看,社会造成了我,负责不在我! ……我就是这样呀,滚你妈的蛋,什么反省不反省吧"。[①] 他对他的工人同伴阐发何为真理:"真正的我们的真理是怎么样? 那当然是:一个工人要认识他自己,他的朋友,他的工作关系;他不要单独一个人捣鬼。他们要发展工作关系,自己团结,休戚相关。"[②] 有讽刺意味的是,所有这些话读起来好像是作者对他的角色的训诲,而非角色对他同伙的告诫,因为不但张振山有能力说出这些"反思性的",充满政治术语甚至陈词滥调是不可思议的,而且他自身的行为显然恰恰违反了这些被说出的原则。

由于作者在根本上不相信除无政府主义以外的一切革命理论(尤其是共产党的"人民大众"理论),自发的反抗常常被视为革命行为。但这里底层的男男女女们的反抗行为并非出自一个正当的"阶级意识",而只是自发的、毁灭性的骚乱。在马克思主义理论里,阶级意识"并非组成阶级的个人的思考和行为,"而是一种"理想状态",代表着工人阶级"真正"利益的理性表达。[③] 换句话说,一个正确的阶级意识不是一个自在的意识本身,而是一个自为的意识,或者说革命的觉悟了的意识。前者只是说明了围绕在一个阶级周围的社会存在,包含了社会既存状况的全部复杂组成(比如我们看到的这些角色身上堕落的习性与作为)。由于自发和不懂得它的真正利益,它通常是盲目和危险的。比如魏海清虽然牺牲了自己的生命,但只是个人性的报复。即使我们不把当时情境的突发性纳入考量,我们从这个角色身上仍然看不出有什么政治意识:我们被告知"魏海清无法理解这庞大的劳动世界的秘密,在它面前感到惶惑,体会到恶意的嫉恨"。[④] 由于流氓无产阶级并不视自身为一个统一的阶级,他们的目标不在于根本性改变阶级等级与经济结构,而只是汲汲于眼前的生存的基本权利,不但他们的"饥饿"和"欲望"容易得到苟且和满足,而且他们针对特定人(群)的私人性斗争并不具有社会重要性,因为为压迫提供意识形态支撑和基本结构支持的整体系统仍然毫发无损,甚至变得更加巩固:社会不满找到了一个渠道发泄出去。

四、结语

正是在这个意义上,这个小说的这些令人匪夷所思的情节并非展现底层受压迫的劳苦

---

①　路翎.路翎文集:第三卷[M].合肥:安徽文艺出版社,1995:35.
②　路翎.路翎文集:第三卷[M].合肥:安徽文艺出版社,1995:73.
③　Georg Lukacs.History and Class Consciousness[M].Trans.Rodney.Livingstone:Merlin Press,1971:51.
④　路翎.路翎文集:第三卷[M].合肥:安徽文艺出版社,1995:57.

大众受压迫的"左翼小说"。人民的"原始强力"其实只是一种伪主体性的显现，它是作为资产阶级知识分子自身欲望和焦虑的投射的"伪左翼小说"。路翎曾经当时曾犹疑于自己的认识，而有过这样的说明："我企图'浪漫'地寻求的，是人民底原始的强力，个性底积极解放。但我也许迷惑于强悍，蒙住了古国底根本的一面，像在鲁迅先生的作品里所显现的。"[①]劳苦大众在这里和知识分子一样，成为追求"恋爱自由""个性解放"的五四精神的先驱与坚强斗士！而他们的"强悍"，实则另存他处。

Re-read *Hungry Guo Su'e* : Female Sexual Desire, Primitive Brute Force and the problem of False Subjectivity

Wang Xiaoping

(College of Humanities of Huaqiqo University, 361021)

Abstract： The famous contemporary Chinese writer Lu Ling's novel *Hungry Guo Su'e* is often read as a work full of feminist concern for focusing on the tragic fate of women suffering from exploitation and oppression. This paper tried to analyze the proletarian images, the prominent sexual desire and phenomenon of false subjectivity caused by it in the novel, compare the similarities and differences between this kind of class consciousness and the class consciousness in the theory of Marxism, and explain these descriptions is the reflection of the anxiety and desire of the intellectuals at that time on the level of culture and politics.

Key words： Lu Ling; *Hungry Guo Su'e*; desire; subjectivity; culture and politics

---

① 摘自路翎 1942 年 5 月 12 日自重庆致胡风的信，参见新文学史料 1991 年第 3 期。

《日常对话》：母职、私纪录片与社会脉络

郑国庆*

内容摘要：获得 2017 年第 67 届柏林国际电影节泰迪熊奖最佳纪录片的《日常对话》是台湾新世纪一部具有私纪录片外形，内里却承继了 1980 年代中后期台湾新纪录片兴起的社会批判与介入动能，兼具澎湃情感与冷静透视的影片。导演黄惠侦通过精心的结构安排与剪辑，将母亲的生命情境放置到一个更宽广的社会视野与胸怀中，将一己故事铺陈出社会脉络，改造提升了台湾私纪录片类型自恋式的凝视风格。同时，《日常对话》的成功，也代表了台湾社会运动、行动知识分子与民众解放教育相结合所孕育出的丰硕果实。

关键词：《日常对话》；母职；私纪录片；社会脉络；社会运动

1990 年代后期以来，台湾新纪录片开始兴起了一股"私纪录片"的风潮。所谓"私纪录片"，就是"以自己或者家人、朋友等相关者为题材的纪录片"。[1] 此类个人化、向内看的纪录片，正与新世纪台湾电影私密化、"小确幸"风格的剧情片相呼应，呈现了台湾纪录片某类"感伤主义""向内看""去政治化的人道主义"[2]的美学特质。然而，个人化是否一定会陷于自我沉溺式的心理剧，却不是一个能够轻易下的判断。个人化的私纪录片也可能透过对自我与他者的互动，尤其是亲密关系的分析与省思，深入个人生命伤痛背后家庭、社会的结构性因素，促成伦理关系的理解与和解，社会结构的检讨与批判。获得 2017 年第 67 届柏林国际电影节泰迪熊奖最佳纪录片的《日常对话》正是这样一部具有私纪录片外形，内里却承继了 1980 年代中后期台湾新纪录片兴起的社会批判与介入动能，兼具澎湃情感与冷静透视的影片。导演黄惠侦将摄影机对准自己、母亲以及母亲周遭的人际关系，抽丝剥茧地通过摄影机探究、编织出母亲的生命史，从而在体认这个另类母亲的生命际遇时，深刻体悟到烙在个人生命史上的阶级位置、性别压迫与性少数的社会处境，善尽纪录片的社会功能，将一己故事铺陈出社会脉络，也因此能够扩大心胸，走出自我怨怼的情绪，与母亲达致和解。

导演黄惠侦是如何从台湾主流私纪录片的肚脐眼凝视中跳脱开来的呢？在一次访谈中，黄惠侦说："我是从社会抗争者中长出来的小孩。"这句话点出了黄惠侦从事纪录片拍摄

---

* 郑国庆，厦门大学人文学院中文系副教授，研究领域包括中国当代文学、电影、文化研究。

[1] 邱贵芬.看见"台湾"——台湾新纪录片研究[M].台北：台湾大学出版中心，2016：31.

[2] 见台湾传媒学者郭力昕对当代台湾纪录片的批评，Kuo，Li-hsin，Sentimentalism and the Phenomenon of "Inward-looking"：A Critical Analysis of Mainstream Taiwanese Documentary.Sylvia Li-chun Lin and Tze-Lan D.Sang.Documenting Taiwan on Film：Methods and Issues in New Documentaries [M].London and NewYork：Routlede，2012：183-203.

的立足点。与台湾新世纪越来越多专业院校出身，与勤用力于实验美学形式探索的纪录片工作者相比，黄惠侦有着另外的成长、文化养成轨迹。作为一位底层出身，仅受过小学三年级正规教育的纪录片导演，黄惠侦毋宁说是受益于解严后台湾社会运动蓬勃成展，知识分子投身实践，扎根草根教育的成果。黄惠侦于 1998 年在一次偶然的机会中因为所从事的台湾丧葬民俗"牵亡阵"的工作成为杨力洲导演镜头中的人物。拍摄纪录片的经验使她意识到摄影机是一个诠释自我的有效工具。在希望参加社区大学学习有关纪录片制作技术的过程中，台湾著名的行动科学研究/实践者夏林清所创办的卢荻社区大学①无意中为她开启了另一扇解放的大门。从 1986 年解严前后就以心理教育工作者的身份投入草根教育与运动的夏林清，一直试图通过平民教育帮助弱势开拓社会认知与生命可能，在透过课程帮助没有文化资源的底层自我理解、自助助他乃至走上街头、与其他公民联结，从事社会抗争的过程中，主体得到了成长，生命得到了改变，解放教育的"培力"（empowerment）于焉发生。正是从这样的平民解放教育中，黄惠侦开阔了眼界，对个体与群的处境，纪录片的纪实、探测、社会介入功能，有了更深刻的理解。她先后拍摄、参与了台湾劳工[《八东病房》（2006）、《乌将要回家》（2009）]、"原住民"（"三莺部落"反拆迁②）的社会抗争活动。在台湾新世纪纪录片的场域里，黄惠侦所继承的，是 1980 年代中后期以"绿色小组"以代表的社会介入的纪录片传统，而非 2000 年之后台湾纪录片"个人化""艺术化""商业化"的纪录片新兴潮流③。因此，即使当黄惠侦去处理母女关系这样的私密题材、所谓"私纪录片"时，黄惠侦所呈现出的图像，仍然与大部分私纪录片去社会脉络的处理方式有很大不同。

《日常对话》的影像形式初看上去朴实无华。摄影镜头基本是在中景与近景之间切换。中景中母亲与女儿虽然同处一个画框，然而各据一个房间，殊少交流；餐桌是两人发生对话的舞台，然而再度，横亘在两人之间的餐桌将母女二人分割开来，心与心的距离亟待修补。在对话艰难前行时，镜头逼近，似乎是要借助摄影机的掩护叩开母亲的心门，母亲埋下头，沉默、局促、不安、痛苦；情感修复的过程缓慢不易，需要坚定的信心与耐心。

虽然镜头语言没有过多的实验性探索，然而《日常对话》有一种难得的沉稳推进的节奏。剪辑于此片的贡献可谓功莫大焉。④《日常对话》所使用的记录素材横跨多年，如何将这些素材巧妙而自然地衔接在一起，对于导演与剪辑来说相当具有考验性。影片的很多剪辑点都选取得颇见匠心。比如其中一幕，幼年的外甥女问导演阿姨：阿嬷是男生还是女生？她认为阿嬷是男生。导演问她判断的依据是什么，外甥女回答说因为阿嬷不穿裙子只穿裤子。与此同时，画面上两位小外甥女在不停地往脸上涂护肤品，往嘴上抹唇膏，虽然未成年，显见社会化的性别模子已经相当深刻地烙印在两个小女孩身上。而后画面接到两位已经长成少女的外甥女在吃吃笑着观看这段她们小时候的家庭录影，导演问长大的外甥女：你们都不记得小时候的事拉？她们笑着说不记得。导演开始与外甥女讨论她们对同性恋的态度，其中

---

① 有关卢荻社区大学的介绍，见廖菲.芦荻劲草：台湾成人解放教育的行动实验[J].中国农业大学学报（社会科学版），2013(3)：114-122.

② 黄惠侦的前夫是台湾媒体人、社会运动工作者，三莺部落拆迁抗争的领导者之一、三莺部落自救会顾问江一豪。

③ 邱贵芬.台湾纪录片晚近的发展，兴起了"个人化"、"艺术化"和"商业化"的几股趋势[M]//邱贵芬.看见"台湾"——台湾新纪录片研究.台北：台湾大学出版中心，2016：35.

④ 该片剪辑师林婉玉获得第 53 届台北金马影展最佳剪辑提名。

一位说支持啊,"因为每个人本来就有谈恋爱的权利,为什么一定要分男女,又没有差,为什么要这样反对,这样他们很可怜"。导演问道:"你们知道阿嬷也是吗?"年轻的外甥女回答说,知道。兴许要归功于解严后个人权利意识与话语在台湾社会的流行与普遍化,台湾年轻一代对同性恋的态度比老一辈要宽松许多,她们对于自己的阿嬷是同志显然不以为意。两段剪接在一起的记录,有趣地反映出性别观念与性取向态度在下一代身上的体现。

另外一处相当精到的剪辑出现在近结尾处导演妹妹出嫁、导演女儿出生与导演和母亲对话的音画配置。首先是婚庆公司的主持人叫新郎新娘跪下跟母亲告别,让新娘跟妈妈说点好话,此时声音前捅,导演的对话插入:"妈,如果时间能倒转,你可以再重新选择一次,你还会结婚吗?"伴随着婚礼的热闹场面,是母亲的毅然回答:"不会,我要自己一个人比较好过。"此后画面切到母亲抱着襁褓中的外孙女、小婴儿在床上哭闹、母亲带外孙女在外游玩,对话声再度响起:"你也不会想生小孩吗?"母亲同样回答:"不一定要生小孩。"直到对话进行到导演追问母亲会不会怨恨生下她们姊妹两个时,画面才正式切到餐桌对话,此时音画终于对位,正面近景中母亲哽咽道:"不会,你们两个跟着我也很可怜。"这一处小小的叙事段至少包含了三次剪辑点的转换,非常巧妙地呈现出结婚生子的"正常"人生与被迫进入"正常"的另类母亲的错位关系。

《日常记录》虽然是一部私纪录片,但是黄惠侦的眼界却让这个私人故事凝聚了厚重的社会透视。黄惠侦是如何结构影片做到这一点的呢?

影片是从黄惠侦决定打破母女之间的沉默高墙开始的,"虽然我们已经一起生活了三十几年,但我们一直好像陌生人一样,除了桌上的饭菜,我跟她的生活可以说是完全没有交集。我真的不希望我们要当一辈子的陌生人",她希望能够借助摄影机,有勇气去面对问题,打开心结,了解母亲。导演问母亲:"你觉得这世上有了解你的人吗?"母亲回答说:"不知道。谁要了解我?"这句话道出了底层女性在社会文化结构中喑哑无声的处境,她们卑微的生命没有价值,因此不值得被了解,被尊重。

于是影片从母亲的成长背景开始追溯。导演与母亲踏上北港老家的还乡之旅。在给外公外婆扫墓时,导演发现墓碑上没有母亲的名字——原来,在传统男尊女卑的台湾农村社会,女儿是没有资格在父母墓碑上留名的,只有儿子有。母亲怀念外婆,因为只有外婆疼爱她,外婆临终前最放心不下的就是这个女儿,因为她已经预见到女儿与她共通的身为底层女性的共同运命:贫穷的生活、干枯的情感、日常化的家暴——外婆生前因为受不了外公的辱骂而试图用农药自杀,母亲也同样因为忍受不了父亲的暴力带着两个小孩离家逃亡。在后面有关母亲女朋友的访谈中,我们将再度看到,在底层女性的婚姻生活,家暴几乎是一种家常便饭式的结构性存在。

对于母亲不幸的婚姻,母亲的姐弟们怎么看? 他们的回答,不只代表了一般意义上亲属的看法,他们的发言位置同时还不自觉地呈现出了台湾农村社会传统的父权制性别观念。三人一致认为女生的人生归属就是嫁人,男大当婚、女生当嫁,"女生长大就是要嫁人,不然要做什么"(大姨),"以前乡下女生年纪大了没嫁,大家都会叫她要赶快嫁,嫁了以后才有个家庭有个家"(大舅)如果不嫁的话会怎样? ——后果很严重,"不嫁人,祖宗桌上没有人会供奉未出嫁女儿的神主牌。"(大舅)。至于嫁得好不好,嫁鸡随鸡,嫁狗随狗,只能认命了,"就嫁到了还能怎么办"(小舅),"可怜什么,有什么好可怜"(大舅)。透过这些看似不经意的对话,影片有力地彰显出父权社会透过祭祀仪典、社会舆论对于女性人生规范的压迫性力道。

相对于社会性别与父权制婚姻制度不容分说的清晰规范,对于同性恋,庶民社会的态度倒是显得暧昧许多。对于母亲的同性恋倾向,姨姨舅舅都采取了视而不见的态度,三人皆回避导演有关母亲是同志的询问,声明自己不知道,然而对于导演的提问,三人皆未流露出惊讶的神情,显见对于这位从小就像个男人婆的妹妹/姐姐与众不同的爱欲多少有所领悟。只要母亲进入了女性应该进入的"正常"婚姻家庭模式,他们就宁可将母亲的爱欲现实屏蔽,视为无物。至于母亲自己,家暴所带给她的耻辱感远大于她作为一位同志可能遭受的社会歧视,她能找到"台北桥"这样的同类聚集地,她也勇于追求自己心仪的同性(片中母亲的两位女友笑言自己是如何从异性恋被母亲的热烈追求所掰弯)。相较于中产阶级社会对于性的森严、清规戒律,庶民对性的流动多元反而比较具有不羁的样貌与心态;因为教育程度不高,庶民社会对于中国现代受西方中产阶级文明影响的性规训与性管制,反而具有一定程度的逃逸空间。

影片中访谈母亲同性恋女友的片断是这个沉重的纪录片中最为有趣的段落。母亲看似悲情的生命在女友的谈话中突然焕发出华彩,一个与家中沉默寡言的母亲形象大为不同的女人——母亲作为女同性恋中的"T",风流倜傥,四处征逐,是个不折不扣的情种。她"不爱江山爱美人,很糟糕。钱都花在女人身上很败家"(话说当年情,对母亲的花心颇有怨言,然而佩戴母亲所赠玉镯二十几年,断了仍舍不得丢的歌仔戏女友A),"你妈很温柔。温柔到什么程度你知道吗?我的内衣她都亲手洗,她说我觉得帮你洗内裤很爽耶"(说到这眼泛泪光,丈夫好吃懒做还三不五时打骂自己的理发师女友B),"她就跟我说,哎呀我从没见过长得这么美的女生。打电话都说,宝贝,你在做什么。对我真的很好。我身边的朋友说你交这样一个(女朋友)也不错"(陪母亲上市场买菜,陪母亲打牌,和母亲及导演一同回乡探亲,美丽贤惠的现任女友C)。

这是母亲的另一面。在这个场域中,母亲不再为人妻,为人母,而是挥洒出了另一片自己的天地。然而这个自在的女同志与"伟大"母亲身份的冲突,正是现如今疏离的母女关系的症结。作为一位"T"妈妈的女儿,黄惠侦从小就知道,母亲和朋友在外面总是比待在家里的时候要快乐。虽然直到十几岁的时候,才有长辈跟她说她母亲这样叫同性恋,是变态,因此让她开始怨恨母亲为什么要和别人不一样,然而,真正让她怨恨的,其实是她一直觉得母亲爱她的女朋友总是比爱她们姊妹要多。质言之,母亲虽然也含辛茹苦把两个女儿拉扯大,但似乎远够不上那个伟大母亲的标准:一心扑在子女身上,牺牲自己所有的时间和喜好,以子女的乐为乐,以子女的哀为哀。事实上,母亲缺乏与女儿的交流,对女儿的情感创伤缺乏体察。拍摄纪录片这项活动,为导演打开心扉,向母亲说出心里的感受架设了一个舞台,让她有勇气去面对那些她不愿记起又难以忘记的成长的创痛。

这个黑暗时刻的曝光犹如一道闪电,震慑住母亲与观众。整段对话持续了十多分钟,是这部影片最长的一个镜头。导演告诉母亲她为什么拍这部片,因为如果不是录影,"有些话我也没办法说出口"。母亲和女儿说,"我知道你很讨厌我。"女儿则说她其实不是讨厌母亲,她是不知道,不知道母亲是不是爱她,她觉得是母亲讨厌她。为什么会觉得母亲讨厌她?一个晦涩的秘密终于缓缓浮现,导演开始与母亲诉说小时候父亲对她的性侵经历。她质问母亲为什么要让她和父亲一起睡。一脸茫然的母亲不明白女儿说的是什么意思:"什么我让你去跟他睡觉?你跟他睡?你说什么我完全听不懂。"当女儿说起那些个半夜她从父亲那跑回母亲和妹妹房间的情景,质问母亲为什么从来不曾问她到底发生了什么时,母亲震惊道,她从来没想到父亲会做出这样的事。而恰恰是这个被父亲性侵的不洁经验,使女儿误以为母亲因为这件事嫌恶自己,讨厌自己。谜团解开,镜头对准母亲,此时的母亲因为没有保护好女儿,因为女儿所承受的巨大伤害留下了愧疚的泪水。

称《日常对话》是一部私纪录片,是因为这是一部有关私人亲密关系的纪录片。如何修复母女间的隔阂,与自己和解,与母亲和解,是这部片子的首要关切。然而,要想达到和解,首先是去理解,这需要暂时跳开自我情绪的中心,从一个更为客观的角度去看待母亲作为主体——不只是母职,而且是一个有着自身性格、热情、欲望的女人,如何去发展她的生命可能。在 1970 年代台湾农村的父权制社会结构与文化氛围中,母亲只能顺从家庭安排进入主流的异性恋婚姻与生育体制,然而不幸的是,她与她的母亲一样,难以逃脱那个时代底层女性恒常遇到的日常性的男性家暴。家暴所带来的深刻的伤害与羞辱感,在她带着两个女儿逃离之后变成她无法面对的过去(这是她为什么对外人编织出她只结婚一个礼拜,小孩是领养来的谎言的原因)。正如性侵给导演所带来的伤害与羞辱感,她与母亲都被困在那个恶魔父亲的梦魇中。当十几年之后导演带着母亲重返那个她们逃离之后再未回过的家,那是一次牵亡与超度的仪式,"这一次,我希望可以换我带着我妈,真正离开这里"。

作为一位无奈进入异性恋婚姻体制的母亲,婚姻与孩子都非她所欲。母亲不是一位所谓完美的,符合社会文化塑造标准的母亲,然而她仍然承担起了母亲的责任,是她带着导演逃离了那个可怕的家,"不可能留下你,一定会带你一起走,带出来就算饿死也是三个一起死"。她们母女三人相依为命,互相撑持,共同走过生命的艰难岁月。母亲容或不够细腻体贴,不知道如何对孩子表达情感,但是对于黄惠侦来说,那是她世上独一无二的母亲,对于母亲来说,黄惠侦也是她独一无二的女儿。

在华人社会,说爱你是件难以启齿的事。然而在与母亲的餐桌对话中,黄惠侦还是突破心藩,将对母亲的情感表达了出来:"我很希望你知道我是很爱你的。"至于母亲呢,那个沉默寡言的母亲,则是在片尾——小外孙女三番五次的询问:"阿嬷你爱不爱我?"从开始母亲回道"你那么坏我还爱你"到"你爱我,我也爱你",一直到最后,外孙女跟妈妈告状说:"阿嬷听不懂我的话。"导演说阿嬷听得懂,你再问一遍,母亲终于直截了当地对外孙女说出了"我爱你"这三个字——那既是对外孙女的回答,也是对女儿的回应。经历过这么多磨难与痛苦的亲人,终于解开心里的包袱,去接近与安慰彼此的情感结构与创伤。导演黄惠侦的勇气与胸怀令人感佩,直面问题不逃避,挑起自己的重轭,努力去沟通、去表达、去化解,真正显示出了一个成年子女的承担。

夏林清曾经依据多年的心理学、行为科学、社会教育实践在《斗室星空》中提出"家的社会田野"的工作方法。她认为,家庭经验的苦楚,不只是来自于个人人际,同时也来自社会体制与文化教养规范的制约。透过视家为社会田野的视角,才看得见家人关系其实是社会关系作用力量的载体。因此,家的经验不应该由于它表面的社会区隔导向个人主义式的私密论断,当我们在心中拉开一个距离,观看自己与家人关系为一体,我们就能打开自我的闭锁,在听见和看见彼此时辨识个人所承载的社会性经验,辨识到阶级、性别与文化的社会作用如何深刻地烙印在家人身上,从而长出涵容住伤痕印记的胸怀,更进而长出看见他者与社会存在处境的立体视野与社会情感。[①] 揆诸《日常对话》的深厚力道,正来自于黄惠侦"家的社会

---

① 夏林清.斗室星空——家的社会田野[M].台北:财团法人导航基金会.2011.

田野"的视角，她对家庭经验、私人处境社会脉络的审视，将台湾私纪录片自恋式的凝视风格拉抬到一个更宽广的社会视野与胸怀，从而改造与提升了台湾私纪录片这个类型。与虚构剧情片相比，纪录片的最大魅力来自于它对现实世界的观察、连接与介入，对现实的理解程度决定了纪录片再现的广度与深度。从这个角度而言，《日常对话》的出现与亮眼表现，不只代表了黄惠侦个人的成功，更是台湾蓬勃发展的社会运动、行动知识分子与民众解放教育相结合所孕育出的丰硕果实。

Daily Dialogue：Motherhood、Self-documentary and Social Network

Zheng Guoqing

（Chinese Department, Xiamen University, Xiamen, 361005）

Abstract：The Taiwan documentary *Daily Dialogue* made in the new century which inherited the social criticism and interventional effect of Taiwan New Documentary emerged in the late 1980s inside with the cover of self-documentary won the best documentary on Teddy Bear Award at the sixty-seventh Berlin International Film Festival in 2017, having the characteristic of both enthusiasm and reason. Director Huang Huizhen put the personal life situation of mother in a broader social background through meticulous structural arrangement and editing, exhibiting the social network through personal story, and upgrading the style of the narcissistic gaze of Taiwan Self-documentary. At the same time, the success of *Daily Dialogue* also represents the fruitful results of the combination of social movements, action intellectuals and mass liberation education in Taiwan.

Key words： *Daily Dialogue*；motherhood；self-documentary；social network；social movement

女性身体如何回归"光禄坊"

——以闽籍日本华文作家陈永和小说为例

林 祁 丛 兰*

内容摘要:从海外华人作家的"回归"现象,可以深入探讨当今社会具有现代性意义的问题。闽籍日本新华侨女作家陈永和的小说讲述了女性身体如何回归"光禄坊"的故事,揭示了都市体验与乡土记忆融合的现代意义所在。但并不是所有的"回归"都值得赞颂,四个女人按照一个男人的遗嘱回归"光禄坊"搞所谓女性和谐,不能不让人质疑这位女作家的女性立场。

关键词:女性身体;回归;乡土记忆;女性立场;再度离去

海外华人作家作品"回归"已成热潮,今年来特别是美华严歌苓的成功令人惊艳:当年中国毁之芳华,而后美国给她芳华,回归祖国求得一抱。也许严歌苓的成功就在这"你能抱抱我吗",影片《芳华》①的结尾令人心酸与反思。若以荒野上的疯人之舞结尾,该多深刻啊!此文暂且不论"芳华",而与严歌苓似乎异曲同工,日华女作家陈永和也在寻求祖国"一抱",其小说《光禄坊三号》②,讲述了女性身体如何回归"光禄坊"的故事,揭示了都市体验与乡土记忆融合的现代意义所在。

笔者曾经对此小说抱有极大的期待。那是在世界华文文学会议③的北京之夜,我们三个闽籍女作家"泡茶话仙"(闽南语)。泡着家乡的茶,谈着世间文学。永和说她正在写四个女人与一个男人的故事,那男人留遗嘱要求四个女人一起住进他买下的古厝。四活一死三份遗嘱,故事很奇特,却容易滑向庸俗写作。只是永和确认这个故事可以成为好小说的"种子"。她对小说的把握具有独特的敏感性。她讲完故事便为小说征集题目。于是我建议以"光禄坊三号"命名,以为福州三坊七巷的古厝极具象征性。她果然采用了,小说发表在《收获》。显然,这颗"种子"发芽长大了,一不小心就长成了参天大树,有如我们经常看到的福州古榕,郁郁葱葱,盘根错节,一树成林。树荫下是四个女人和光禄坊三号。三份遗嘱吊着所有人的胃口,让人一直想看到"图穷匕首现"。然而,小说却在第三封遗书拆开前戛然而止,留下四个女人盼着读遗嘱,留下一个期望却不知是什么期望,留下一堆疑问让我们深长思考。据说有高人替她改了这么一个结尾,这个结尾既不效法中国式的"大团圆",也不学西方

---

　*　林祁.厦门理工学院教授.主要研究中国现当代文学及日本华文文学。丛兰,暨南大学博士研究生。

　①　严歌苓编著、冯小刚导演电影《芳华》2017 年上映。

　②　陈永和.光禄坊三号[M].收获长篇专号 2017 春卷.武汉:长江文艺出版社,2017.

　③　第二届世界华文文学大会于 2016 年 11 月 7—8 日隆重召开,会议地点:北京新世纪饭店。

悲剧的"全死光",只留下一堆问号让我们思索。

光禄坊象征着什么？包罗万象的历史和现实的福州文化。这里的男人女人可以走出光禄坊,可以走到很远很远的英国,甚至走向月亮,但他们毕竟都离不开光禄坊,他们总要在那扇不大不小的门进进出出。这也是永和经历的门里门外的世界。当她提起笔,她在挑战光禄坊。福建向来有抒情诗传统,当舒婷的爱情诗浮出历史地表,挺立在"文革"后的荒原上时,它具有挑战性,但随着时光的浸染,似乎已成为温情脉脉的新传统。我们看到永和的小说除了在体裁上挑战福建的诗传统,更在题材上挑战爱情诗,直逼性与人性。

一、福州文化的光禄坊

福建特别是福州这地方有什么特点呢？笔者以为,至少有三点:海外性,边缘性,多元性。福州地缘的"山海经"使它天生具有海外性;远离"天圆地方我为中"的中原文化,使它天然具有边缘性。所谓天高皇帝远。北京打出的热弹,到福建便冷了;所谓"闽"字,门里一条虫,只有出了门,虫才能指望成龙。福建不少氏族大家世代以考取功名为业,以北上做官为荣。福州的文化遗产三坊七巷之一的光禄坊,当年达官贵人聚集之地便是其一。光禄坊以官位求名利命名,曾经破四旧被毁,复原后的现今可谓名副其实。各个阶层、各个人物的交错命运被迫混合在这里。"恋爱遭遇革命,公主遭遇猛兽,结果有张爱玲式的,有王小波式的",陈永和及其小说中的人物则是光禄坊式的。四个女人四个样,门里门外,来来去去,像四个碎片似的共同粘着一个"光禄"男人。"光禄"是一种缠脚布式的传统,不臭了,却依然存在。剪不断,理还乱,福建的边缘性使之更为顽固不化。

显然,福建的海外性与边缘性则带来了多元性,其实也可以说是碎片性。碎片性使很多事情不得统一,比如民俗民风。"光禄坊三号"里的一号人物沈一义"一进家门就成了老爷。所以沈一义年轻时常说:男人嘛,讨老婆得讨对地方。讨莆田女人,在家就可以跷脚做老爷;讨福州女人,就等于给家里讨回个老爷"。各个地方的妻性不同,岂是说统一就能一统的？

又如福建多种方言,难以用北京标准统一,索性普通话夹杂着地方话,或者称南下的、外来的为"两个声",多种声音像碎片似的碰响、杂存。永和的小说里说:"改革开放以后,沿海一带先富,唰唰长出一排有钱人来,根肥茎粗,能吸到别人秧田里的水。单说福建福州,福建有钱人比不上广东多,福州比不上闽南多,但捏过去一把还有。有个叫沈一义的,就是其中之一,六十三岁,脚一伸,死不透。""死不透"便引自福州方言,永和顺手牵来,激活了光禄坊语言。看来这种"两个声"具有独特的语言魅力。语言又何止于语言？

作家陈希我谈及陈永和时讲到:地域是精神概念[①]。可以说,光禄坊就是永和的"地域"。陈永和成长于福州,之后留学日本,目前两栖于北海道和福州。永和主动离开故乡又时常返回故乡。我们发现,故乡不仅是原风景,是出生地,也是身体的源头。身体是天生的与生俱来,从故乡出发;回忆是后天的源源不断,回归故里。这种出发与回归,既是时空意义上的,更是情感和精神意义上的。光禄坊是生生死死的"地域",是"生死场"。也许,恰是这种清醒而冷静的生死意识,驱使这位女作家抓住遗嘱戏弄男女众生吧？

---

① 陈希我.一个纯粹的写作者——陈永和印象[J].福建文学,2016(2).

　　笔者曾问过陈永和的"原风景"——记忆中最早的,即第一印象。她说,回忆起来围墙很高,是红砖的墙。门口有好几个阶梯,走几步就是大门了。

　　　　不记得母亲穿什么衣服,只记得母亲是笑笑的,周围人很多。还记得红砖墙外面有阳光……(摘自笔者的微信留言)

　　出生在福州的她,所记得的红砖墙是咱们这块土地上常见的,过去很多很红,现在还尽量保留着红砖墙,即使只贴一张红砖皮。她记忆中用红砖砌起来的围墙很高,似乎有所象征;门口的阶梯和大门也让人觉得有所象征,更不用说母亲的笑和外面的阳光,寓意颇深。

　　"原风景"是和文汉读的中文。日本人认为"原风景"会影响人的一生,你信吗?我信,因为我采访过近百人。而从陈永和的原风景里,我们可以读出她对出门的憧憬,不奇怪于她20世纪80年代末的赴日留学,甚至当今回归福州故乡的多次书写。

　　著名学者李欧梵自言身处异国,常常要扮演两种不同的角色,一种是寻根,一种是归化。但他认为这不再是一种两难的选择。他在面对中国和美国这两个中心时,他的边缘性是双重的。陈永和虽然嫁给日本人,但她至今没有"归化",在面对中国与日本这两个中心时,她的边缘性也是双重的。闽籍、日华的双重的边缘性写作,使她的光禄坊书写赢得独特的视角与相对的自由。而且比起李欧梵的双重边缘性,她还多了一重,那就是面对男性话语中心时女性书写的边缘性。女性书写的边缘性能否赢得小说的历史纵深感与现实批判力呢?

　　李欧梵在评上海魔都时指出:"现代性的矛盾恰在于它从现时这个起点上来考虑过去与将来。……恰是现代可以唤起远古,每一个时代都梦想将来另一个的时代,而在梦想的同时也借此修正了过去的那一个时代。换言之,过去是现代人的梦呓,正像将来一样;又或者可以说过去和将来都可以'加印'(superimpose)在现在上面,像照片一样。这一种吊诡的时间观念,恰可用来解释怀旧。怀旧的英文字叫作 nostalgia,原是由两个拉丁字组成:nostos,或引申来说是重建家园;agla,一种渴望;波茵对于 nostalgia 的现代定义是:'渴望回归一个早已不存在或从未存在过的家园。'为什么'家'不存在?因为在'现在'这个时间的坐标上,我们无由知道过去是什么,最多也只靠个人的回忆(那是靠不住的)或从史料中去找寻,所以'过去'也是从这些史料中重新组织'再创造'出来的。"①

　　关键的问题不是"旧"而是"怀",即渴望。为什么怀?如何怀法?为何到现在才越发怀得厉害?不少理论家对此都发表了不少见解,基本的着眼点皆是现时的不稳定:时间过得越快,越没有稳定感,越想在这个极有限的现在时空中寻找一种较稳定的过去,来丰富现在的生活。现代人太健忘了,所以需要种种"怀旧"的方法,包括这座"光禄坊三号"。正如小说中所言:"等你们老了,身体不再说话,你们才会听到另一种声音。"我们所怀念的不是一种过去,而是因为对现在的诸多不满,或对将来的发展潜能有所怀疑。

---

　　①　李欧梵.上海魔都[M].香港:牛津大学出版社,2005:370.

二、男性无性的光禄坊

光禄坊三号曾是男人的历史,又是被男人买下的现实。不同代的女人("50后"到"90后")以不同的方式爱着同一个男人,这个男人符合成功企业家的三个标准:"一、肚子不挺(娄开放最讨厌大腹便便的男人),二、不穿名牌,三、说话真实不夸张。最要紧的沈一义还很绅士。这从许多细节可以看出来,比如给娄开放开车门、让她先进电梯等等。娄开放见的企业家多了,但可以称为绅士的极少。"

而爱着他的四个女人呢?有"猫型女人,恋家";有"狗型女人,恋人";还有"俗话叫嫁鸡随鸡的嫁鸡型"。其实还有"仰视型":90后的娄开放"在沈一义公司上班时,公开对人说过,这世上她就崇拜两个人,一个鲁迅一个沈一义。别人说崇拜是崇拜,可娄开放说的崇拜里包含爱"。更有"献身型":"整个更衣室的衣服都是按照沈一义的趣味挑选的……女人能阉割自己对衣服的趣味来迎合丈夫,这不是最高的爱是什么!"极写女人爱男人,似乎没有男人,女人就活不了,至少活不好。但男人呢:"沈一义明白了,跟女人不好说理。女人的道理跟男人的道理不一样,源头不一样,一个是水,一个是油,就算混在一起,也是一点一滴各归各的。"谁是水谁是油呢?

米兰·昆德拉在《不能承受的生命之轻》[①]中写道:"最沉重的负担压迫着我们,让我们屈服于它,把我们压到地上,但在历代的爱情诗中,女人总渴望承受一个男性身体的重量。于是,最沉重的负担同时也成了最强盛的生命力的影像。负担越重,我们的生命越贴近大地,它就越真切实在。相反,当负担完全缺失,人就会变得比空气还轻,就会飘起来,就会远离大地和地上的生命,人也就只是一个半真的存在,其运动也会变得自由而没有意义。"看来光禄坊三号的女人像油一样轻。而男人呢?

光禄坊三号的一号男人死了,活着管遗嘱的男人阳痿:"张竞赤胆忠心,一步不离,关公张飞跟刘备的关系。但这些都还不够,能让沈一义安心的是张竞是孤儿,天生阳痿,无妻无子,明妻暗妻明子暗子都没有,光棍一个,太监似的。还有比断子绝孙的人更可靠的吗?"

这个二号男人的"父亲没有性,从结婚开始那一天就没有。这就是父母离婚的原因……他不想见父亲,也不想见母亲。去他妈的!什么男人女人,全是球!他心一横,想,除了男性女性,不还有人性吗!我他妈的照样做人,是人就行。但他没法不穿衣服。世界上就两种衣服——男人衣服和女人衣服,他没法不挑一种穿。他挑了男人衣服穿,看去像男人,像而不是。"

永和对这号男人的挖苦穷追不放:"张竞恰巧属狗。狗是个好东西。他不知道从哪里看到的,说蒋介石就愿意当孙中山的走狗,他也就此喜欢上了走狗这种说法。"结果,"他把狗带到动物中心,阉了"。被阉的男人大概只有阉狗的本事吧。人性之恶毒可见一端。

---

① 米兰·昆德拉.不能承受的生命之轻[M].许钧,译.上海:上海译文出版社,2010:13

笔者曾在论文《当代闽籍作家的日本"性"体验》中指出:福建二陈①的写"性"之笔都很"毒"——入木三分,惊心肉跳。在陈希我看来,中日女性在反抗男权的方式上有"阴毒"与"阳毒"之别,日本女性往往表现为"阴毒"——以自虐而虐人,中国女性往往表现为"阳毒"——虐人而自虐。"阳毒"则多以行动示人,推进情节的发展。"阴毒"连接着"物哀"的传统,更多显现为心理上或精神上的病症——自闭、抑郁、歇斯底里。压抑越深,"阴翳"(谷崎润一郎《阴翳礼赞》)越甚。以此病症反映于文学,则揭示人性更尖锐而深刻。特别值得一提的是日本文学传统"私小说"的影响。私小说对中国现代文学产生了巨大影响。20世纪初,郁达夫、郭沫若、张资平等在日本留学期间凭借日本开放的窗口,广泛接触和接受了西方先进思想,也受到正在兴起的日本自然主义及私小说的影响。如,郁达夫创作的"自叙体小说",以直率的自我心迹袒露与内心独白为其特色。心理描写成为主要手段。在郁达夫的小说中,男主人公的压抑更多地表现为青春期的性压抑,男性之间的同性恋被认为是最美的纯一的爱情。到了世纪末的留日热潮,曾经留日及还在留日的华文作家,长期浸淫于日本社会独特的物哀文化当中,也有意无意,或多或少受到私小说的影响。显然,它也影响了永和,使之性书写大胆而细腻,精彩而出彩。

《光禄坊三号》继承了女作家的"阴毒",她先扬后抑,先借四个女人的爱之眼,塑造了光禄坊一号男人却故意让他死了,留下遗嘱阴魂不散,而掌管遗嘱的是个阉男,加上个男律师却半男半女,"知道自己只能跟穿旗袍的女子结婚。可这样的女子在哪里?"这种被旗袍化的男人注定被女人唾弃。

《光禄坊三号》以四个女人的活眼从各个角度写尽一个死男人,绝的是又用男人曾经的眼光写女人,他的女人形象是由四个女人碎片(身体的不同部分)拼凑而成的。(揭示了多妻制吧)可惜,四个女人"看久了,每一个人都在画上找到了自己。娄开放说眼睛像林芬,冬梅说额头像龚心吕,林芬说嘴巴像冬梅,龚心吕说鼻子像娄开放,整个脸型像沈一义母亲,但气质整体感觉又像她奶奶"。"越看真的越觉得像,四个女人不约而同想。让这个神秘的女人保佑我们这个院子吧。"莫非这就是永和的女性观?

三、女性身体如何"回归"光禄坊

光禄坊三号又是女性的。一个死男人的遗嘱让四个女人重回光禄坊,和平共处,皆大欢喜于乌托邦世界。这些女人的过人之处在于,"所有的苦恼纠结可以通过手脚的动作从身体里赶出去,从不堵塞在意识里。精神就是这样从肉体里解放出去了"。陈永和把对准男性的视点调转回来对准自己——女性的身体。"她想写的过去,所有的过去都埋藏在这座老宅里……她不能消灭自己的肉体呀。"

---

① 福建二陈:陈希我与陈永和。陈希我:2002—2004年连续3届获"华语文学传媒大奖"提名奖,2006年获"人民文学奖",第8届、第17届"黄长咸文学奖"、第4届福建省优秀文学作品"百花奖",被《中国图书商报》评为2003年新锐人物。陈永和:2016年《1979年纪事》获中国海外交流协会主办的华侨华人"中山文学奖"。"中山文学奖"是中国首个面向华侨华人开展的文学奖,本届共有十位获奖者,闽籍作家占其中三席,为历史第一。

　　20世纪以来,对"身体"的关注成为现代和后现代的一个重要议题,哲学领域对身体的重新发现引发文学的深层探讨。福柯对身体研究的最突出贡献是,明确了身体是文化性的,联系着丰富复杂的社会文化和意识形态话语。可以说,身体承载着历史印记,并诠释着被历史摧毁的过程。陈永和的长篇小说《一九七九纪事》揭示的就是身体被历史摧毁的这个过程。① 继而这篇《光禄坊三号》揭示的又是怎样的女性身体语言呢?

　　自古俗话"三个女人一台戏",小说提及李白的诗也是"对影成三人",而今光禄坊三号再加一个,四个女人同台戏,钩心斗角,何其热闹。"四个女人同居,那不等于锅碗瓢盆的战场吗?"也有静的时候,月下故人和今人,相邀在何处?"镇上一座破四旧时被敲得千疮百孔的节妇牌坊。为什么皇帝要给女人立碑呢?女人死了丈夫守寡是一件大事。可解放不就是要把妇女从丈夫那里解放出来吗?守寡可是万万不行了,最好死了丈夫赶快就嫁,要不还谈什么妇女解放,解放不就是解这些吗!"陈永和绝不会赞同守寡,她是与时共进的主张"现在时兴女人合住",但她存有疑虑:"纯粹的爱,没有肉体参与的爱,纯精神的,你不懂。年轻男人不懂这些爱。"她朝自己或是朝着女人们喊,亲们"你们被肉体控制,等你们老了,身体不再说话,你们才会听得到另一种声音"。

　　且听听另一种声音吧。"你觉得滑稽吧。跟一个老人怎么能有爱?……我不知道……沈卓的声音颤抖了。"这些女人颤抖着,犹豫着,但都窃喜着,给自己找到入住理由,堂而皇之搬进光禄坊三号。四个女性的身体为了一个共同的男人走到一起来了。"她们在一起住,就等于剩下的沈一义在一起。总之她觉得让剩下的沈一义分散到各处不如让他们集中起来好。"这是作者创造的乌托邦奇迹。男人不在了,退场了,"这天晚上林芬又睡不着了。她在想老沈。她一直觉得老沈没死,只是在很远的地方活着,她看不到的地方,因为在他活着的时候,就是活在离她很远的地方"。男人退到远方,但阴魂不散,除了地窖暗藏的女人形象,还活在每个女人的身体里。从性虐到享虐,是女作家直视性要害的剖析,惊心动魄,入木三分,是对男权政治的批判和挑战,更是对女性主义的深刻反省。永和的"阴毒",就毒在于无情地揭示了女性身体的悲剧。

　　"很多年以前开始,龚心吕就一直想找一个地方把自己安顿下来。现在的家太舒适太热闹太入世,一走进去,她就变成软体动物,泡在缸里似的,浑身找不到一根直线。她需要找一个世界,这个世界具有一种魔力,能够让她把在身体里已经发酵了几十年的东西,像抽丝一样一点一点抽出来酿酒。像希腊哲学家们做的那样,永远活在一条河又不活在一条河里。"男人被阉女人则被泡,泡出温柔泡出浪漫泡得软绵绵的。莫非20世纪以来探求的娜拉"出走",可以回归光禄坊三号?"房子是曾祖退位回乡时盖的,奶奶说曾祖留下条古训:门不宜大不宜显,宜厚宜重。"女人们,也许必须重新出走?走向哪里呢?

　　也许作者主张的女性乌托邦可以让四个女人同居一屋,求大同存小异,其乐融融吧。作者说,"女人需要男人,更需要女人"。莫非女人可以是女人的出路?女作家写女人就必然是女性主义立场吗?

　　不过,恰如小说结尾只留下问题,我赞赏作者对女性出路问题的探讨。我以女性身体保护对女性身体的研究。

---

　　① 林红.身体·性·忏悔——评日本新华侨女作家陈永和《一九七九年纪事》[J].湘潭大学学报(社会科学版),2016(4):104.

在现代性语境下,我们该如何重新看待历史? 如何面对现代性的焦虑与困境? 作为闽籍日华女作家等三重边缘人的永和,写作受日本性别文化的深层影响,其独特的性别意识与书写为当下女性主义研究提出一些新的问题与讨论思路。"女性主义研究进入中国已逾二十年,当女性(主义)研究成为一个'话题'而逐渐丧失其问题性,研究者需要寻求研究视角以及参照体系的更新。中国女性主义的发展往往以西方女性主义为参照系,普适性追求与差异性存在一直是当代中国女性主义研究试图突破的现实困境。如何调整、获取女性主义新的活力源,成为一个问题。"①

一个女作家,写了四个女人,力求探讨女性出路,这无疑是女性主义的作为,是小说颇有意义的一大"收获"②。笔者曾经撰文为此小说喝彩。然而,细想之,四个女人按照一个男人的遗嘱回归"光禄坊"搞所谓女性和谐,当代大团圆等等,不能不让人质疑这位女作家的女性立场。我们必须清醒地意识到,并不是女人写女人就一定持女性立场(包括笔者本人在内),男权话语之强大之顽固往往借女性身体"还魂"。

作为日本华文女作家陈永和回归故土,书写福州故事,揭示都市体验与乡土记忆融合的现代意义所在,这是一件很有意义的文学事件。我们从海外华人作家的"回归"现象,可以深入探讨当今社会具有现代性意义的问题。

但赞赏之余,应该再反思一下回归问题,并不是所有的"回归"都值得肯定。鲁迅曾有过的归乡模式是:

"离去"——在价值上告别故乡及童年生活经验,而去追求人生的梦想——成为真正意义上的现代知识分子。"走异路,逃异地,寻求别样的人们"。

"归来"——现代都市并没有接近理想中的"精神乐园",却陷入文化精神困惑迷惘之中。为"归根""恋土"情绪所牵引而返乡,试图找回过去美好的记忆。

"离去"——心理的"回乡"与现实的"回乡"的差距,幻景与现实的相互剥离,重新对故乡所代表的价值予以否定,而再度离去。

是时候了,当海外华人作家作品"回归"已成热潮,我们应该有"再度离去"的清醒意识。如果女性回归的"光禄坊"面临轰隆而来的拆迁推土机呢?

Why Does the Female Body Return to the "Guanglu Fang"?
—On the Overseas Chinese Writer Chen Yonghe and Her Novels

Lin Qi　Cong Lan

(Lin Qi, Xiamen University of Technology, Xiamen, 361005

Cong Lan, Jinan University, Guangzhou, 510632)

Abstract: From the "return" phenomenon of the overseas Chinese writers, we can

---

① 林祁,陈庆妃."日本新华侨华人文学中的性别话语研究"专题主持人语[J].湘潭大学学报(社会科学版),2016(4):92.

② 陈永和《光禄坊三号》原发表于《收获》。

further explore the issues of modernity in today's society. The novels of Chen Yonghe, an overseas Chinese female writer of Fujian Province, tell the story of how the female body returns to the "Guanglu Fang" and reveal the modern significance of the integration of urban experience and local memory. But not all "return" is worthy of praise, the four women in accordance with a man's will return to "Guanglu Fang" to engage in the so-called feminine harmony, cannot but let people question the feminist position of this woman writer.

Key words: female body; return; local memory; feminist position; leave again

女体凝视是一种审美体验吗?

彭卓锋[*]

内容摘要:艺术是审美活动。在各项艺术活动中,涉及表现女性身体的类型不在少数,例如电影、舞台剧、西洋绘画、舞蹈表演等。然而,个别艺术作品,其表现女性身体的手法,乃通过男性凝视,把女性置于客体位置,有巩固男尊女卑社会权力结构之嫌,使艺术蒙上阴影。鉴于表现女体是艺术的常见主题,本文尝试从主体间性美学的角度出发,借用萨特的存在主义哲学观念,探讨纯粹女体凝视与女体审美之间的界线。萨特提出,存在先于本质。这意味着人本来都具有至高的主体性。然而,人可能自欺,把对象本质化,使主体性被抹消。按本质化对象之不同,女性与凝视者之间可以出现九种不同的主客体关系,其中只有一种状况不存在自欺,具有充分的主体间性,可以视之为审美活动。

关键词:艺术研究;男性凝视;女体审美;存在主义;主体间性美学

欣赏女性身体,能不能算是审美呢? 这是一个难以说得清楚的问题。艾晓明曾以西方油画《苏珊娜与长老》进行分析,指出该作品含有沐浴、裸女与偷窥等元素,反映观看传统把妇女定位为被看者,置于男性凝视的主控操纵,强化了男性权力,剥夺了女性的主体性。[①]女体凝视的要害是男性把女性当作客体来注视。社会上典型的客体化女体凝视,常见于选美、广告、情色图片。然而,《苏珊娜与长老》毕竟是西方传统绘画艺术作品。涉及欣赏女性身体的艺术,不只有绘画,也包括了电影艺术、舞蹈艺术、女子体操运动等等。是不是所有艺术里的女体凝视都把女性客体化了呢? 我们可以说,某一种女体凝视是审美体验,而另外一种不是吗? 如果可以,区别女体凝视是否一种审美体验,那个界线又在哪儿呢? 本文尝试讨论的,就是这样的一种问题。

从美学角度来看,"审美"理应是一种主体间性的体验,在其中每一方都成为主体,不致沦为客体。杨春时如此说明审美:"审美活动不仅具有主体间性,而且具有充分的主体间性……只有在审美活动中,才充分实现了主体间性……我与对象充分沟通,充分理解,这就是审美(艺术)同情。审美同情导致主客不分,物我两忘……主体与客体的对立不复存在……"[②]按杨春时的说法,在审美活动之中,对象是主体不是客体。张法对此提出了质疑:"客体在审美中的生命化,由生命化而来的主客同一,成了人强加给客体的一种幻象,这

---

* 彭卓锋,男,文学博士,香港工会联合会高级研究员,主要研究方向为性别与文学文化。

① 艾晓明.那一盆泡了两千年的洗澡水——"苏珊娜与长老"或裸女沐浴的原型及演变[J].妇女研究论丛,2003(1).

② 杨春时.美学[M].北京:高等教育出版社,2004:55.

仍是主体征服客体的一种方式，而非杨春时所希望的化客体为主体之后的主体间性。"①假如张法的说法才是对的，女性在凝视下成为主体，只是幻想，女性凝视只是男性主体单方面把某种本质强加在对象身上，是男性霸权的体现，不涉及主体间性关系，因此并非审美。张法的质疑，与女性主义者提出的质疑，两者异曲同工。在建立主体间性美学理论的道路上，女性主义对女体凝视所提出的质疑，是必须回应的。

女性主义先驱波娃提出，女人并不是生就的，而是形成的，其基础是存在主义哲学。②杨春时亦指出，审美的意义具有超越性，不属于现实领域，因此它只能以哲学的范畴来说明。③ 为此，本文尝试从存在主义哲学角度出发，讨论女体凝视在何种情况才可能成为一种具有充分主体间性的审美体验。在各种存在主义哲学论述中，本文选择了萨特的存在主义学说④为起点，原因如下：一是萨特在自己的剧作《密室》(No Exit)中提出"他人是地狱"之说法，精辟地分析了人际间互相注视，却最终无人能成功的异化处境。这一种处境，与女性在女体凝视中被客体化的处境吻合。二是萨特提出，存在先于本质。存在不受任何本质所决定，具有最高的主体性。假如我们不能充分理解人的主体性，判断主客，无从说起。三是萨特完美突破了唯我论的局限，证明了世界上并不只有"我"一个主体，意味着主体间性关系可能成立。

一、从萨特存在主义看主体性

萨特继承了胡塞尔现象学的方法，承认人所能确实把握的，只有直观所得的现象，并且人的意识具有意向性，而现象就是意识的意向对象。不但如此，意识在任何时点，都指向某个对象，所以意识之存在，有赖它的对象，没有对象，就没有意识可言。由此看来，人的注视或凝视，本来就是人的一种很本能的意识活动。在此基础之上，萨特区分出两种不同的存在，一是自在(Being-in-itself)，一是自为(Being-for-itself)。萨特称自在"是其所是"，它就是它自己，是肯定的，它恒久如一，不会改变，在它没有否定，它只能是肯定的。萨特用钱为例子——"我"认为我皮包里有 1500 法郎，可是打开一看，实际上只有 1300 法郎，"我"的意识产生了否定，认为少了 200 法郎。这个否定，不可能来自那 1300 法郎，1300 法郎是自在，是其所是，是 1300 法郎就是 1300 法郎。那么，否定只能来自"我"的意识。"我"的意识存在，有别于 1300 法郎的存在。"我"的意识是自为(Being-for-itself)。自为"是其所不是"，又"不是其所是"，它在时间中变化，每一刻它都在否定着刚过去的自己(不是其所是)，又指向未来的另一个自己(是其所不是)。人是自为的存在，自为是否定的唯一来源。与自在不同，自在从不否定，只有自为能够自由地肯定或否定它的对象。自在不能否定，因此它不具有主体性，它只能成为自为的对象，为自为所肯定或否定，陷入客体的位置。相反，自为能够自由地肯定或否定任何事物，因此它具有主体性。人与生俱来具有否定的能力，因此人与生俱来即具有主体性。

① 张法.后实践美学的美学体系——评杨春时的美学[J].贵州社会科学,2007(9).
② 波伏娃.第二性[M].陶铁柱,译.北京:中国书籍出版社,1998:309.
③ 杨春时.走向后实践美学[M].合肥:安徽教育出版社,2008:191.
④ 萨特.存在与虚无[M].陈宣良,等,译.杜小真,校.北京:生活·读书·新知三联书店,1997.

二、从萨特存在主义看物化

萨特存在论的核心前设,是"存在先于本质"这一个主张,意思是存在不受任何本质所决定。人作为自为的存在,它每一刻都在选择,例如要不要往前多走一步,要不要打招呼,做还不是做。不过,做还是不做,做这个还是那个,并没有原因,不受任何本质所左右。如果有原因,或者受什么本质所决定,那就不是自由了。举个反例,有人指同性恋倾向来自遗传基因,这是一种"本质先于存在"的说法,把存在和本质的先后逆转了。同性恋基因是一种本质,按照萨特的说法,它不可能决定人的自由选择,任何人作为自为的存在,他的存在先于本质,可以随时凭自己决定自己想要如何,其性倾向不可能被别的原因预先决定。任何固定不变的东西,只要不会变化,不管是好是坏,都是本质。当人被看作完全等同某种本质,人就被本质化了。任何本质或本质化了的存在,因为本质不变它只能是其所是,因此都是自在或像自在一样。例如,美国女演员玛丽莲·梦露被誉为性感象征,在文化上她被视为等同于性感典范,她被本质化了,在他人眼中好像自在一样。

基于"存在先于本质",波伏娃提出女人并不是天生的,而是后天变成的,意思是说女性生来可以成为任何模样的人,但父权社会把各种本质加在女人身上,例如"温柔""贞洁""性感""三从四德""良妻贤母"等等,后天变成所谓的女人。父权社会通过话语建构,把各种规定说成女人的本质,成为本是自由的女性的枷锁,使女人变成"本质先于存在",像自在一样,只能充当从属的客体。在日常生活中,我们很容易把人看成他所从事的职业,例如某女是模特儿,却忽略了她本是自为的存在,除了按工作需要容许他人凝视自己的身体,她有自己的生活方式,例如工作之余写诗唱歌,又可以随时辞职不干。模特儿是一个后来的本质,她先是她自己,然后才是模特儿,存在先于本质。换言之,本质与存在的先后,是判断主客关系的关键。人与生俱来,就具有主体性。但是,在现实中,人类社会把各种本质加在个体身上,通过各种话语建构,强调特定的本质,使本质看起来凌驾于存在之上,令人仿佛变成了自在,使人物化、本质化、客体化。

为了说明自为的自由品格,萨特举出了一个例子——崖上眩晕。这个例子,提及人在悬崖,往往感到眩晕,原因是他意识到,自己可以选择跳下去,或不跳下去。最可怕的是,跳不跳下去,不是完全由现在此刻的自己决定,现在我不跳,但下一刻的我还享有跳下去的绝对自由,现在的我无法干预下一刻的我的决定,即我无法成为下一刻的我的原因。我与将来的我是分离的。不过,萨特认为,人虽然自由,但也畏惧着自己的自由,并常常为了逃避自由抉择而自欺(bad faith)。回到崖上眩晕的例子,人为自己可能跳下去而感到害怕,并感到眩晕。眩晕是一种自欺,使人无须面对自由的选择。萨特认为,自为不可能与自在合而为一,一个存在,不可能同时是自为,又是自在。如果可以,那就有如神一样。可是,人偏偏追求不变的本质,想成为自在,为此不惜自欺(bad faith)。

萨特又提出一个例子——侍应。他发现某餐馆的一位侍应,捧餐动作夸张,好像要向世界宣告,他是一个侍应。萨特认为,这是自欺,该侍应想把自己化为一个侍应之神,即拥有完美不变的侍应本质,但他注定失败,因为无人能成为永恒不变的完美侍应。萨特指,自为是不完全的存在,他存在(exist),不过他不完全,缺乏了某些东西,即所缺(lacked)。这是为何人拥有欲求（desire），人本来什么也不是，他存在没有原因，他希望找到自己存在的根基，但自己不是自己的根基，只好求于其他存在，获得某种本质。换言之，人渴求本质，追求物化。萨特把这种追求称为原始计划（original project），又指原始计划注定失败。在女体凝视问题上，假如凝视者认为自己所追求的，只是女体身上不变的情色本质，这也是自欺。首先，凝视者自欺，以为自己是一个本质化的好色者，他追求的只有情色。再次，凝视者又把女体对象物化为只有情色本质的对象。但按照萨特的说法，凝视者作为自为，能够随时否定情色。我国典故"坐怀不乱柳下惠"所讲的，就属于这种情况。作为自为，人凝视女体，可以为了情色，也可以不为情色，非必然为了情色，这是人的主体性使然。

三、从萨特存在主义看主体间性

按照杨氏的说法，审美是一种主体间性活动，所谓主体间性，即主体与主体间的关系性，要求存在复数的主体。因此，理论上要求证明主体不只有凝视者一方，而世界上是否只有凝视者这个单一的主体，属于唯我论（Solipsism）的问题。从胡塞尔的现象学方法出发，无法凭直观切中外在世界。现象学只信任直观所给出的现象，认为任何经演绎、归纳、假设、猜测而得的结论，都不可靠，都有可能被扭曲[①]。而世上另一个自为意识的存在，不在"我"直观所得的现象之中。世上唯一可确定的，只有"我"所见之现象。这就是唯我论的困局，"我"无法切中其他存在。如果在"我"以外有另一个像"我"一样的自为的存在（他我），我也不能确定他。胡塞尔曾试图从身体经验出发，通过比对法（pairing）、并现法（appresentation）、移情法（apperception）[②]以及世界的客观性（objectivity of the world）[③]架构他我，但这些毕竟是知识论的方法，凡是知识都可能错误。所以，在胡塞尔以前，由于无法确定除"我"之外存在另一个主体，难以发展出现代主体间性哲学。

萨特以纯粹的存在论而不是知识论的方法，确定了除"我"之外存在另一个主体——"他我"。萨特提出了邂逅"他我"的四个规定[④]。第一个规定是"一个这样的理论不应该提供他人的存在的新证明"。第二个规定是"……是因为我发现了这个或那个具体的他人的"具体的无可置疑的在场"。第三个规定是"他人既不是一个表象，也不是一个表象体系……他不能首先是对象。因此，即使他对我们而言存在，也不能作为我们对世界的认识的构成因素，或作为我们对我的认识的构成因素而存在……而且这……是因为他在我们的人为性的经验具体地并本体地涉及我们的存在"。最后一个规定是"他人应该对我思显现为不是我，这种否定能以两种方式来设想；或者它是纯粹外在的否定……或者它将是内在的否定"。

萨特描述了一个人从匙孔窥视房间。那个人被房间内的一切所吸引，世界只有他的眼睛一个视点，也只存在于他一个人的视点之内。这时候，他听到身后有脚步声，他突然意会

① 胡塞尔.现象学的观念［M］.倪梁康,译.上海：上海译文出版社,1986.

② 蔡美丽.胡塞尔［M］.台北：东大图书股份有限公司,1990：118.

③ Husserl,Edmund.Cartesian Mediations：An Introduction to Phenomenology［M］.Dorion Cairns, trans.7th Impression.The Hague/Boston/London：Martinus Nijhoff Publishers,1982.

④ 萨特.存在与虚无［M］.陈宣良,等译.杜小真,校.北京：生活·读书·新知三联书店,1997：326-328.

自己被他人注视着。他的整个世界从此改变了,他意识到"他我"存在,意识到世界不只有他一个人的视点,世上存在另外一个视点,可以看到他。萨特称这种意识为"为他存在"(being-for-others,简称为他)。为他是自为的另一种状态,当自为意识到世界上存在另一个自为,即他我的存在,自为就转入为他状态。这是萨特的一个重要论述——注视(the look),注视是邂逅他我的一种重要体验。萨特通过这个例子,确立了他我的存在。在邂逅的那一瞬间,他我并非显现为"我"的意识对象,那一刻的意识对象是脚步声,不是他我。他我是在自为的非指向性意识①中给出的另一个视线的存在。

《公园里的人》②是萨特另一个关于注视的例子,说明了人与人互相注视之困难。他描述,在公园散步,一切平常,因为一切以"我"的视线呈现,世界是"我"的世界,直到"我"邂逅另一个人的视线,世界就变成"他"的视线下的世界。"我"觉得美丽的东西,"他"可以认为是丑。"他"的视点是"我"所不拥有的。糟糕的是,在"他"的视线里有"我",世界出现了一个"他"眼中的"我",这个"我"属于"他",是"我"所无法把握的"我"。这个"他"与"我"一样,是自为的存在,即是他我。他我的视线,不属于我,也不为我所操控,因此对"我"来说既是威胁,也是所渴求的。在他我的视线面前,"我"时而羞耻,时而骄傲,这是"我"陷入了他我视线之内的结果,"我"虽然依旧是自为,但"我"无可避免地回应他我,因此"我"同时又是"为他"。萨特证明他我存在的方式,符合了他自己提出的四个规定——他我非新证明,他我存在无可置疑,他我不是表象,他我不是我。他我被确立之后,可确立世界存在多于一个主体,主体间性关系成为可能。为此,萨特的存在论虽然一般被认为是主体性哲学,但实际上它已隐含了主体间性理论的基础。

四、从萨特存在主义看身体

古语说:"举头三尺有神明",这说法虽然不科学,但却有存在论上的根据。我感受到他我的视线,意识到自己被世界上的某个视线注视着,不知这视线属于何人,于是称之为"神明"。"神明"作为他我,没有指定的物理实体,但人拥有身体,身体作为物理实体,让人得以互相凝视。西方哲学由柏拉图开始,就倾向于重意识,轻身体,把灵魂和身体对立。柏拉图认为,身体是暂时的、低俗的,意识则是不朽的、高洁的。直至黑格尔的绝对精神自我复归,身体在这一段长时期的西方哲学中,都没有地位。但由叔本华、本格森开始,哲学的焦点由意识转向身体,由理性主体转向非理性主体,亦即是身体性的主体。梅洛庞蒂更提出世界之肉的说法,指人与世界身心不分,是物我同一的肉,提出人只能经身体知觉才得以与世界联系③。

---

① 人的意识永远指向某个对象,这是指向性意识(positional consciousness),所有的意识活动,都包含指向性意识,但如硬币有两面,意识活动同时也包含了非指向性自我意识(non-positional self-consciousness),即当我注视一朵花,那朵花是我的指向性意识对象,但同时我隐约意识到,"我"在看花,察觉自己采取了一个视点(my taking a viewpoint)来看花,从而察觉自己存在,这是非指向性意识。

② 萨特.存在与虚无[M].陈宣良,等,译.杜小真,校.北京:生活・读书・新知三联书店,1997:330-334.

③ 杨春时.走向后实践美学[M].合肥:安徽教育出版社,2008:375-378.

对于身体，萨特提出了身体三维论，指身体有三个维度上的意义。第一维度是"我就是我身体的存在"（I exist my body）。第一维度是指人还没有邂逅他我时身体的存在状态，人连同自己的身体，都是自为的存在，我就是我的身体，我的身体不能成为我的客观对象。在这一意义上，人经常"遗忘"身体。当我打字，我从没注意十指如何协调，手指与我无分主客，我的意识灌注到手指之上，我意向如何，手指就如何，手指与我为一体。第二维度是"我的身体被他我使用和认识"（My body is utilized and known by the other）。在第二维度，他我出现，我和我的身体被置于他我的视线之中。在第一维度，我永远不能视自己的身体为客体，因为身体即我，我即身体。然而，在他我的视线下，我的身体为他人所用和认知，成为他我视线下的客体。第三维度是"我作为为他所认知的身体自为地存在"（I exist for myself as a body known by the other）。第三维度的身体，是我从他我的眼光所认识的自己的身体。首先，在第一维度，我无法认识自己的身体。然而，在第二维度，我的身体在他我的视线中沦为客体。这好像很绝望，但也是一种幸运，因为我的身体若不先成为客体，我就无法认识它。现在它沦为客体了，意味着我可能把身体当为客体来认识。这就出现了第三维度的身体，即我从他人的视点认识到自己的身体是如何。我自己的身体在他人的视点中呈现为客体，从而为我所认识。萨特举例，当医生检查"我"的身体，我通过医生知道我的腿受伤了。

总括而言，第一维度的身体是主体的一部分，身体与意识同一，同为主体。第二维度的身体被完全客体化了。第三维度的身体，身体同时成为"我"和"他我"的对象客体。然而，身体的主客地位变化还没有完结，进入萨特没有讨论的第四维度。接下来，"我"判断了他我如何看待"我"的身体，他我的视线成了"我"的视线的对象，为"我"所判断。用萨特的例子来说，医生认为"我"的腿受伤了，但"我"还能自由地肯定或否定医生这个看法。"我"可以不同意，然后"哎哟"一声忍着腿上的痛楚离开诊疗所，腿还是"我"的腿，不完全脱离第一维度，尤其当我的意识为腿的痛感所占满，更是如此。"我"和"我"的腿的主体性，没有被取消。无论如何，"我"已经理解了医生眼中的"我"的腿的状态，"我"已无法取消这个理解。医生的看法，无论我同意或不同意，已进入了我的视界之内。"我"的主体反应必然包含对医生的看法的回应。虽然我主张腿没有受伤，坚持走路，但我走路，也因为医生的看法而变得小心翼翼。在此，"我"既是自为的"我"，也是为他的"我"，"我"可以同时"自为"而又"为他"地存在着，而身体同时是"我"的身体和"他我"视线中的身体，身体成了"我"与"他我"之间的媒介，体现了"我"与"他我"两个主体意识的意向。这一种状态，已经难以用单纯非此即彼的主客对立观念去解释。

也许，只有伽达默尔提出的视界融合①，才可以说明第四维度的身体状态。所谓视界融合，即是两个主体的视界合而为一，形成了一个新的视界，新视界来自两个主体先前各自独立的视界，因此是一种主体间性的视界。现在，身体的状态，非第一维度，非第二维度，非第三维度，只能归入第四维度。当身体进入第四维度，"他我"的主体意识进入了"我"的主体意识之中，融合为一个新的主体间性意识，他中有我，我中有他，然后这个新的主体间性意识灌注于"我"的身体，为"我"的身体所承载。进入第四维度的身体，我称之为"我作为身体自为并为他地存在"（I exist for ourselves as a body），是主体间性状态下的身体。

---

① 伽达默尔.真理与方法［M］.洪汉鼎，译.上海：上海译文出版社，1999.

五、通过萨特存在主义看女体凝视

萨特的存在主义学说,为我们提供了五个关键的概念,适用于判断女体凝视是否主体间性审美活动。第一是自为。人生来就是自为的存在,这种存在先于本质,它是其所不是,又不是其所是,它判断或选择,不受任何本质左右,因此享有最高的自由,具有与生俱来的主体性;只有自为才可能成为主体。第二是自在。相对于自为的另一种存在,自在是其所是,在它没有否定,只有肯定,因此它具有恒久不变的本质,甚至它自己就是那个本质;自在无法成为主体,只能在另一个自为的视线中成为客体;"石子"是不变的物理实体,"圆""性感"是不变的本质概念,它们都是自在;萨特认为,人是自为,自为不可能成为自在,因此人不可能成为自在。第三是为他。在自为的"我"以外,存在另一个自为的"他我",当"我"进入"他我"视线之内,"我"成了"他我"的对象,"我"的世界因为"他我"而改变了,成为为他;为他是自为的另一种状态,并非自在,是一种主体间性的存在状态。第四是自欺。人本是自为,但人经常自欺,把自己视作具有某种不变本质的自在;在自欺的状况下,人抹消自己的主体性,使自己变成好像自在一样,人沦为客体,只能是自欺带来的表象。第五是身体。萨特提出,身体有三个维度,本文进一步提出第四个维度。在第一维度身体与我共为主体;在第二维度身体沦为他我视线中的客体;在第三维度身体是我与他我的共同对象客体;在四维度我与他我主体意识融合,形成新主体间性意识,新意识为身体所承载。

在五个概念中,自欺是主客体关系转变的关键。存在先于本质,作为前提,决定了任何人本来都具有充分的主体性,但萨特提出人可能自欺,从而让自己看起来好像自在,永远是其所是,具有不变本质。从萨特的存在主义观点来看,自欺是人在他人视线之下沦落成为客体的唯一可能途径。同时,既然人可以通过自欺把自己视为自在,人通过自欺把同样是自为的他我视为自在,同样可能。即是说,通过自欺,人可以使任何自为的存在视为自在,使之沦为客体。在女体凝视活动中,按照因自欺而被看成自在的对象区分,逻辑上可以设想九个不同的主客体关系范畴(见表1)。

表 1　九个主客体关系范畴

范畴	通过自欺视为自在之对象				特点
	女性意识	女性身体	凝视者意识	凝视者身体	
一	×	×	×	×	充分主体间性之审美活动
二	×	✓	×	×	女体本质化
三	×	×	×	✓	凝视者/观众身体本质化
四	✓	✓	×	×	女体本质化
五	×	×	✓	✓	凝视者/观众本质化
六	×	✓	×	✓	纯粹身体本质化
七	×	✓	✓	✓	凝视者/观众本质化
八	✓	✓	×	✓	女体本质化
九	✓	✓	✓	✓	完全自欺

在九个范畴之中，只有一个完全不涉及自欺，容许充分的主体间性关系发生。按照杨春时对审美的界定，只有在这一个范畴所描述的处境中，女体凝视活动才是具有充分主体间性的审美活动，例如表演者与观众充分互动的舞蹈表演。然而，在凝视者与凝视对象（女性）之间，只要任一方对于自己、对方、自己的身体或对方的身体，通过自欺，将之视为自在并本质化，即发生主体沦为客体的情况（范畴二至九）。然而，当本质化对象不包括女性和凝视者双方主体意识是，即使双方身体受到本质化，主体间性关系依然局部成立，可以视为不完美的主体间性审美活动（范畴二、三、六）。

范畴一允许充分主体间性的审美体验发生，因为在范畴一之内不发生自欺。从女性的主体视角来看，在没有自欺的情况下，女体迅速经历四个维度的变化。首先是第一维度，女体与女性主体意识共为主体，女性就是她的身体，女体就是女性本身。当凝视者出现，女体进入第二及第三维度，成为女性与凝视者视线下的客体。不过，由于凝视者也拥有身体，凝视者的身体也进入了对象的视线之内，反过来成了对象（女性意识）的对象。在这一瞬间，女体进入第四维度，女性意识既是"自为"又是"为他"，而身体承载了这一种主体间性意识，于是同样是既"自为"又"为他"的身体。

前面提过，只有本质化的存在，才可能沦为客体。可是，在没有自欺的情况下，女性展示身体，并不发生本质化。比如，在即兴舞蹈表演中，舞者本是自为，她要如何表现自己，不受任何本质限制，她的身体动作完全是自为。当观众（凝视者）出现，她成了为他，但她依然没有本质化。在为他状态下，舞者动作对观众视线有所反应，但这反应并不是本质化的反应，可以是自为的肯定，也可以自为的否定，舞者可以为了观众的视线更起劲，也可以选择退场，回避观众的视线。女性的身体虽被凝视，但自己的意识、身体与凝视者三者，只要没有自欺，即同为主体，只能得出主体间性关系。在涉及女体凝视的艺术活动，例如舞蹈中，女性一方为他而又自为地改变自己的身体，是一种表演式的主体间性活动。女性表演者在意对方的视线，为他的状态使她充分理解凝视者的视线，她也可能通过调整身体，更充分地理解身体。正如硬币有两面，女体审美也有两面，一方是观众的凝视，一方则是女性主体自为地表现自己。

凝视是双向的，那么从凝视者的主体视角来看，事情又如何发生呢？设想一个典型的舞台舞蹈表演情景，灯光使观众视线对准台上舞者，表演者成为凝视对象，但实际上凝视者也拥有身体，在台下为表演者所看见，落入表演者视线之内。视线的相交，让双方发生互动。当女体（台上表演者身体）进入第三维度，通过凝视者视线，把自己的身体当作客体来认识。在这一瞬间，凝视者没有变化，继续把女体当作如木石一样的客体。然而，女体很快进入第四维度，自为并为他地舞动。本来，对凝视者来说，对象女体只是客体，但女体为他的动作变化，使他在女体上看到了自己的主体意识的影子。突然，他察觉，那个身体与木石不同，他不得不承认，那个身体不是自在，因为自在是其所是，不会自为而又为他地变化。他察觉，在女体背后，表演者正在判断自己。此刻，凝视者与对象位置互换，又再互换。被看者成为凝视者，凝视者成为被看者。双方像两面镜子互相反照，无限循环。

在没有自欺的情况下，原凝视者与原对象保持了自身充分的主体性，同时又互相把对方的主体意识吸收为自己的意识的一部分，并进入了密切的互动，形成密不可分的主体间性关系。在舞蹈表演中，表演者不会一成不变地做出动作，台下观众的视线、动作与摄影师的镜头，可能让表演者感到害羞、兴奋，因而让她自行改变舞姿，可能加快动作，可能迟滞起来，也可能变得更洒脱,或更拘束,微笑可能更柔和,或更绷紧。相对,本来要打盹的观众,也可能因为表演者为他的变化而变换欣赏的态度,或离场,或放松睡着,或聚精会神起来。总之,表演者与观众进入一种互相充分理解、主客不分的状态。在这一种状态下的女体凝视,回避了女性客体化,是充分的主体间性活动,可以确立为女体审美。

虽然不涉及女性客体化的女体凝视是可能的,但条件是除去了自欺。范畴二、四、八中对应社会上常见的男性凝视现象,在这三个范畴的处境中,妇女被定位于被看者,被置于男性凝视的操纵下,男性凝视权力获得宣扬,将女性建构成父权社会所期望的具有女性气色的角色。[①] 在选美和艳照窥看这一类活动中,女体被赋予某个不变本质,如性感,即属这类处境。范畴四与八是典型的男性凝视,在男性视线中,女性意识和女体都被本质化。女性主义者对范畴四与八的女体凝视批判非常合理。至于范畴二,只有女体被视为客体,女性仍保有主体意识。举例来说,专业芭蕾舞者长期使用芭蕾足尖鞋演出,其演出充满舞者自身的主体性,舞者虽与观众充分互动,但表演时舞者无视足尖的负荷,往往造成足尖严重损伤的职业病,这是舞者不把身体当成主体看待,自己与自己的身体对立的结果。此例属于范畴二。

在范畴二、四与八,女体被物化。相对,在范畴三、五与七,被物化的则是凝视者或观众。例如,在一个选美会上,个别观众为了满足社交责任盛装出席。盛装是一种本质化的符号,象征某一种不变的身份。在自欺下,观众同样很容易被看作如同布景板一样的客体,这是观众本质化。又例如,色情照片一方面把女体本质化为性感象征,但在另一方面,也同时把观众约化为只追求性欲满足的好色者,这也是观众本质化。无论女体还是凝视者,都沦为客体。其实,无论是凝视者,还是凝视对象,都不是自在,而是充满变化和可能性的自为,只有摆脱自欺,拒绝把自己和对方的本质化,保有双方的主体性,才可能进入主体间性的审美体验之中。

范畴二、三与六比较特别,因为自欺而被视为自在的对象,不包括双方的主体意识,也就是双方都把对方看作主体,因此主体间性审美体验可以发生。然而,在这三个范畴之下,至少其中一方的身体被看成自在的客体,人的主体意识与身体发生对立。典型例子是为了艺术而自残身体。运动员为了满足自己和观众,忽略自己身体伤员而勉强行动,或者观众模仿表演者动作而引致受伤,都属于这一个类型,这个类型可以归类为不完全主体间性审美活动。除此之外,范畴九也是特别的。并非女性单方面被物化,而是女性与凝视着都被物化。与范畴一完全相反,范畴九是完全的自欺,凝视者与对象双方都被认为是自在,是不变的本质。例如在某个表演中,表演者把自己视为表演机器,只按程序完成动作,又把观众视为如布景一样的存在。至于观众,则把表演者和自己视为活动程序中的一部分,各方只是按既定的规则扮演好自己的角色而已。如此,该表演即使名义上是一种艺术,由于它陷入了完全的自欺,不存在主体间性关系,因此它实际上不是审美活动。在现实中,表演者与观众皆为了满足社会义务而出席表演,双方皆无心于表演,是这范畴九的典型例子。

---

① 艾晓明.那一盆泡了两千年的洗澡水——"苏珊娜与长老"或裸女沐浴的原型及演变[J].妇女研究论丛,2003(1).

六、结语 主体间性意识的恢复

美学研究,除了是哲学的主要分支,也在应用层面为艺术理论的发展服务。女性主义理论对艺术世界中的男性凝视做出批判,是合理的,但在缺乏充分美学反思的情况下,也有可能矫枉过正,使人对艺术产生不必要的戒心。本文尝试从几个存在主义哲学概念出发,提出了一个有助于区别一般女体凝视与女体审美的分析框架,期望有助于解开女体审美议题上的矛盾。总而言之,人本来是自为的存在,具有最高的主体性,唯有在自欺的情况下,人才可能被物化。因此,具有充分主体间性的女体审美体验是可能的。固然,社会上的政治经济因素产生了父权制度,对女性造成压迫,但萨特提醒我们,人不管在什么情况下仍然拥有主体性,父权制度不是让人失去主体性的直接原因,自欺才是。什么是女性主体意识觉醒呢? 相信女性离开自欺,直接面对自己的主体性,就是主体意识的觉醒,如果进一步同时直面自己和凝视着双方的主体性,更是主体间性意识的恢复,进入审美世界的钥匙。

Can the Gaze at Female Body Be Aesthetic?

Peng Zhuofeng

(Hong Kong Federation of Trade Unions, Hong Kong, 999077)

Abstract: Art is aesthetic. Among all kinds of art activities, many are concerned with the representation of female body, e. g. movie, drama, western painting, dance performance, etc. However, some art works position female body as the object of male gaze and thus reinforce the power structure of male dominance and female subordination in the society, casting a doubt on art. Since the female body representation is a common theme of art works, this paper aims at exploring the boundary between the raw gaze at female body and the aesthetic appreciation of female body with Sartre's existentialist ideas from the perspective of the aesthetics of intersubjectivity. "Existence precedes essence", wrote Sartre. This implies that every person is a subject for itself. However, in bad faith one may be essentialized and become an object. According to the target of essentialization, nine patterns of subject-object relations between the female and the gazer are discussed, but only one pattern among the nine involves no bad faith and can be regarded as fully intersubjective, the aesthetic appreciation of female body.

Key words: the study of art; male gaze; the aesthetic appreciation of female body; existentialism; the aesthetics of intersubjectivity

"人文精神"的另一面

——1990 年代民族家族小说中的文化重建与性别秩序[*]

张欣杰[**]

内容摘要:在 1990 年代商品大潮的冲击下,知识男性由社会文化的中心退居边缘。一部分知识男性在民族家族小说中高举"人文精神"的大旗,试图通过建构性别秩序来重建文化权利秩序,以挽救当代民族精神的危机与自身身份认同的危机。无论是《白鹿原》所建构的儒家伦理秩序、《心灵史》所建构的宗教秩序,还是《高老庄》与《九月寓言》所畅想的以鲜活的异域或民间文化对颓废的时代文化的注入,都无一不是建立在性别秩序基础之上的。

关键词:人文精神;民族家族小说;文化重建;性别秩序

1992 年,十四大报告正式提出:"我国经济体制改革的目标是建立社会主义市场经济体制。"1993 年 11 月十四届三中全会召开,审议并通过了《中共中央关于建立社会主义市场经济体制若干问题的决定》,勾画了社会主义市场经济体制的基本框架,全面开启了经济体制改革的步伐。在市场经济的操控下,商品大潮涌起。铺天盖地的大众文化不仅与知识分子精英文化分庭抗礼,而且实际上已走向时代的中心;与此同时,知识分子开始由中心走向边缘,同时也走出自我认同的稳定状态。丧失文化领导权的精英知识男性在边缘看到的大众景观是庸俗糜烂、不可救药的,这被他们称为"人文精神的失落"。汪晖认为:"当代中国的'人文主义者'坚持人文主义必须是一种精英知识分子的文化和价值关怀,同时也是精英知识分子据此确立人文学科的尊严、启蒙者的社会位置和文化领导权的基础。构成人文主义话语主要特征的是对于市场化过程所引起的各种文化问题的焦虑。他们试图通过重建人文学科和人文学者的尊严来重建为市场化过程摧毁了的道德问题。他们假设了'人文精神的失落'这一主题,进而将各种经济、政治和文化危机归咎于这一'失落'。于是,他们决心恢复古典哲学的尊严,重建人文价值。"[①]人文精神的重建,成为知识男性重新争取文化领导权、返回社会中心地位的涉渡之舟。

人文精神的建构有赖于其他价值体系的共同建构,如性别秩序、家庭伦理、知识教育体系等等。知识男性希图在建立一系列有别于市场价值的所谓人文终极关怀和伦理价值规范的同时,建构一种以知识男性为领导者的新的权力秩序,以成为民族国家时代"病症"的拯救

---

* 基金项目:本文为 2017 年度国家社科基金项目"当代女性写作中的乡土伦理观"(编号:17CZW050)的阶段性成果。

** 张欣杰,女,河南财经政法大学讲师,研究方向为文艺学。

① 汪晖.死火重温[M].北京:人民文学出版社,2000:372.

者。这成为他们回到中心、获得稳定的自我认同的文化策略。这一过程在 1990 年代民族家族小说的性别文化再生产中得到充分体现。本文以 1990 年代民族家族小说中的性别秩序的建构为切入点，探讨民族家族小说中的人文精神是如何依赖于性别秩序而得到建构的，进而揭示这一时期知识男性所要建立的权力秩序的本质。

一、家国同构与性别秩序

中国封建社会是家国同构的："中国古代社会的经济结构是一种以家庭为基本生产单位的小农自然经济。这样的经济结构要求家庭成员之间始终保持和谐的关系和特定的秩序，要求家长拥有无可争议的权力和地位。这些要求在以父权、夫权为核心的家庭伦理观念中得到了集中反映。由于中国古代在进入文明社会时较多地保留了氏族社会的宗法血缘关系，并在此基础上建立了中国封建时代所特有的宗法等级制社会。宗法等级制将家族和国家联结在一起，形成了中国独特的'家国同构'的社会政治结构。在这样的社会结构中，家就是国的缩影，国就是家的扩大。"[①]《礼记·大学》中"古之人明明德于天下者，先治其国，欲治于其国，先齐其家"就是家国同构的政治理念的体现。同样，家国权力秩序也是同构的。家—父子、国—君臣是权力核心，儒家文化以此为中心确立了一系列伦理秩序："父子有亲，君臣有义，夫妇有别，长幼有序，朋友有信。"（《孟子·滕文公上》）。父子是五伦之首，昭示了这一伦理化政治制度的父权制文化基础。

家国同构不仅是一种社会政治结构，还是一种深厚的文化心理结构。它通过儒家文化的表述而被不断积淀下来，成为一种集体无意识。1990 年代民族家族小说纷纷涌现，可以说正是"家国同构"集体无意识的流露。在中国"家国同构"传统文化心理中，家庭关系中伦理观念、权力秩序的调整或重构，可以扩展到国家伦理观念、权力秩序的建构中去。处于身份危机中的知识男性高举人文精神的旗帜，期冀在新建构的权力秩序中回到中心、获得稳定的自我认同，而家族小说正为他们提供了建立权力秩序的绝佳场域。《礼记·大学》所说"所谓治国必先齐其家者，其家不可教，而能教人者，无之。故君子不出家而成教于国"正是这个意思。家族小说中的伦理之道可以沿着文化心理之路而适用于民族，从而成为民族家族小说。

1990 年代出现的民族家族史诗《白鹿原》正是在"家国同构"的构想中出现的。《白鹿原》以在"仁义白鹿村"家族内部实践儒家文化精神及其伦理价值规范，来实现将其推行到整个社会的意图。朱先生撰写的《乡约》，集中体现了《白鹿原》所宣扬的儒家文化精神和伦理规范。"这是治本之道……实践《乡约》，教民以礼仪，以正世风。"《白鹿原》想象了在对儒家伦理规范的遵循下，族人广披教化、世风好转、和谐有序的理想社会场景："白鹿村人一个个都变得和颜可掬文质彬彬，连说话的声音都柔和纤细了。"儒家文化的礼教精神、伦理规范被认为是救治时代疾病、挽救"人文精神的失落"的良方，实则起到挽救知识男性主体自我认同危机的作用。在民族家族小说《白鹿原》"家国同构"、齐家从而治国的人文理想中，传统文化精神或则权力秩序的建构，是以父权制文化为基础的。

---

① 安云凤.中国传统伦理政治思想论析[J].西南师范大学学报（哲学社会科学版），1997(3):87.

撰写《乡约》的朱先生是儒家文化规范的立法者,族长白嘉轩是执行者,他们是文本中儒家文化精神的外化。《白鹿原》开篇是对白嘉轩强悍无比的性能力的描写,"阴茎崇拜"的氛围从一开始就被渲染起来;文中被奉为圣贤的朱先生的生殖器也硕大无比、令人惊叹。于是儒家文化精神就依托于男权文化象征系统的中心象征符码——男性生殖器而被建构起来。"我们对阴茎的许多观点不是来自于身体构造的科学事实,而是源于我们的文化想象。"[1]"父权制根植于男性生殖器象征中"[2],"阴茎是男人权力之公共结构的一个社会建构的象征"[3]。男性生殖器象征符码是父权制组织化的符号性基础,父权文化以及《白鹿原》所宣扬的儒家文化正是依托这一占据权力中心地位的象征符码而秩序化。

一种文化秩序的建立必然要有赖于对他者的惩罚,来维护其秩序与规范、凸显其威严。被《乡约》儒家文化精神视为"淫乱"的田小娥、狗蛋、白孝文充当了儒家伦理规范的他者而遭受了"刺刷"酷刑。"干酸枣棵子捆成的刺刷"可以被看作是男性生殖器象征符码的一种隐喻。对于僭越了权力秩序并阻碍其正常运转的他者,它作为权力中心的象征有对其施加惩罚的权力,目的是维护权力秩序的完满和树立权力中心的权威。意味深长的是"刺刷"之刑的施行仪式,由族长主持,全族人观看,以儆效尤。这更加强了"刺刷"男性生殖器符码及其所象征的《乡约》伦理规范的绝对权威,任何其他成员都必须在其权力规范中回到秩序中去。

狗蛋、白孝文、青春期时叛逆的黑娃是儒家文化的他者,然而他们的他者地位无论如何不能和田小娥相比。田小娥与黑娃淫奔、与鹿子霖乱伦、勾引白孝文,玷污了白家(代表儒家伦理的家族)"立身立家的纲纪"。她美好的肉体被看作是男性堕落之源,是败坏儒家文化的罪魁祸首。儒家文化视角下的田小娥是个十足的"淫妇""祸害",作为一个被儒家文化树为敌人的他者,她的死是行文的必然。鹿三手持"梭镖钢刃"穿透田小娥的身体,是一个饱含象征意义的文本场景。以弗洛伊德的精神分析学理论来看,"梭镖钢刃"是男性生殖器的隐喻;在《白鹿原》的文本语境中,男性生殖器符码是儒家伦理规范的象征;即"梭镖钢刃"男性生殖器符码象征儒家权力秩序。手持"梭镖钢刃"的鹿三即手持儒家伦理规范。正义的男性生殖器符码刺向"淫邪"的女性身体,以实现对她的剿杀。依托于这种性别政治的终极表述,儒家文化消灭了它的僭越者,完成了对权力秩序的维护。与施行"刺刷"酷刑的壮观仪式不同,鹿三杀害田小娥的场景是秘密的、无旁观者,也未经过族长的同意,可谓是谋杀,然而却是正义凛然、众望所归的。这意味着,儒家文化中的任何成员都被鼓励成为其权力秩序的维护者和执法者。

《白鹿原》中还有一个依托性别政治来建构儒家文化权力秩序的经典模式——"宝塔镇妖"。作为儒家文化的僭越者,田小娥的身体被视为罪恶的集纳地。在文本表述中,她死后化作恶鬼纠缠村民,传来瘟疫毒害生灵。圣贤朱先生指引村民"把她的尸骨从窑里挖出来,架起硬柴烧它三天三夜","把她的灰末装到瓷缸里封严封死,就埋在她的窑里,再给上面造一座塔。叫她永远不得出世",才将田小娥的阴魂彻底封锁在地狱中。《白鹿原》中的"宝塔镇妖"模式描绘了一组相互融合的经典的性别化二元对峙图景:高高在上的男性生殖器符码"塔"与镇在其下的女人——儒家伦理秩序规范与它的僭越者。这毫不费力地揭示了一个真

---

① 苏珊·鲍尔多.男性特质[M].朱萍,胡斐译,译.南京:江苏人民出版社,2008:43.

② 约翰·麦克因斯.男性的终结[M].黄菡,周丽华,译.南京:江苏人民出版社,2002:103.

③ 约翰·麦克因斯.男性的终结[M].黄菡,周丽华,译.南京:江苏人民出版社,2002:103.

相:《白鹿原》中的儒家文化秩序正是以性别权力秩序为基本模式而建构起来的,这同时也是对性别权力秩序的传承与再生产。

《白鹿原》获茅盾文学奖,并在新世纪被拍成电影,显示了它在主流社会的成功。在大众文化和西方现代文化日益占据主流的 1990 年代,不仅知识分子有感于话语权的缺失,整个民族国家的身份认同感也岌岌可危。《白鹿原》所高扬的儒家文化作为本土文化精神传统不仅成为男性作家主体挽救精神危机的途径,也因其对民族文化的赞颂而被主流意识形态所欢迎。这样,它所传承并再生产的父/男权文化及其性别政治表述方式就因其广泛的影响力,而成为一个扩散面极广的传播源。

二、精神家园与男性叙事

1990 年代大众文化成为主流,处于边缘的知识男性主体在偏僻山乡文化、少数民族精神信仰、历史文化等精神领域中寻找灵魂的家园。张承志《心灵史》正是这一精神旅途的写照。《心灵史》所描写的世界与欲望横流的主流社会截然不同,为信仰流血牺牲、抵命坚守是生命存在的理由与支柱。《心灵史》首先是某一支回族族群的族群史,其次是哲合忍耶教派的宗教史。通过对某个少数民族族群在干旱贫瘠的自然环境中、在被剿杀甚至屡次被灭族的社会历史环境下与对宗教信仰永不磨灭的坚守,来为"人文精神"已然"失落"的国家与时代寻找一种支撑精神,并注入价值理想的激情与力量,男性主体的精神在这个过程中也将得到救赎:"我以我的形式,一直企图寻找一种真的人道主义。我尝够了追求理想在中国文化中的艰辛。然而大西北的哲合忍耶老百姓不仅尝遍了艰辛而且流尽了鲜血,这使我欣喜若狂,我心甘情愿地承认了他们。"

诞生于中国 20 世纪末的《心灵史》的"身体—精神"哲学观,并非是 19 世纪、20 世纪西方哲学"肉身化"转向之后的现代哲学观,而是 19 世纪及其之前的古典哲学观。古典人的理念是"存在本身的唯精神"[①]。在身体与精神的二元对立中,精神是绝对主体,身体一直处于被压制的客体地位。柏拉图认为是身体的欲望和需求阻碍了灵魂通往纯粹的智慧、真理、自由的道路;奥古斯丁将上帝之城和世俗之城对立起来,对上帝的爱就是要克制这种世俗之爱,要禁欲和弃绝尘世。这种思想统领了中世纪,之后开始了漫长的教会和修道院的对身体残酷打压又苦练煎熬的历史。文艺复兴借助对身体的赞美来摧毁神学,其目标却并不是解放身体,而是解放人的内心世界。笛卡儿认为,身体感受到的是幻象,只有心灵才能看到真实的世界。黑格尔将精神的发展推向极致。他认为人是精神的存在,只有人能够脱离物质(身体),无限接近"自在自为"的绝对精神。在漫长的西方古典哲学中,身体被等同于肉体的感官欲望与激情,肉身的物质性和有限性束缚了人类向无限精神领域的攀升。人必须反复强调并解释身体必须接受苦刑和压制,才可以获得精神、灵魂的升华与自由。对身体的压抑和贬低经由意识形态成为一种严密精确的制度,成为社会规训的手段。主体无法离开与他者的对抗来确立自身:没有对邪恶、非理性的身体的艰苦对抗,就无法显示心灵(在不同的阶

---

① 刘小枫.现代性社会理论绪论[M].上海:上海三联书店,1998:25.

段,它们又分别是灵魂、理性、绝对精神等)的完美、自由与崇高。①

《心灵史》对哲合忍耶族群史和宗教史的讲述,正是以西方古典精神哲学为理论资源。哲合忍耶克制身体欲望的教规,尤其是因被政府剿灭而造成的白骨成山血流成河的历史,被认为是成就了哲合忍耶精神圣境和崇高哲学的根本,而被庄严地赞颂。"这是今天已经湮灭了的一种生活方式。追求者们陶醉于这种生活——他们要接近'主',要封斋礼拜并且秘密地从事修炼。要在僻静山洞里坐静,要把灾年里仅有的食物散给乞丐。""教主必须为圣教牺牲,他必须穿着血衣死。""流血牺牲的遭遇而对流血牺牲过重的赞颂"……"身体—精神"二元对立的古典哲学观在哲学传统中一直都是被性别化了的。"妇女确实具有思虑机能但并不充分。"②"动物近乎男子的性格,而植物则近乎女子的性格,因为她们的舒展比较安静,且其舒展是以模糊的感觉上的一致为原则的。……男子的现实的实体性的生活是在国家、在科学等等中,否则就在对外界和他自己所进行的斗争和劳动中……女子则天生不配研究较高深的科学、哲学和从事某些艺术创作,因为这些都要求一种普遍的东西。"③整个西方古典哲学,从亚里士多德到黑格尔的哲学表述,只有男性才被认为可以上升到理性、哲学、灵魂的高度,女性则被限制在身体、现象、凡俗的层面中。"这种精神主动/身体被动的二元对立同样被性别化,是历史上最强有力的二元对立之一,构成了西方意识形态下的性别观。"④

《心灵史》对哲合忍耶历史的讲述正是基于这种"男性—精神/女性—身体"二元对立的性别观。《心灵史》作为一部形而上的宗教史,是一部男性的历史。那支撑起教派文化和精神的是一位位为教派饱受折磨的男性英雄,他们是宗教历史里的绝对主体,《心灵史》正是为这些充满磨难的男性英雄们所吟唱的颂歌。教派英雄中唯一的女性是"西府太太",她在丧夫去家、流离失所中为教派的死而复生可谓卧薪尝胆、历遍艰辛、矢志不渝。然而文本对她的评价却是有失公正的:"女人,当她或她们遭逢大时代的时候;当她或她们不仅身处大时代,而且委身于伟男子的时候,她或她们的人生,就不论本人意愿如何,一定要闪现出夺目的异彩。这种道理在中国史上比比皆是……她身上更多地折射着征服她的男子的光芒……"西府太太在教派中的历史成就,就这样被拱手让给了她的丈夫。

从文本对西府太太的尊敬、赞美之辞来看,作者对西府太太不公正的评价显然不是出于本意,而是"男性—精神/女性—身体"相对立的性别观及与其相适应的象征系统将女性排斥在教派的历史文化之外,因此不能为文本提供一种恰当的语言来评价女性为教派做出的贡献。西美尔说:"由于我们的文化是从男人的精神和劳动中产生,却是也只适合于评价男人式的成功。"⑤哲合忍耶的宗教史在文本表述中是男性创造的历史,女性并不认为理所应当地存在于崇高悲壮而英雄的宗教史中,因此只有讲述或评价男性英雄的语言与其相适应。而当面对女性独立为教派做出的卓越贡献时,文本则进入了因语言的匮乏而难以描述或评价的尴尬境地,此时最便捷的方法是将她的功劳拱手让给丈夫,以避开这一困境。在这样的表述中,哲合忍耶崇高悲壮的宗教史成其为一部完满的男性历史。

①　张欣杰.“身体”范畴的多维意义[J].学术评论,2017(4):95.
②　亚里士多德.政治学[M].吴寿彭,译.北京:商务印书馆,1965:39.
③　黑格尔.法哲学原理[M].贺麟,等译.北京:商务印书馆,1961:183.
④　苏珊·鲍尔多.不能承受之重[M].綦亮,赵育春,译.南京:江苏人民出版社,2009:14-15.
⑤　西美尔.金钱、性别、现代生活风格[M].刘小枫,顾仁明,译.上海:华东师范大学出版社,2010:142.

《心灵史》对哲合忍耶历史的讲述至少存在着两种无意识,一是"精神—身体"二元对立的无意识,二是"男性—女性"二元对立的无意识,这二者又是相辅相成的。以"精神—男性/身体—女性"的二元对立为基本对立关系的男权文化在对哲合忍耶宗教史的讲述中被传承以及再生产。如果作者对此有自觉意识,也许可以出现一部完全不同的、能够凸显出作者独立立场,或者更为公正的宗教历史。然而这在"人文精神失落"的1990年代似乎并不重要,因为在一种对男性英雄悲壮崇高的苦难宗教历史的讲述中,失落已久的"人文精神"显然是被唤回了,至少男性作家主体已经找到灵魂皈依的家园。

三、"肥瘦"联姻与女性镜像

在《白鹿原》试图重建儒家文化秩序、《心灵史》宣扬信仰和宗教精神来拯救时代病症之外,还有一部分秉持"人文精神"的民族家族小说男性作家试图将他们在历史中或民间寻找到的辉煌文明或鲜活力量注入时代肌体,来使国家与时代恢复生命力。高建群的《胡马北风大漠传》封面上写道:"每当那以农耕文化为主体的中华文明,走到十字路口,难以为继时,于是游牧民族的踏踏马蹄便越过长城线,呼啸而来,从而给停滞的文明以新的'胡羯之血'(陈寅恪先生语)。这大约是中华古国未像世界上另外几个文明古国那样,消失在历史路途上的全部奥秘所在。"他在《最后一个匈奴》中回顾勇猛剽悍、骁勇善战的铁骑民族,便体现了这一意图。在这些民族家族小说的某些文本表述中,时代的"病体"常常化身为状况不佳的男性身体,如《高老庄》中以高子路为代表的"矮体短腿"的高老庄男人们,以及《九月寓言》中"无能的、多病的、心底幽暗的""有点像女人"的煤矿工程师之子挺芳等。他们身体呈现出的先天不足,正预示着时代环境的问题重重。这些文本恰恰又设置了健康有活力的女性与先天不足的男性结合,这位女性往往代表着作者所寻找到的"治病良方",即古代文明或民间文化,意在她所代表的健康、新鲜与充满活力的文明文化得以注入疲惫、贫瘠、腐烂的民族时代肌体,使时代文化焕发新生。文本中的这一性别设置及性别表述是意味深长的。

《高老庄》中寄托男性作家主体"拯救"希望的那股新的文化力量来自于高子路的妻子——西夏的身体。高子路自卑于自身的矮体短腿,喜欢大唐壁画中臀部滚圆、四足精瘦的大宛马。他遇到了一个大宛马一般的臀圆腿长的美丽女人,娶她为妻,并改名西夏。西夏为历史上北方的一个匈奴人种的国名。辉煌灿烂的大唐文化、原始活泼的异域文明、健康粗狂的匈奴人种,无疑是作家主体渴望注入糜烂的时代肌体、使之焕发新生的新鲜文化。而这个健康高大的女性身体,无疑是这一新鲜文化与希望的象征。西夏与高子路的结合,是作家主体为自己寻找到的时代出路在文本中做出的象征性呈现。

《九月寓言》为拯救时代的病症寻找到的是"融入野地"的精神:"野地是万物的生母,她子孙满堂却不会衰老。她的乳汁汇流成河,涌入海洋,滋润了万千生灵。"[1]《九月寓言》中小村青年赶鹦、香碗、三兰子、肥等夜晚在野地奔跑、露筋与闪婆以天地为家等,都使"野地"这一意象散发出生命的自由、活力与激情,然而最能代表野地生命力的则是村姑肥。"肥"这一意象隐喻着大地的丰产与旺盛的生命力等原始生殖崇拜的文化意义。基于远古的"相似率"

---

① 张炜.融入野地[M].北京:作家出版社,1996:16.

巫术思维①,女性与大地生育功能层面的相似性,使得她们的"身体"都蕴含着生命的奥秘。在生殖崇拜领域,女性与大地都成为具有"丰产"意义的符号。这是一种基于原始思维的建构,并有着深刻的集体无意识渊源。按照"相似率"思维方式,肥胖丰满的女性在生殖崇拜的原始信仰中是生殖力、丰产的象征。② 乡村女性的肥硕丰满被认为是长于生育、具有创造力和生命活力的标志,而村姑肥的身体白胖得像一株水生植物,况且文本一再强调"九月"这一丰收的季节,更暗示了"肥"的象征意义与主题的关系。最终肥与煤矿工程师之子挺芳的结合与私奔,是对肥所代表的野地里旺盛的生命力对挺芳所代表的贫瘠瘦弱的时代病体的活力注入的象征性实践。

《白鹿原》《心灵史》《高老庄》《九月寓言》是1990年代民族家族小说的代表作,也被主流文坛认为是颇有艺术水准和精神价值的作品。它们承担着重建时代"人文精神"的伟大使命,纷纷在传统文化、少数民族宗教信仰、古代或异族文明、民间精神等中寻找救治时代病症的良方。这一文化现象实际上来自于作家主体在1990年代被边缘化而产生的精神危机,他们试图通过对拯救民族国家时代病症的崇高任务的承担,以期赢得文化上的主导权,挽救处于边缘和危机中的自我。通过上述分析,可见这些文本所建构的新的文化权力秩序,或宗教历史,或拯救方式,几乎都是建立在性别政治的文本表述基础上的。"性别系统不是偶然的现象,而是社会现实被组织、被标明以及被体验的方式。"③ 也由此可见,性别政治是男权文化象征系统传承与再生产的基本模式,而不是一个特殊类型。

On the Other Side of the Humanistic Spirit
—The Cultural Reconstruction and the Gender Order in the 1990s' National Family Novels

Zhang Xinjie

(Quality education center, Henan University of Economics and Law, Zhengzhou, 450000)

Abstract: Male intellectuals in 1990s were from the center of the socio-culture to the edge in the wave of business culture. Part of male intellectuals held the flag of *Humanistic Spirit* in the national family novels in order to reconstruct the cultural order to save the crisis of the contemporary national spirit and the self-identity. No matter the Confucian ethic order in White Deer Plain, the Religious order in History of the Soul, nor the imagination in September fable and Gao Lao Zhuang, was based on the gender order.

Key words: the humanistic spirit; the national family novels; the cultural reconstruction; the gender order

---

① 弗雷泽.金枝[M].徐育新,等,译.北京:大众文艺出版社,1998:89.

② 叶舒宪.高唐神女与维纳斯[M].西安:陕西人民出版社,2005:14.

③ 苏珊·弗兰克·帕森斯.性别伦理学[M].史军,译.北京:北京大学出版社,2009:1.

硕博论坛

Postgraduate Forum

Women/Gender Studies

我国小学语文教科书中不平等现象研究现状评述
——基于 CNKI 中的期刊文献的分析

施 慧[*]

内容摘要：采用文献计量学和内容分析法，对近年来我国学者关于小学语文教科书中不平等现象的研究进行分析，本文发现，自 21 世纪以来，学界对于此类问题的关注虽不断上升但以小学语文教科书为对象的研究数量，总体仍较少。在问题研究方面，国内学界对于小学语文教科书中存在的不同类型的不平等问题，关注度差异较大：性别偏见仍属研究热点，种族问题的关注度不断提高，但社会等级问题和残疾人问题的研究仍处于弱势；就研究类型而言，描述型研究较多，探究型研究较少，理论研究偏多，实证研究较少；从研究对象来说，选择的教材版本较为局限，集中在人教版、苏教版和北师大版；从研究结果来看，大部分学者对教科书中不平等现象的分析较为浅显。

关键词：小学语文；教科书；不平等现象研究

一、研究缘起

党的十九大报告强调，必须把教育放在优先发展的位置，努力让每个孩子都能享有公平而有质量的教育。根据教育的外部关系规律可知，对斯宾塞的著名问题"什么知识最有价值？"的回答，应随着社会环境的变化而变化。在当今较为和平、稳定的社会大背景之下，有"力量"但"非权威"的知识应该占据主导。教科书是学校课程知识传播的主要媒介，但其内容、设计等会受到社会等多种因素的影响。

根据皮亚杰的儿童认知发展理论可知，小学阶段的学生已具备了逻辑运算法则，思维有了可逆性、守恒性，但仍需要具体事物的支持。可见，小学阶段学生的学习认知以及所形成的行为习惯对个体世界观、人生观、价值观的树立，会产生重要影响。而语文作为一门学习语言文字运用的综合性、实践性课程，在义务教育阶段发挥着基础作用。《全日制义务教育语文课程标准（2011 年版）》指出，小学语文教科书所选择的课文，除了具有传授语文基本知识、培养学生的语言能力（阅读和写作等）、训练学生的思辨和表达技巧的功能之外，还要使学生能够形成积极的人生态度和正确的世界观、价值观。语文教科书所拥有的这些功能，完全符合课程标准的要求，但其选文、插图设计却隐藏着一定的价值取向，它们是通过教科书

---

* 施慧，女，厦门大学教育研究院硕士研究生，主要研究方向课程与教学论。

中社会角色的塑造予以体现。这些价值取向可能与课程标准所规定的相符合,可能完全背离,也可能与社会主流不相符合。

20世纪80年代起,我国学者就对小学语文教科书中的平等问题予以关注。进入21世纪,此类研究的数量更是不断增加。通过阅读多篇文献,笔者发现,现有研究中,大多数均从零基础开始,停留在现象描述的层面,很少有在前人研究的基础之上,加以深入研究的。这就会造成某些研究结论重复出现,而更深层次的研究则较为缺乏。因此,对目前学界有关此类问题的研究现状进行梳理和分析,可以为学者们提供研究基点,使得他们能够"站在巨人的肩膀"上,不断推动该领域研究的深入。

本文的创新之处在于,在已有的对小学语文教科书不平等现象的研究进行宏观分析的基础之上,从宏观和微观两个层面对当前有关小学语文教科书不平等现象研究的现状进行统计和分析。宏观上,本文分析了已有研究的发布年份、选取的教材版本、研究主题等,微观上,本文对各项研究选取的角度、问题的分析及结论等进行探究,以呈现出更为全面的研究现状。

二、研究对象与方法

(一)研究对象的确定

教科书,又称"课本",是教材狭义上的解释,是指根据教学大纲和教学法的要求及不同年龄学生的认知特征而编写的教学用书。[①] 本文所选取的文献,均是以我国小学语文教科书为研究对象的。

教科书意识形态是国内外学者关注较多的领域,该领域的研究变量又可以分为种族、性别、社会等级、年龄和残疾人等。结合我国的实际国情以及学界目前的研究成果,本文主要分析的是,对我国小学语文教科书中存在的种族、性别、社会等级和残疾人方面的不平等现象进行探究的文献。

本文选取的是发表于CNKI上有关小学语文教科书中不平等现象研究的文章,发表于非CNKI上的有关小学语文教科书中不平等现象研究的文章不在本文的分析范围内。

笔者分别以"中小学语文教材""中小学语文教科书""义务教育阶段语文教科书""义务教育阶段教科书""教科书""小学语文教科书性别""小学语文教科书民族""小学语文教科书国际""小学语文教科书宗教""小学语文教科书残疾人""小学语文教科书城乡""小学语文教科书阶层"为关键词进行搜索,并对结果进行多次筛选,剔除重复出现的文章、有关语文教学的研究、对课改教材的编写内容及体系研究等之后,共有124篇文章符合本文的研究。

在搜索的过程中,笔者发现,部分文献会涉及本文所提到的两个或两个以上问题的研究。为方便统计,笔者将包含两种及以上的文章放到综合类文章条目中。在所有符合本文研究的文章中,就单一主题进行研究的共85篇,其中性别主题的文章共49篇,种族主题的文章20篇,社会等级主题的文章11篇,残疾人主题的文章5篇。就两个及两个以上主题进

[①] 王伯恭.中国百科大辞典[M].北京:中国大百科全书出版社,1999.

行研究的文章共 39 篇：涉及种族问题研究的有 35 篇，其中国际 8 篇，民族 12 篇，宗教 1 篇，同时涉及国际和民族的 14 篇；涉及性别问题研究的有 29 篇；涉及社会等级研究的有 21 篇，其中阶层 8 篇，城乡 7 篇，同时涉及阶层和城乡的 6 篇；涉及残疾人问题研究 2 篇。

（二）统计数据的处理

本文以 CNKI 期刊作为数据库，运用文献计量学和内容分析法进行探究。

笔者运用 excel、word 软件，按照研究主题、年份、教材版本及出版日期、研究领域、研究内容、研究方法、结论这 7 个维度，对符合要求的文章进行统计分析。在通读了所有符合本文研究条件的文章后，根据我国的实际国情，笔者将种族这一研究主题细分为国际、民族和宗教三个研究领域。

三、结果与分析

教育与社会紧密相连。在对教育现象进行分析时，社会因素是不可忽视的重要部分。

新中国成立初期，我国中小学教科书基本是由苏联教科书翻译而来的，采用"一纲一本"教科书政策，实行国家统编制。但随着我国教育事业的发展，"一纲一本"政策表现出了明显的局限性。[①] 2001 年 6 月，教育部颁布了《基础教育课程改革纲要（试行）》，规定"实行国家基本要求指导下的教材多样化政策，鼓励有关机构、出版部门等依据国家课程标准编写中小学教材"。同年，新课程标准颁布，实行"中央—地方—学校"三级管理的课程政策和"一纲多本"的教科书政策。

迄今为止，教育部共颁布了两份义务教育阶段各学科课程标准文件，即 2001 年和 2011 年义务教育阶段各学科课程标准。那么，政策、社会环境的变化，对我国小学语文教科书内容的价值取向会产生怎样的影响？学界对此项问题的关注又如何呢？见图 1。

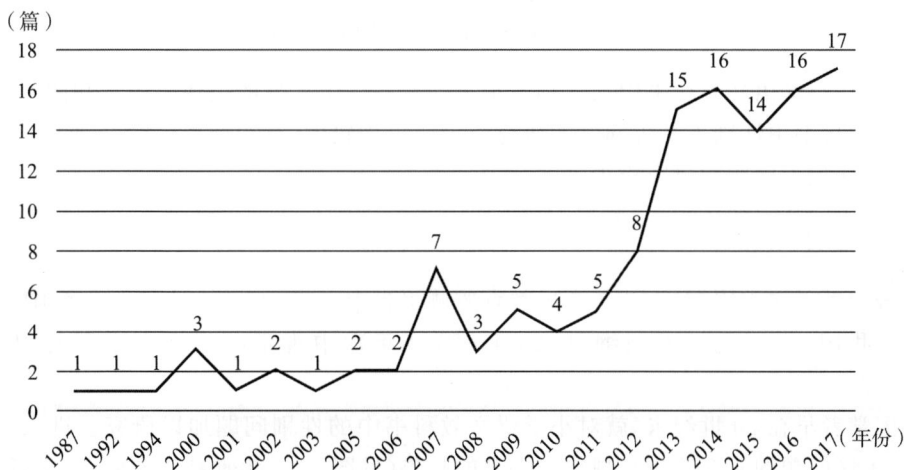

图 1　我国有关小学语文教科书中不平等现象研究的文章数量分布图

---

① 钟启泉.一纲多本：教育民主的诉求——我国教科书政策述评[J].教育发展研究,2009(4):1-2.

　　早在 20 世纪末,小学语文教科书中的不平等现象已经引起了学界的关注。自 2008 年以来,学界对这一问题的关注度不断上升,相关研究的文章数量也呈现不断增长的趋势。但总体而言,此类问题所获得的关注仍然较少。

　　此外,关于性别、种族(国际、民族、宗教)、社会等级、残疾人这四个较为典型的不平等现象的研究,在数量方面存在差异。见图 2、图 3。

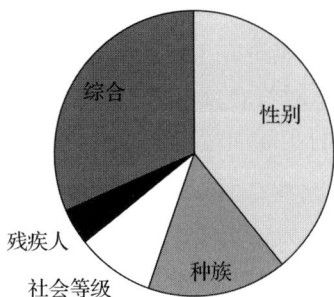

图 2　我国小学语文教科书各个不平等现象研究主题的比例分布

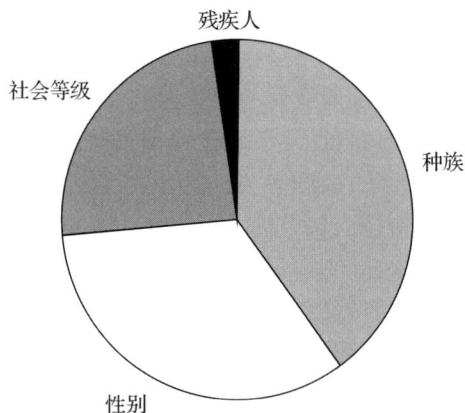

图 3　综合研究中涉及各个不平等现象研究主题的比例分布

　　很明显,小学语文教科书中的性别不平等问题备受学术界的关注。图 2 和图 3 中,有关小学语文教科书中性别不平等问题的研究所占比重均较大;有关种族问题的研究,则居于其次;而关于残疾人问题的研究极少。

(一)性别

　　联合国教科文组织在 2016 年全球教育监测报告中指出,性别偏见在全球各国的教科书中盛行。我国《中国儿童发展纲要(2001—2010 年)》中规定:"将性别平等意识纳入教育内容"。[①]

　　我国学者早在 20 世纪末,就对小学语文教科书中的性别问题加以研究。进入 21 世纪以来,有关该问题的研究数量呈现波动上升的趋势(见图 4)。就研究对象而言,学者们有研究民国时期的《订正女子国文教科书》《中华女子国文教科书》,也有研究 1993 年的《小学国

----

　　①　史静寰.教材与教学:影响学生性别观念及行为的重要媒介[J].妇女研究丛论,2002(2):33.

语读本》。但是,目前学界研究的最多的仍是人教版、苏教版和北师大版小学语文教科书。

（篇）

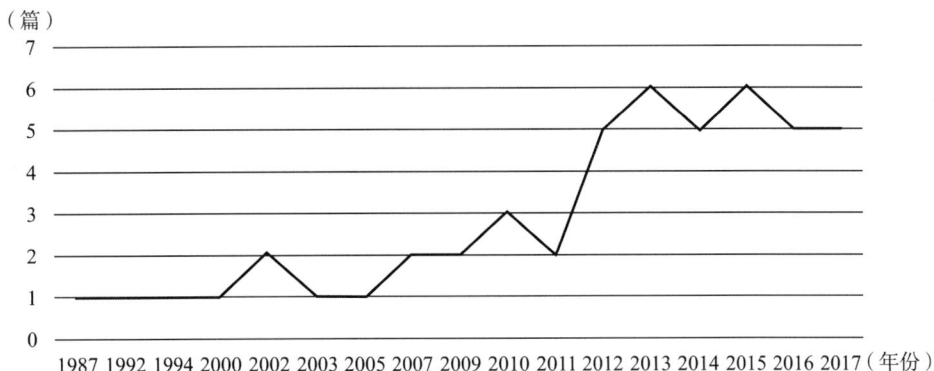

图 4　关于我国小学语文教科书中性别问题研究的数量变化

笔者将这些研究划分为个案研究和比较研究。其中,比较研究又分为横向比较研究和纵向比较研究。横向比较研究是指对不同时期的同一版本的小学语文教科书中存在的性别问题进行分析比较。此种研究方法有助于我们了解我国小学语文教科书中性别不平等问题的发展变化。纵向比较研究,是指对同一时期不同国家的或我国不同版本的小学语文教科书中存在的性别不平等问题进行比较研究。统计结果见表 1。

表 1　关于小学语文教科书中性别问题研究所采用的研究方法数量分布

研究方法		文章数量（篇）
个案研究		36
比较研究	横向比较研究	4
	纵向比较研究	9

结果显示,已有研究偏向于个案研究,比较研究较少,尤其是横向比较研究。在研究过程中,学者基本是先对相关内容进行统计,继而对结果加以分析。

个案研究中,大部分研究者是以某个时期、某个版本的 1～6 年级的小学语文教科书为研究对象,从插图、不同性别的主人公出现的频次、男性和女性的社会地位、男性和女性的职业等方面,对小学语文教科书中的相关内容进行统计。所有的研究都得出了相似的结论,即男性在当前小学语文教科书中占据绝对的优势。

在比较研究中,有少部分学者对同一版本、不同时期的小学语文教科书进行比较分析,即采用横向比较研究的方法,发现,小学语文教科书中出现的性别不平等问题与社会发展之间存在关系。因此,部分学者将我国小学语文教科书与其他国家或地区的小学语文教科书进行比较,对小学语文教科书与社会之间的关系予以进一步探究。

在研究的深度方面,笔者发现,20 世纪末到 21 世纪初,我国学者对于该问题的研究,大部分停留在较为浅显的层面,即仅呈现统计结果,得出小学语文教科书中存在男女不平等现象。随着研究的发展,学者开始对现象出现的原因进行深层次探究。然而,大部分学者对原因的分析仍然不够深入。很多学者将此类现象的出现,归咎到教科书编写者身上。他们认为,调整小学语文教科书编写队伍以及转变编者的性别观念,就可以改变这种现象。但事实并非如此,如果把教科书编写看作是执行任务,那么编写者只是其中的执行人员而已。转变编者的性别观念,治标不治本。有部分学者认为,可以从教师教学的角度,减小这一问题所带来的影响。然而,学生时代的教师也同处于这一教育体系之中,性别观念已根深蒂固。所以,教师在教学的过程中,难免会受到隐性性别观念的影响。

要彻底改变这种现象,必须以决策层为抓手。由于我国课程内容体现国家意志的法定文化,意义是由国家赋予的,是受到社会控制的。因而,较之于教科书编写者而言,从政治、文化、社会因素着手,才能发现此种现象出现的最根本原因。

(二)种族

宗教信仰自由政策是我国长期实行的一项基本政策,而我国各类教科书中基本不会涉及有关宗教的知识。因此,笔者将着重对有关国际以及民族问题方面的研究进行分析。见图5。

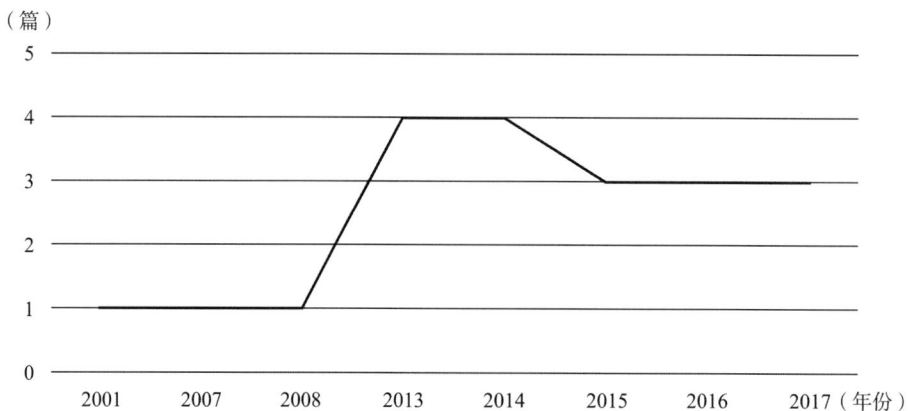

（篇）

图5　关于我国小学语文教科书中种族不平等问题研究的时间分布

专门针对小学语文教科书中种族不平等问题的研究并不多,近些年学界才开始对此类问题加大关注。因此,有关教科书中该领域问题的研究,目前还是较为缺乏的。

统计发现,在为数不多的研究中,学者更加关注小学语文教科书中的民族问题。专门针对小学语文教科书中种族问题研究的文章共有 20 篇,其中 11 篇是关于民族问题的研究。我国是一个多民族国家,如何实现各民族平等,是国家长期以来不断探寻的问题。小学作为人生的启蒙阶段,在此期间,学生所接收到的与民族有关的信号,会对其产生潜移默化的影响。

分析发现,在该部分的研究中,学者通常采用定量研究的方法。只有少部分学者会在此基础上,进行质性研究。从研究对象来看,这些研究主要可分为两大类。一类是以少数民族小学语文教科书为研究对象,另一类是以主要面向汉族学生的小学语文教科书为研究对象。其中,以少数民族小学语文教科书为对象的研究数量极少,且以较大族群所使用的小学语文教科书为主。

从研究结果来看,笔者发现,研究者在对小学语文教科书中有关民族问题进行探究时,更多的是呈现问题,很少对问题背后的原因加以探究。少部分学者会给出一些建议,而这些建议基本也是从教科书编写角度提出的,问题分析缺乏深度。

在有关国际问题的研究中,有个案研究也有比较研究。总体来说,分析都较为深入,研究者挖掘出了政治、社会环境等对教科书内容选择等方面产生的影响。研究者通过对新中国成立初期到现在,我国小学语文教科书中出现的外国作品的数量、作品的区域分布、内容范围加以统计、对结果进行分析,从社会影响因素的角度,得出国际理解是教科书异域文化选择的基本准则。

(三)社会等级

等级是政治统治关系的法律化,是超经济的强制的一种最一般的制度。[①] 等级侧重于政治地位、司法诉讼、教育方面的差别,从多层面体现出社会成员之间的相互关系。[②] 根据我国的实际国情,当前我国小学语文教科书中所涉及的社会等级问题主要集中在城乡差异和社会阶层不平等两个方面。

国内学界对于小学语文教科书中的社会等级问题的研究,起步晚、数量少。见图 6.

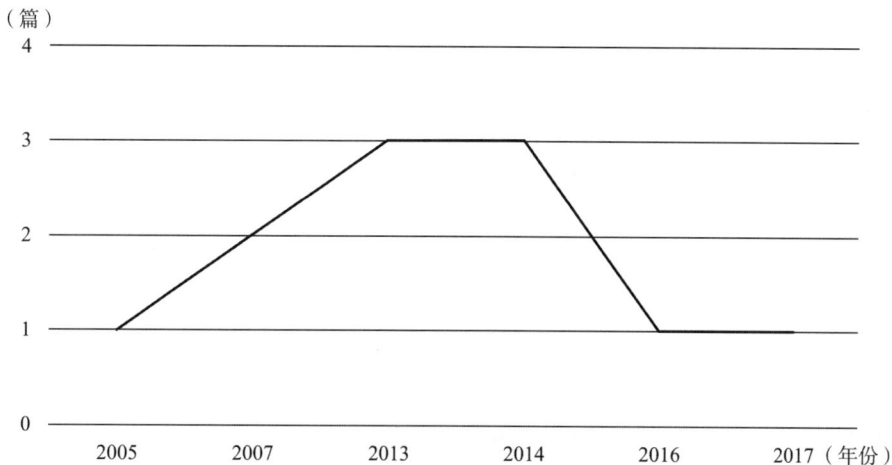

图 6 关于我国小学语文教科书中社会等级问题研究的时间分布

在关于我国小学语文教科书中社会等级问题研究的 11 篇文章中,9 篇是对城乡问题的探究,2 篇是对小学语文教科书中阶层问题的研究。对城乡问题的探究,主要是指在内容、插图设计等方面,对城市和乡村的环境、生活等方面的描述,不包括对人物形象的描述。而对阶层问题的研究,主要是指对不同职业以及不同职业人物形象的塑造和描述

在有关城乡问题的研究中,研究者所选取的研究对象以人教版小学语文教科书为主,从内容、书本插图以及课后练习等方面,对不同时期的人教版小学语文教科书进行统计分析,发现,我国各个版本的小学语文教科书普遍存在明显的城市倾向。学者在对这一现象进行原因分析时,基本都认识到了社会统治对此产生的影响。

在有关社会阶层的问题上,已有研究较少,且仅是呈现现象、预测影响,却没有对问题产生的原因加以分析。通过比较国内外教材发现,较之于国外教材而言,国内教材呈现出更明显的职业偏见。国内教材更多地关注精英阶层,而国外教材更多地关注普通阶层。研究者

---

① 经君健.试论清代等级制度[J].中国社会科学,1980(6).
② 宋立恒.金代社会等级结构研究[D].北京:中央民族大学,2005:2.

指出教科书中社会阶层问题的存在,对学生职业观的树立、学生的学习均会产生不利影响。

(四)残疾人

教科书不仅是不同时代、不同地域的社会文化的反映和投射,也是对社会形象的一种反映和投射,尽管这种投射经过编者的特殊处理。[①] 小学语文教科书中对于残疾人的关注度,与社会对于残疾人的关注之间存在一定的关系。

符合本文研究的文章中,涉及对小学语文教科书中残疾人问题加以探究的文章共有五篇。其中,专门就残疾人问题加以研究的文章仅一篇,其余均是在对小学语文教科书中社会弱势群体加以研究时,将残疾人作为其中的一个小分支加以分析阐述的。

对现有研究加以分析后,笔者发现,关于小学语文教科书中残疾人问题的研究,描述型研究偏多,探究型研究较少。大部分研究都是从宏观的角度,运用文献计量学的方法对小学语文教科书中残疾人出现的数量、外在形象、区域分布等进行统计。学者只关心"说了什么",而不知道"怎么说的""为什么这么说"。

《关于残疾人的世界行动纲领》中指出:"目前各种文化中对残疾人地位的认识很不够,而文化又是态度和行为方式的决定因素,因此,需对有关残疾问题的社会文化问题进行研究。"关于小学语文教科书中残疾人问题的研究很少,在现有的研究结果中,学者只是从教科书的编写以及使用方面提出建议,只有极个别研究者会从政治、经济、社会文化的角度,寻求原因。

(五)综合

进入 21 世纪,部分学者意识到小学语文教科书中的不平等已经不再局限于某一个领域,而是可能同时存在于多个领域。因此,学者对于小学语文教科书中不平等问题的研究更加全面,从多个领域加以研究分析,力求更加立体化、全面化。见图7。

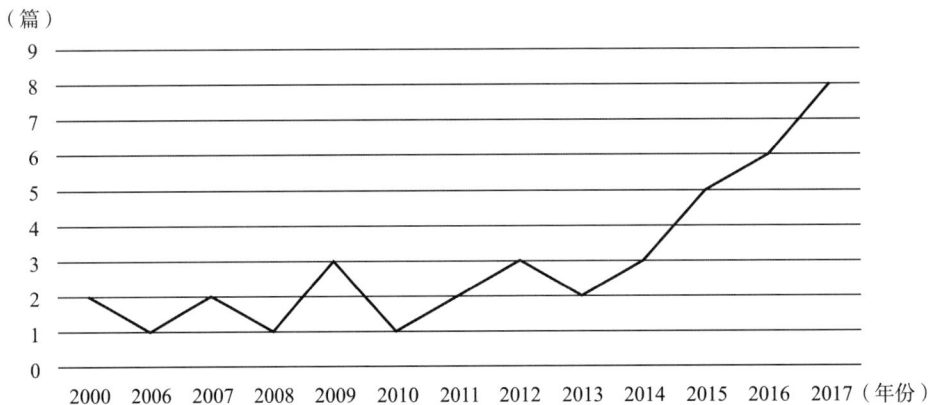

图7　关于我国小学语文教科书中不平等问题的综合研究

综合研究所涉及的研究领域数量为:种族研究＞性别研究＞社会等级研究＞残疾人研究。小学语文教科书中的性别问题,仍为研究热点。种族问题研究,正在逐步进入更多学者

---

① 张计兰.我国当下小学语文教科书对残疾人关注的研究[D].南京:南京师范大学,2008:38.

的视野。在种族问题的研究中,有关民族问题的研究最多,这与我国的实际国情有关。在社会等级问题的研究中,学界对城乡和阶层问题给予了同等关注。

在研究方法上,学者既采用了个案研究的方法,也运用了比较研究的方法。其中,横向比较有 5 篇,纵向比较有 4 篇,个案研究共 30 篇。大部分学者采用理论研究的方式,但也有学者在此基础上,辅之以实证研究。

在研究对象方面,就教材版本而言,共涉及人教版、苏教版、北师大版、台湾翰林版、台湾康轩版、香港新亚洲版等。其中,大部分是以人教版义务教育阶段小学语文教科书为研究对象;从教科书的年代来看,学者选取的研究对象有清末商务印书馆出版的《最新初小国文教科书》、民国时期的国文教科书、近代商务版国文教科书以及当代小学语文教科书;就教科书的使用区域来看,有对蒙语文教科书的研究、对维吾尔文《语文》教科书的研究以及对汉族语文教科书的研究。

研究以现象描述、数据分析、提出建议这三个步骤为主,进行深层次原因分析的文章较少。同时,综合类的研究中,各个部分研究内容的呈现方式主要是机械地相加。大部分学者从教科书编写及使用的角度,对此类现象提出建议。只有少部分学者会从政治、经济、社会的角度对原因加以分析,并提出相关建议。

四、结论与启示

学者们通过多年的努力,已为我国小学语文教科书中不平等问题的研究勾勒出了一个基本框架,将小学语文教科书中隐藏的不平等问题呈现出来,引起了社会各界的关注,推动义务教育阶段小学语文教科书的不断变革。

小学是人的意识、价值观念形成的启蒙阶段,小学语文教科书传递的这些隐性信息对学生意识形态的形成会产生较大的影响。然而,当前有关我国小学语文教科书中不平等问题的研究,存在以下几个问题:

第一,关注领域集中,易"人云亦云"。教科书中的性别平等问题依旧是学界研究的重中之重,关于民族平等问题的研究也在不断增加。但是,关注教科书中残疾人问题的研究者很少。近些年来,残疾人问题受到党和国家的高度关注。如何保障残疾人的合法利益,使他们为社会平等对待,是有关部门需要解决的重要问题。儿童是祖国的花朵,民族的未来,从小就要形成平等的思想,做到不歧视残疾人。此外,学界对社会阶层问题的关注度也有待提高。当前我国就业形势严峻,这一现状的形成,很大限度上与个人的就业观有密切联系。小学是个人世界观、人生观、价值观形成的启蒙阶段,我们必须对小学语文教科书中所涉及的相关方面的显性、隐性知识加以关注。尽管学界的研究偏向以及关注重点会受到国际研究趋势等因素的影响,但在很大限度上,还是应由我国的实际情况决定。学者要结合我国实情,同时关注显性和隐性知识两个方面,"治标且治本",挖掘教育现象背后隐藏的价值取向,立足于教育,但不仅限于教育,在前人研究的基础,深入分析,切不可人云亦云。

第二,理论研究为主,缺乏实证分析。学者对于小学语文教科书中不平等问题的研究,以描述型研究为主,缺乏探究型研究。大部分学者停留在对小学语文教科书中不平等现象的简单描述上,即只了解"说了什么"。此外,在分析不平等现象带来的影响时,学者只是从自身经验出发,加以阐述的。然而,走进实地去调研,从一线教师的教学以及学生的反馈中,发现教科书中的不平等现象对学生所造成的影响,会更有助于小学语文教科书的改进。

第三,研究深度有待加强,分析思路有待拓展。在原因分析及建议中,大多数学者认为教科书中不平等现象的出现,与小学语文教科书的编写团队有关。我们不可否认的确存在一定的联系,然而,教科书是社会主流文化的一个部分,是受到统治阶级及社会意识形态的控制。仅仅从教科书编者队伍提出改进建议,是远远不够的。教育与社会发展之间存在紧密的联系,教育是适应社会发展需要而产生的。因此,在对教育问题进行分析时,我们应跳出教育的限制,站在社会的角度,从政治、经济、文化方面对原因加以分析。

教育的发展会受到社会变化的影响。在进行研究时,学者不仅要立足于我国基本国情,还要关注世界趋势的变化。在日益强调公平和平等的国际社会中,小学语文教科书中的阶层以及残疾人问题必定会受到学界更多的关注。同时,随着教育国际化不断发展的情况,我国学者应进一步加强对小学语文教科书中国际问题的分析。

Comments on Current Analysis of Inequalities in Primary Chinese Textbook
—Analysis of Journals in CNKI

Shi Hui

(Institute of Education, Xiamen University, Xiamen, 361005)

Abstract: Analyzing the researches which are concerned about the inequality in Chinese textbooks by the methods of bibliometrics and content analysis, it is found that there have been more and more papers focused on this topic since 21st century. There are many kinds of inequality problems and different types of these problems have got different number of concerns from scholars.

Among these subjects, sexism has been paid the most attention. More and more scholars are doing research on the racism. As to the class bias and the careers of the disabled, there is a lack of concern from academic circles when it comes to the study of the textbooks. About the methods of the study, descriptive researches are more than inquiry-based ones, which means there are more theoretical studies but fewer empirical studies. The researchers focus on the analysis of relevant issues of three sets of textbooks: the version of the People's Education Press, the version of the Jiangsu Education Press and the version of the Beijing Normal University Press. Most of the conclusions are not profound.

Key words: the primary Chinese; textbook; research on inequality

乡土想象与现代性表述

——以"十七年"戏剧中的女性形象为例

苏 妹[*]

摘 要:"十七年"农村题材戏剧的生产是政治话语与其他话语博弈之后的结果,支撑这一生产机制的主流国家意识形态压迫着其他话语的运作。然而,并非所有文本都能与民族国家话语严丝合缝,民间话语与知识分子话语仍然可以渗透进政治叙事之中,出现对乡土图景、衣食住行、婚丧嫁娶等民间生存法则和自由平等、人性人情等知识分子关怀的描写。此外,一些表现农村女性争取婚恋自由和走出家门、参与集体劳动的戏剧,在迎合党的方针政策的主流话语同时也存在女性话语,但"十七年"后期直接抹杀了女性的性别身份,亮起了"女生男相"的性别模糊信号。乡村渐渐被想象和构建成阶级的乡村,阶级斗争叙事覆盖了对日常生活、人性人情、女性意识的表现,却正好反映了近代以来中国现代化进程欲望与焦虑相交织的尴尬历史境遇。本文通过细读一些具有代表性的农村题材剧本,从"接地气"、女生男相、远离都市的女性形象分析着手,通过乡土想象中复杂的话语权力交锋探讨"十七年"的现代性欲望表述。

关键词:乡土;现代性;"十七年"戏剧;女性形象

中国当代文学是中国现代文学的延伸与发展,在内容与形式上依旧助力着文学的现代性进程,但不同的是1949年以后,或者更准确地说是从1940年代初延安时期解放区文学开始,现代性诉求由"五四"时期的个人转向新政权下的集体——民族/国家。

关于现代性的概念,美国学者马泰·卡林内斯库在《现代性的五副面孔》中如是描述:"只有在一种特定时间意识,即线性不可逆的、无法阻止地流逝的历史性时间意识的框架中,现代性这个概念才能被构想出来"。由于现代性是"对于过去的敌意","现代性可以被定义为一种悖论式的可能性,即通过处于最具体的当下和现时性中的历史性意识来走出历史之流"[①]。在这里,现代性成了一个时间概念,用以表示对过去的反叛、对传统的背离。1949年新中国成立后,"现代性"表现出对以往的社会结构、秩序规范、思想意识、价值观念的断裂与重构。国家顶层权力渴望建立不同于西方"现代性"范式、也非对"五四"新文化简单继承的新型文化格局,当时的文艺政策、文艺思潮、文艺运动正是反对西方资本主义话语、巩固新生社会主义政权的文化探索。

毛泽东文艺思想早在1940年代初延安时期就初见端倪,随后的文艺整风运动、《在延安

---

* 苏妹,女,厦门大学人文学院中文系戏剧与影视学专业硕士生,主要研究方向为电影研究。

① 马泰·卡林内斯库.现代性的五副面孔[M].顾爱彬,李瑞华,译.北京:商务印书馆,2002:18.

文艺座谈会上的讲话》,明确提出文艺为政治服务、为工农兵服务,新中国成立后更是大力把民族国家话语纳入当代文学的现代性进程。唯恐思想文化领域受到西方和平演变的冲击,政治强行介入文艺领域是国家意识形态层面试图建立起一个与中国现代政治革命理想相适应的文化模式的努力尝试。正是由于这种对"现代性"的集体无意识焦虑,才出现了政治功利性极强的"十七年"文学、"文革"文学的特殊、畸形的时代景观。

中国历来是一个农业大国,经历近代以来连年战争、动乱,新中国成立初期百业待兴,"国民收入的绝大部分来源于农业,劳动力的绝大部分就业于农业,人口的绝大部分分布在农村"[①]。基于国情,建设和改造农村是社会主义建设时期的重要任务。随着合作化运动、人民公社时代到来,该时期剧作家受到号召纷纷到农村去体验生活、深入群众,创作许多表现农村生产生活面貌的"优秀"戏剧。"十七年"戏剧在强大的民族国家话语的规训下,农村题材戏剧主要围绕着生产建设和政治运动,为了给它们腾出足够的叙事空间,"五四"以来乡土文学中对乡村自然景致、日常生活、风土人情的叙事传统几乎被排除在书写之外。因此,该时期的许多表现农村题材的戏剧俨然成为图解方针政策、鼓动阶级斗争的政治教化工具,塑造的人物形象时常因片面追求典型性而丧失乡土特色和生活真实。

学术界对"十七年"乡土文学(主要是农村题材小说)的现代性研究已比较充分,但对乡土戏剧的现代性研究仍不足够,加之性别视角对女性形象的研究更是鲜少。本文将关注"十七年"时期表现农村题材的戏剧,从现代性的视角探讨该时期剧作家在国家意识形态的支配下,基于对现代民族国家的美好期盼所进行的乡土想象与表达,主要对《布谷鸟又叫了》《枯木逢春》《白毛女》《妇女代表》《青松岭》《初升的太阳》等剧中的一些女性形象塑造进行分析,探讨"十七年"高度集权时期的现代性诉求。

一、乡土图景:艰难生存的人间烟火气

1957年署名"黎弘"的剧作家刘川在《南京日报》发表了一篇评论文章《第四种剧本》,对当时剧坛流行的公式化、概念化弊病表达严重不满,并对《布谷鸟又叫了》等剧以清新的风格在艺术创造上对以往"三个框子"所做的突破表示肯定,并认为它们是当时话剧舞台上的重要收获,是"当之无愧的'第四种剧本'"[②]。

《布谷鸟又叫了》(1956年,杨履方编,四幕六场话剧)在肯定自由恋爱、女性解放的同时大力抨击了大男子主义等封建残余思想,与同时代其他农村题材戏剧类似,迎合了宣传《婚姻法》、合作化的党的方针政策的潮流。不过,《布谷鸟又叫了》以清新、明媚、乐观的色调为故事增添了许多乡土气息,这里的乡村并非停留在只有阶级矛盾的乡村,被剧作家想象和构建成富有生机、活力、人情味的乡村。比如通过勾勒初春河渠交错的原野、夏天麦浪起伏的田地来展现江南农村生机勃勃的自然风光,原野上有着"布谷鸟"动人歌声的童亚男在劳动时领唱民歌表现了乡民歌声与笑声交织一起的愉快劳动场景,平常追逐打闹、向往自由恋爱的青年男女们在合作社俱乐部里吹拉弹唱中释放着自己的青春活力,还有邻里间搬弄是非、

---

① 郭根山.走上大国复兴之路[M].郑州:河南人民出版社,2009:37.
② 董健,胡星亮.中国当代戏剧史稿[M].北京:中国戏剧出版社,2008:63.

夫妻间小吵小闹等真实乡村生活细节,以及在日常对话中插入类似"猪油蒙了心窍,豆腐渣塞了眼睛"等乡土社会的俗语、俚语。更重要的是通过塑造童亚男这一敢爱敢恨、独立自主的女性形象来稀释笼罩当时剧坛的"政治味",增添了贴近民间的"人情味"和"世俗气"。童亚男面对恋人王必好把自己束缚在家的"五条规划"表示不满和抗议,面对开除团籍的威胁发出了"我要,要爱,爱到底,你管不着!"的大胆宣言,重申女性生而为人的尊严与价值,猛烈冲击男权社会中顽劣的封建大男子主义思想。

以《布谷鸟又叫了》为代表的"第四种剧本"突破了工农兵题材的限制,在触及恋爱、婚姻、家庭问题中拓宽了戏剧的表现领域。这些对乡村日常生活的生动描写和人性人情的细致剖析无疑是在强大的政治话语挤压下的艰难表达,换句话说,剧作家在国家意识形态的缝隙下为自己对乡土的想象与构建找到了一丝生存空间,尽量还原生活原本的丰富形态和鲜活气息,是民间话语和知识分子话语对政治话语勇敢而积极的突破。然而,这出优美的抒情喜剧在之后的"反右"斗争和"批判修正主义"运动中被戴上了"丑化党的领导的毒草"的帽子,以"鼓励了资产阶级的个人自由的恋爱观"等罪名受到了批判。这也恰好说明在"十七年"时期,承载着增添艺术感染力功能的日常生活、人性人情内容,在党领导建设新农村的国家话语面前属于"异质性"因素,被剥夺了话语的合法性和正当性,变成了"多余"的甚至是"有害"的。

"十七年"中还有一部分戏剧同样在表现农村生产生活政治正确性时融入了"异质性"因素。比如,《枯木逢春》(1960 年,王炼编,多幕话剧)围绕着在党的领导下"血防"队伍研究、治愈村民们的血吸虫病展开为人民健康而战斗的故事,剧中的童养媳苦妹子十年前与家人方冬哥一家在逃荒中失散,十年后与方冬哥意外重逢时已是个刚死去丈夫的新寡妇,也是个患上血吸虫病的晚期病人。20 世纪 40 年代内战之下的旧中国冲散了他们一家,打破了这个乡村家庭的伦理秩序,而 50 年代代表新政权的共产党为苦妹子治好了病,恢复了劳动和生育能力的她得到了方妈妈的认可,为重新修复这个家庭空间、重新过上美好生活提供了可能性。这仍然没有跳出歌功颂德的政治套路,但剧本并没有排斥人性人情、日常生活的表现。患了重病的苦妹子不能劳动、生育,在医学不发达的条件下极有可能死去,可有情有义的方冬哥对苦妹子不离不弃,凸显了"患难见真情"的乡土传统价值理念。虽然小时候的苦妹子是作为封建社会的受害者——童养媳寄养在方冬哥的家里,但他们也算是一同成长的青梅竹马,方冬哥在苦妹子面前哼起了江西民歌,与她一起回忆家乡和童年,试图唤起她的爱,可苦妹子不愿成为方冬哥的负累和方家的罪人,忍痛拒绝了方冬哥的示好。这其中流露的脉脉温情实在令人动容,谱写了人性的赞歌。

再比如,"文革"八大样板戏之一的《白毛女》最初的文艺样式是 1945 年延安鲁迅艺术学院根据晋察冀边区一带流传的"白毛仙姑"民间故事集体创作的歌剧,尽管也预设了"旧社会把人变成鬼,新社会把鬼变成人"的政治内涵,但在乡土想象与构建中保留着大量的民间话语成分:杨白劳卖豆腐回来后为喜儿带回来二尺红头绳,并为喜儿扎起来,形成一幅父女和谐的乡土人伦图景;除夕之夜,贴门神、包饺子,这些过年习俗营造了喜庆热闹的气氛,包含着乡土贫苦百姓对美好生活的期盼与憧憬。这些对人间烟火气的表现,构成了乡土中"以天伦之乐为理想的社会关系形态"与"体现在送旧迎新的仪俗之中的文化价值系统"[①]。另外,

---

① 孟悦.《白毛女》演变的启示——兼论延安文艺的历史多质性[M]//王晓明.二十世纪中国文学史论:下卷.上海:东方出版中心,2003:192.

当地人对白毛仙姑的迷信尽管没有科学依据,但也折射出乡民对自然神的敬畏,富有浪漫传奇气息的民间信仰是维系乡土社会秩序的价值基础。不幸的是,这些呈现民间生存法则、伦理秩序、道德逻辑的世俗性细节在进入新中国以后很快被民族国家话语的筛子过滤掉,在从歌剧到电影到革命现代舞剧的数次改编中只留下了在书写受尽压迫的农民对无恶不作的地主的阶级仇恨与报复所带来的暴力快感,由概念堆砌而成的无血无肉的人物丧失了生活真实的艺术魅力。

勾勒自然风光的风景画、展现人际关系的风情画、描绘传统习俗的风俗画是构成乡土文学的重要部分,而"十七年"时期对建设社会主义国家的"现代性"追求几乎把五四以来的乡土"三画"传统摒弃了,乡土中的人情味、人间气被民族国家话语的政治味冲淡,创作活动几乎以表现农村的生产建设、阶级斗争为中心。然而仍有一批作品超越政治话语的逻辑,将日常生活、人性人情带入生产建设、阶级斗争叙事,提示着乡土生活并非局限于生产建设、阶级斗争,乡土经验呈现着具有更多可能性的复数形态,可是这种为主流意识形态所不容的"异质性"因素使剧作最终也逃脱不了被批判(如《布谷鸟又叫了》)或被改造(如《白毛女》)的命运。

二、女生男相:走出家门的女性身份

著名人类学家费孝通先生在《乡土中国》中指出,中国前现代的乡土社会是"一种并没有具体目的,只是因为在一起生长而发生的社会",即使不与外界进行经济文化的互动交流也可以处于独立自足的状态,不同于"为了要完成一件任务而结合"的现代社会①。现代以来,国家政权在改造、建设乡村的同时大力落实国家意识形态,自 20 世纪 40 年代解放区崛起的农村题材文学"实际上就是表现新的现代性秩序对自在乡土社会的渗透、介入、整合、改造的过程"②。在"十七年"农村题材戏剧中,女性解放是乡土社会现代化进程中的重要诉求。在上文提及的《布谷鸟又叫了》的女主人公童亚男身上,能明显看见女性解放的两个关键点,一是争取恋爱自由、婚姻自主(童亚男强烈反对王必好对自己的种种束缚,要求解除双方的恋爱关系),二是走出家门、参与社会劳动(童亚男向组织申请学习开拖拉机,为建设社会主义新农村贡献自己的力量)。前者保障的是妇女的个人权利,后者便直指国家的现代化建设。

在男权主导的中国传统社会中,女性长时期以来都是依附于男性的"第二性",处于被支配的地位,既然是附属品就无权利(包括话语权)可言。在民族国家的现代化进程中,尽管要求个体独立、自由的女性解放呼声越来越高,但是"在这个世界里男人还是尽量处处压迫她们退到比男人次要的地位,而且希望她们永远停留在附属的地位,把她的命运限制在狭窄的范围之内"③,这个狭窄的范围更多是私密性的"家"。而在"十七年"农村现代化变迁书写中,文化素质得到提升的农村妇女随着自我意识的觉醒,开始萌发挣脱家庭束缚、参与社会

---

① 费孝通.乡土中国[M].修订版.上海:上海人民出版社,2013:9.

② 王宇.乡村现代性叙事与乡村女性的形塑——以 20 世纪 40—50 年代赵树理、李准文本为例[J].厦门大学学报(哲学社会科学版),2013(1):132.

③ 西蒙·波伏娃.第二性[M].桑竹,南珊,译.长沙:湖南文艺出版社,1986:18.

生活的愿望,在女性从私人空间的"家"走向公共领域的"集体"中,她必须贴上"劳动力"的身份标签才能获得在社会上立足说话的合法性。在这个意义上,性别解放并非从女性自身发展的角度来解放妇女,倒不如说是解放劳动力、解放生产力,妇女被当作一种社会资源投入到民族国家的现代化进程中,民族国家权威为女性走出家门提供了有力保障。在《初升的太阳》中剧作家就通过剧中人物之口直接传达了"毛时代"对女性社会角色的期待:

> 郭德英　多一个家属为社会主义建设添砖加瓦,不多一分力量吗。家属要都为社会主义建设出力,力量不就更大了吗。
>
> 罗书记　老王啊,毛主席告诉我们:"中国的妇女是一种伟大的人力资源。必须发掘这种资源,为了建设一个伟大的社会主义国家而奋斗。"

因此,在这一部分笔者将讨论在政治话语逻辑的运作中,女性如何转变成社会集体的一分子,并为争取自己的社会位置和话语权而努力。以《妇女代表》(1953年,孙芋编,独幕剧)为例,通过上识字班提升了文化水平的张桂容在村里选上了妇女代表,当上了妇女主任,为着村里的公共事务忙里忙外,但是封建思想浓厚的婆婆王老太太和丈夫王江一心想把张桂容留在家中,还搬出了"男子走州又走县,女子围着锅台转"的古话作为合理依据。

"围着锅台转"被视为家庭妇女贤妻良母的标准模式,张桂容想要出去"活动""学习"就必须摆脱这种家庭角色的捆绑,而作为"人力资源"参与集体劳动的号召便营造了走出家门的契机。此时可见,代表着民族国家现代性的"党"战胜了萦绕着封建男权思想的"家",赋予女性进入公共空间可能性的政治话语为女性赢得自身解放提供了一定条件。正如《布谷鸟又叫了》里的童亚男也以"建设社会主义,少得了妇女?"的正当理由驳斥了男社员"只有公鸡敬菩萨,哪有母鸡敬菩萨"的性别歧视,走出家门的个人焦虑被转述为"建设社会主义"的集体焦虑,个人性别解放的要求在这里获得了国家意识形态的合法性支持,于是象征着党的权威的方宝山书记决定派童亚男去拖拉机训练班学习,这样童亚男摆脱"女人还是回到锅前转转吧"的家庭角色便成了可能。

在看似自觉的政治书写中,还可以看见女性话语微妙地出现在生产建设叙事罅隙中。张桂容晚上出去上识字班,由于王老太太不愿带孙子,张桂容只好把孩子放在带孩子组,只有重获自由身才能进入社会公共领域。在家煮饭、带孩子是传统家庭对女性的性别分工,而办食堂、幼儿园(家务劳动社会化)才能使农村妇女最终摆脱"围着锅台转"的命运①,国家倡导的办食堂、幼儿园(或带孩子组、托儿所)原本是为了使人们更心无旁骛地投身现代化建设,却无意迎合了女性挣脱家庭束缚、谋求自由解放的"私心"。同时,张桂容还对旧产婆牛大婶积极改造,将她送到区上学习新接生法,以后村里成立接生站就由富有经验和知识的牛大婶专门接生,在表层意义上都是利用妇女的自发性推动农村现代化进程,但内里存在着不自觉的性别解放诉求:张桂容借用民族国家权威(带孩子组、接生站)不仅为自身赢得了解放的必要前提,还帮助其他妇女实现她们的独立和解放,体现了女性在社会空间寻求存在价值、构建自我认同的无意识。

---

① 王宇.乡村现代性叙事与乡村女性的形塑——以20世纪40—50年代赵树理、李准文本为例[J].厦门大学学报(哲学社会科学版),2013(1):134.

王老太太对张桂容担任妇女工作、参与劳动生产的行为予以这样的评价:"一个妇道人家没个妇道人家样儿,像个大母汉子似的跟男人一样撸锄杠。"王老太太期待儿媳留在家里做一个煮饭、带孩子的"贤妻良母",这种刻板印象抹杀了妇女还可以拥有走出家门、参与劳动的社会位置的可能性,但张桂容在王老太太眼中"跟男人一样"劳动其实可以看作是女性参与社会事务后性别身份开始模糊的信号。在"十七年"后期,表现日常生活、人性人情、女性意识的乡土想象已经完全让位于阶级斗争叙事,对女性身份、女性气质的取消在民族国家话语的规训下更是发挥到了极致,《青松岭》(1965 年,承德专区话剧团集体创作、张仲朋执笔,五场话剧)便把女性塑造成周秀梅一样"假小子"的存在。

摇鞭子赶车的周秀梅一出场便以带着雄浑有力的男性气质的形象冲击着人们的视野,在秀梅摘下帽子、垂下两条油黑的发辫之前,刚来青松岭的方纪云还以为秀梅是个"十七八的小伙子",秀梅的同伴大熊立马解释说秀梅"跟小伙子也差不多,要论干力气活儿,你不一准是她的对手。这是青松岭大队有名的假小子"。秀梅性格直率,敢作敢当,爱憎分明,对损人利己、不顾集体、影响生产、把大车赶上资本主义道路的钱广嗤之以鼻,将建设社会主义的公共焦虑内化为掌握大队赶车的鞭子的个人愿望。孤儿秀梅是老贫农张万有大叔养大的,支撑万有大叔价值信念的背后是隐形的、强大的党的领导,在有着崇高阶级觉悟的万有大叔的教育下,秀梅也成长为一个"为集体不怕苦不怕累"的党的精神女儿。

之前的女性叙事,由于两性的性别差异(如女性较男性力气小的生理差异、女性应成为"贤妻良母"的社会刻板印象)而存在着把女性束缚在家的"合理"历史文化渊源,也成了女性欲走出家门而不得的重大阻碍。而此时,索性把妇女书写成与男子无异的符号便免去了这种叙事麻烦,"假小子""铁姑娘"等形象抹去了女性的性别特征使其成为同男性一样的存在,这是男女平等的新社会中"妇女能顶半边天"的主流意识形态运作的结果。"十七年"农村题材戏剧出现了女性解放话语与民族国家话语的博弈,女性解放最终在激烈的冲突中输得一塌糊涂,女性不再拥有自己原生的性别身份。"'五四'以来的中国女性是从叛离家庭、叛离父亲始,才作为一个精神性别出现在历史地表的。'叛逆之女'的身份打破了几千年神圣不可侵犯的父子同盟,从而成为女性性别意识的成长起点。"[①]比如上文提及的童亚男,就是一个自我意识觉醒、渴望冲破家庭藩篱、追求个人自由和权利的"五四"典型"新女性"。然而,"十七年"后期、"文革"时期的女性已不再被赋予这样的历史性性别内涵。"这份在女性性别自我成型并形成自己传统之后出现、并淹没了女性话语的话语,对女性精神解放的潮流实行了一场全线倒灌,一直倒灌至性别概念萌生之前:它高扬起一个不知性别为何物的女儿。"[②]在剧作家的笔下,从外表性别生理特征的淡化再到社会性别角色差异的消灭,活在"亚于男性"压力下的童亚男们,索性被书写成像男孩子一样赶起了大队大车的"假小子"周秀梅们,这种"女生男相"的女性形象折射出女性气质和性别身份被抹杀的趋向,准样板戏《青松岭》为女性一步步进化为男性的阶级兄弟的"文革"阶级斗争叙事做好预热准备,这就无怪"文革"样板戏会出现《白毛女》中的喜儿、《红色娘子军》中的吴清华等一类"无性"的党的女儿形象。

① 孟悦,戴锦华.浮出历史地表:现代妇女文学研究[M].郑州:河南人民出版社,1989:267.
② 孟悦,戴锦华.浮出历史地表:现代妇女文学研究[M].郑州:河南人民出版社,1989:267.

三、远离都市:现代性的无意识焦虑

"现代性的复杂性集中表现在它的直接的政治产物——民族主义问题上,民族主义展示了既可成为现代化的推动力,又能抵制和克服现代性的因素的希望。民族主义意识形态既是现代主义的又是反现代主义的。它试图通过创造一种新的政治来改造中国。"①新中国成立以来,国家顶层权力既希望拥有与西方国家同样发达的生产方式和科技水平,实现"赶英超美",即"现代主义";同时又希望将附属于现代生产方式、现代科技的政治体制、生活方式、伦理道德、意识形态等排除在外,即"反现代主义"。这种对"现代性"的特殊理解,明显地体现在对城市建设的态度上:都市是西方现代化的产物,都市文明等同于导向道德滑坡、社会堕落的资产阶级文明,是必然要被取缔和消灭的。所以1949年以后,缺少都市文明沃土滋养的都市文学只剩下对工业战线上生产斗争的表述,早已失去刻画现代中国都市经验和都市人情感的30年代新感觉派(施蛰存等)、40年代市民文学(张爱玲等)的光辉。在"十七年"农村题材戏剧中有一部分是关于工农村建设,从城市来到乡下的青年,身上带有的都市小市民习气、都市生活方式、都市文化理念在民族现代化的特殊逻辑下遭到了摒弃与改造。

《初升的太阳》(1966年,孙维世编,六场话剧)讲的是一群工人家属闹革命、建设社会主义工农村的故事。林彩英是从城市来的家属,在前往大庆的列车上曾经开玩笑"我对他(爱人赵师傅)说,再不让我来咱俩就离啰,这才让来了",马上遭到同车老太太严肃批评"年轻人说的啥呀? 两口子都有孩子了,怎么一开口就离呀离的!"支撑林彩英自由、民主思想的西方现代价值取向在此初见端倪,随着故事进展,她身上那套现代文明的生活方式、文化理念进一步浮现。林彩英接着讲述自己对未来生活的美好憧憬,完全是现代都市的理想蓝图:

> 就说大庆吧,是个大工业区,那准是个大城市:办公是办公大楼,住的是福利大楼,买东西有百货大楼,到处是高楼大厦,电灯电话,窗帘沙发,要啥有啥。街道上是柏油马路,街心花园,文化宫,剧场,电影院……爱人上完班,蹓马路,看电影,爱干啥就干啥,那可比农村强得多! 听说大庆人住的房子叫"干打垒",比大楼还好啊!

这些对都市场所及其功能、式样的构想涵盖了工作、住宅、商业、娱乐、文化多个方面,然而这种享乐主义的生活态度是社会主义工农村建设话语所排斥的。所以在林彩英到了大庆之后,发现一切不如人意,多次直接表示自己"吃不了这份儿苦,受不了这份儿累",爱人赵师傅向林彩英解释说"我们这儿生产上是高标准,生活上可提倡艰苦朴素",与笔者上文所言相契合:国家意识形态渴望达到与西方国家同样发达的生产方式和科技水平,但不希望把属于西方文明堕落腐朽的生活方式一并收纳进来。这种"矛盾"源于对"现代性"的不同理解,折射出中国在现代化进程中集体无意识的焦虑与恐惧。因此,赵师傅为林彩英准备的三件礼物——扁担、铁锹、粪筐——建设矿区的工具,寄托了对家属参与劳动、建设社会主义工农村

---

① 阿瑞夫·德里克.现代主义和反现代主义——毛泽东的马克思主义[M]//萧延中,等.在历史的天平上.北京:中国工人出版社,1997:219.

的希望。

从农村来的家属辛玉红与林彩英同时来到大庆油田,从她们身上可以清晰看见城乡价值体系的对立。劳动妇女辛玉红过不惯"在家闲着"的日子,希望"好好劳动,好好建设咱们的新农村",最终被选上队长、成为生产队的劳动模范。《初升的太阳》所设计的这一人物与郭德英一样,在家属革命中前赴后继,通过辛玉红这一理想的社会主义新人,对林彩英身后代表并试图建立的现代资产阶级都市文明秩序加以否定。与她们同车而来的还有许多石油学院青年学生,同样是抛弃了城里优裕的生活环境,上山下乡接受贫下中农再教育成了时代的潮流,被书写进各种文学样式。

城乡二元对立是中国现代化进程中绕不过的话题,远离城市在不同的作品中有不同的呈现,《初升的太阳》通过改造从城市来到乡村、对西方式现代城市抱有幻想的林彩英表达着对城市空间以及生活方式、价值取向的远离,《青松岭》则体现为对城市经济体制的远离。前文说到"假小子"秀梅渴望学会赶车,主要是因为现在的车把式钱广利用赶车投机倒把、收买人心帮助社员运送私货,把大车赶上了资本主义道路。在人民公社生产模式下,搞个人副业、捎带山货进城卖占用了个人的精力和时间,并且涣散人心,从而损害集体生产,无疑是要受到批判的。张万有、方纪云,作为党的意志的践行者,以秀梅取代现有的车把式钱广,对钱广所代表的以等价交换为原则的市场经济体制大加鞭挞,内里应对的是这一经济体制对新生政权带来的巨大威胁。

剧中还通过生产大队代理支部书记方纪云对生产大队队长周成的教育道出了阶级斗争的紧迫性。政治话语逻辑下的钱广被塑造成一个"搞'和平演变',企图复辟资本主义制度"的阶级敌人,准样板戏《青松岭》似乎成了乡村版的《千万不要忘记》,与《千万不要忘记》一样"通过对真正问题的转移和压抑反而忠实地记录了一段历史经验以及这一时代的巨大的集体性焦虑"[①]。《初升的太阳》中钻井工人赵师傅设想大庆的未来是"家属在这儿参加集体生产劳动,孩子在这儿上学,老人在这儿养老。平常生活也很方便,有家属食堂,有新盖的托儿所,有医院、商店、邮局"。矿区被想象成一个满足男女老少衣食住行基本需要的乌托邦,但它是坚决排斥林彩英所向往的西方现代文明享乐主义的生活方式和价值取向。《青松岭》中秀梅他们希望通过人民公社集体生产的方式逐步建成社会主义,以支援世界上其他"受苦受难的阶级弟兄",成就更大的社会主义事业,丝毫不容许资本主义势力的渗入、破坏。这些折射出剧作家在强大的政治话语下对一个不同于西方文明的现代民族国家的想象与构建,时代的欲望与焦虑交织一起使得社会主义中国的"现代性"充满着矛盾:既有对现代工业社会的乌托邦式想象,也有对西方都市生活方式的质疑;既有对现代生产力的追求,也有对商品经济的价值交换的抵制。这实际上依旧是资本主义和社会主义两大政治体制的冲突。在"十七年"农村题材戏剧中,对资本主义复辟的深度忧虑和恐惧,无意识地被转化为急切建成现代化的集体叙述,甚至取消掉日常生活、人性人情、女性意识的意义,浓缩成"以阶级斗争为纲"的革命叙事。

---

① 唐小兵.《千万不要忘记》的历史意义——关于日常生活的焦虑及其现代性[M]//王晓明.二十世纪中国文学史论:下卷.上海:东方出版中心,2003:184.

四、结语

福柯的"话语"理论解释了话语与权力的关系,"在言语对象的禁忌,言语环境的仪规以及言语主体的特权或独享的权利上,我们看到三种禁律的运作,它们相互交叉、加强或互补,构成一不断变化的复杂网络"[①]。"十七年"农村题材戏剧的生产就是政治话语与其他话语博弈之后的结果,支撑这一生产机制的主流国家意识形态压迫着其他话语的运作,话语是"必须控制的力量"[②],农村题材戏剧在哪些事物不能谈(言语对象的禁忌)、哪些场合不能谈什么(言语环境的仪规)、哪些主体不能谈什么(言语主体的特权)方面均有着严格的规定。

然而,并非所有文本都能与民族国家话语严丝合缝,民间话语与知识分子话语仍然可以渗透进政治叙事之中,如《布谷鸟又叫了》、《枯木逢春》、《白毛女》(歌剧)等,表现为对乡土图景、衣食住行、婚丧嫁娶等民间生存法则和自由平等、人性人情等知识分子关怀的描写。这些为主流话语所排斥的"异质性"因素最终逃不过被抹杀的命运,因此后期的乡土书写中只留下能通过政治话语筛选的生产建设和阶级斗争。此外,一些表现农村女性争取婚恋自由和走出家门的戏剧,在迎合党的方针政策的同时也存在一些罅隙,从中可以窥探一个在剧作家的创作动机和剧作的显在主题之外的潜在文本空间,女性话语在政治话语的挤压下艰难喘息,如《布谷鸟又叫了》《妇女代表》等,这些女性借用民族国家权威的名义来解放自身,流露出女性为自己也为"她"人寻求存在价值、构建自我认同的无意识诉求,而"十七年"后期直接抹杀了女性的性别身份,在男女平等的新社会中"妇女能顶半边天"的话语规训下,亮起了"女生男相"的性别模糊信号,诞生了像《青松岭》中秀梅一类的"假小子",既然是和男性劳动力一样的符号,就不存在性别歧视、刻板印象的叙事麻烦了。意识形态作为国家主体深层的无意识,"表现了主体与其真实存在状态之间的想象关系"[③]。乡村渐渐被想象和构建成阶级的乡村,阶级斗争叙事覆盖了对日常生活、人性人情、女性意识的表现,却正好真实反映了近代以来中国现代化进程的尴尬历史境遇,在《初升的太阳》《青松岭》等剧中,对现代性的欲望与焦虑矛盾地交织一起。

"十七年"文学见证了各种话语的动态博弈,"多质性"经过话语权力机制的过滤只留下符合主流话语的"单一性",政治话语无疑在激烈的冲突中稳占宝座。本文通过分析一些具有代表性的农村题材戏剧文本中的女性形象,在揭露乡土想象中复杂的话语权力交锋与"十七年"的现代性欲望的关系中做出了一次微不足道的探索。

---

① 米歇尔·福柯.话语的秩序[M].肖涛,译//袁伟,许宝强.语言与翻译的政治.北京:中央编译出版社,2001:3.

② 米歇尔·福柯.话语的秩序[M].肖涛,译//袁伟,许宝强.语言与翻译的政治.北京:中央编译出版社,2001:3.

③ 肖恩·霍默.导读拉康[M].李新雨,译.重庆:重庆大学出版社,2014:152.

Rural Imagination and Modernity Expression—
Taking the Female Images in the "Seventeen-Year" Drama as an Example

Su Mei

(College of Humanities, Xiamen University, 361005)

Abstract: The production of "seventeen-year" rural drama is the result of the game between political discourse and other discourses, which was supported by the mainstream state ideology oppressing the operation of other discourses. Nevertheless, not all texts can be closely linked with the nation-state discourse, for the penetration of folk and intellectual discourse into the political narrative. There are descriptions about the folk survival laws including rural scenery and daily life, and about the intellectuals' concern such as freedom, equality, human nature and human relationship. In addition, female discourse exist in some dramas that depict rural women striving for freedom of love and going out of their homes to participate in collective labor, despite the mainstream discourse that caters to the Party's policies. But in the late "seventeen years", females' gender identity was directly erased, following with a gender-ambiguous signal of "a woman looking like a man". In this way, the countryside is gradually imagined and constructed into a class one. The narrative of class struggle covers the expression of daily life, human nature and feminine consciousness, which exactly mirrors the embarrassing historical situation of the interweaving of desire and anxiety during the modernization of China. This paper, through close reading of some representative rural dramas and the analysis of some female images, is aimed to explore the modernity expression in the "seventeen years" by studying the complex discourse power in the rural imagination.

Key words: rural; modernity; "seventeen-year" drama; female images

21 世纪以来印度女性高等教育的发展现状分析

谢子娣*

内容摘要:21 世纪以来,在印度政府坚持不懈地努力下,印度女性高等教育取得了很大的进展。女性高等教育的毛入学率不断攀升、女大学生在校人数逐年增加、女性在专业教育的人数比例有所上升且受教育的层次也有很大的提高。印度政府为促进女性高等教育的发展采取了一系列的措施:通过《宪法》保障权利平等;实施初级教育普及项目(SSA)以提高女性儿童的受教育机会;印度拨款委员会(UGC)实施了一系列旨在实现性别平等的计划;以及全印度技术教育委员会(AICTE)为提高女性在技术教育中的入学率所做出的努力等。与此同时,也存在着高等教育毛入学率依旧很低、女性就读的学校类型和学科分布不均、城乡女性高等教育发展不均衡以及处于弱势群体的表列种姓、表列部落和其他落后阶层入学率低等问题。

关键词:21 世纪;印度;女性高等教育;现状

由于传统习俗和种姓制度等方面的原因,印度女性的地位从总体上而言是十分低下的,接受高等教育对女性来说是件难事。然而随着印度的独立,印度政府为提高女性的社会地位采取了一系列的措施,同时女性也积极主动地争取性别平等,女性的地位逐渐得到提升,女性高等教育也得到了迅速发展。本文主要探讨了 21 世纪以来印度女性高等教育的发展现状,取得进步的原因以及尚存在的问题。

一、女性高等教育的发展现状

(一)入学率

入学率标志着教育相对规模和教育机会,是衡量一个国家教育发展水平的重要指标。入学率分为毛入学率和净入学率两种类型。"毛入学率"是指公式中计算分子高等教育在学人数时,不考虑学生年龄的大小。例如我国毛入学率的计算公式为:某年全国高等教育毛入学率=某学年全国高等教育在学人数/某年全国(18~22 岁人口数)×100%。[①] 与我国不同的是,印度在计算毛入学率时考虑的是 18~23 岁的年龄组。

---

* 谢子娣,女,厦门大学教育研究院硕士生,主要从事高等教育学研究。

① 杨晓青.如何计算高等教育毛入学率[J].中国高等教育,2003(10).

由图 1 可以看出,自 21 世纪以来,印度女性高等教育毛入学率呈逐年上升趋势,女性高等教育毛入学率从 2006 年的 10.02％上升到了 2014 年的 23.2％,取得了很大的进步。

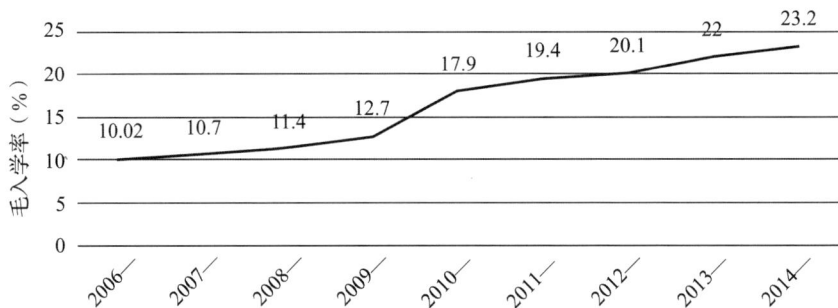

图 1　印度女性高等教育毛入学率

数据来源:本图是根据印度 2006 年到 2014 年的《全印度高等教育调查报告》和《高等和技术教育数据》的有关数据整理得出,http://mhrd.gov.in/statist? field_statistics_category_tid＝32&＝Apply.

(二)学校类型

印度的高等教育机构主要分为 3 种类型:第一种是受议会法案和邦法律的批准,可以授予学位证书的大学或大学层次的机构;第二种是无权授予学位,附属于大学的附属学院或机构;第三种是无权授予学位,但不附属于大学,主要提供文凭课程的机构,被称为独立学院。由于印度独特的附属学院制,印度的大学主要承担研究生教育,只有极少数大学提供本科生教育,本科生教育主要由附属学院来承担。此外,由于大学中有关男女人数的数据缺失,因此这里只分析附属学院和独立学院的女性人数比例。

1. 附属学院

由表 1 可以看出,附属学院的女性人数逐年上升,从 2010 年的 524.26 万人增加到 2014 年的 1207.27 万人,女性人数占总人数的比例也逐年增加,从 2010 年的 45.4％增加到 2014 年的 48.0％,并且女性所占的比例有与男性持平的发展趋势。

表 1　附属学院中的女性人数及所占的比例

年份	女性人数	总人数	女性所占比例(％)
2010	5242555	11551516	45.4
2011	7620190	16305370	46.7
2012	9238328	19548937	47.2
2013	10344709	21763366	47.5
2014	12072692	25177281	48.0

数据来源:本表是根据印度 2010 年到 2014 年的《全印度高等教育调查报告》有关数据整理并计算得出,http://mhrd.gov.in/statist? field_statistics_category_tid＝32&＝Apply.

2. 独立学院

印度的独立学院可以分为 5 种类型:第一种是技术学院,例如理工学院;第二种是由全印度技术教育委员会认定的管理类研究生文凭;第三种是教师培训学院,例如由全国教师教育委员会认定的区域教育和培训机构;第四种是由印度护理委员会认定的护理学院;第五种是直接受中央政府控制的学院。

由表 2 可以看出,独立学院中女性所占的比例较少。在 2010 年到 2014 年间,2011 年女性在独立学院中所占的比例相对较多,但也只达到了 33%。在不同类型的独立学院中,女性主要集中在护理学院和教师培训学院,尤其是护理学院,比例都在 84% 以上,最高时达到了 87.1%,理工学院中女性所占的比例明显较少,只占 17% 左右。

表 2　独立学院以及不同独立学院类型中的女性比例(%)

学院类型 ＼ 年份	2010	2011	2012	2013	2014
独立学院	31.00	33.00	31.3	30	30
理工学院	17.66	17.65	17.0	17	17
护理学院	84.64	84.65	87.1	87	86
教师培训机构	61.85	61.85	62.8	63	63

数据来源:本表是根据印度 2010 年到 2014 年的《全印度高等教育调查报告》有关数据整理并计算得出,http://mhrd.gov.in/statist? field_statistics_category_tid=32&=Apply.

(三)学科分布

印度高等教育按学科可以分为 10 大类,即文科、理科、商科、教育、工程/技术、医学、农学、兽医学、法律和其他。其中,文科、理科和商科被称为普通教育,其他几科被称为专业高等教育。[①]

从表 3 我们可以看出,女大学生的学科分布极其不平衡,绝大多数女性主要选择了文科、理科和商科等普通教育,只有极少部分女学生选择了专业教育。然而,值得注意的是,女性在教育和工程/技术学科中的比例上升幅度较大。女性在教育学科中的比例从 1.85% 上升到 7.48%,在工程/技术学科中的比例从 4.17% 上升到 10.55%,这说明了女性在其弱势学科及领域迈进了一大步。

表 3　印度女大学生在各学科注册人数比例(%)

科目 ＼ 年份	2007—2008	2008—2009	2009—2010	2010—2011	2012—2013
文科	50.99	49.08	45.66	41.21	42.66
理科	20.18	19.99	19.98	19.14	19.07
商科	16.47	16.21	15.91	16.12	16.16
教育	1.85	3.02	3.70	4.60	7.48

---

① 郭思霖.印度独立后女性接受高等教育状况及其问题探究[J].现代教育管理,2009(1).

续表

科目＼年份	2007—2008	2008—2009	2009—2010	2010—2011	2012—2013
工程/技术	4.17	4.90	7.69	11.36	10.55
医学	3.65	3.59	3.86	4.68	4.20
农学	0.24	0.27	0.27	0.36	0.30
兽医学	0.08	0.08	0.07	0.10	0.09
法律	1.64	1.58	1.39	1.19	1.24
其他	0.73	1.10	1.47	1.24	0.97
合计	100.00	100.00	100.00	100.00	100.00

数据来源:本表是根据 2007 年到 2012 年的《印度年度报告》相关数据整理得出,http://mhrd.gov.in/documents_reports.

(四)教育层次

从表 4 我们可以看出从 2006 年到 2010 年,印度女大学生在本科生和研究生层次的毕业生人数比例均有所上升,本科生比例由 2006 年的 38.80% 提高到 2010 年的 47.34%,研究生比例从 2006 年的 41.59% 提高到 2010 年的 46.42%,即将与男性持平。此外,还有一个典型的特征是在部分学科中研究生层次女大学生的比例比本科生层次女大学生的比例要高,例如文科、理科、农学、兽医学、法律等,这说明了女性在教育层次方面有很大的提高。

表 4　印度女大学生在 10 大学科中不同教育层次的毕业生人数比例(%)

学科＼年份/层次	2006		2007		2008		2009		2010	
	本科生	研究生	本科生	研究生	本科生	研究生	本科生	研究生	本科生	研究生
文科	42.13	45.15	44.28	45.86	46.87	48.95	50.67	50.96	51.03	50.49
理科	41.33	45.99	43.12	41.48	45.44	48.04	48.65	52.62	50.45	53.63
商科	39.35	38.93	39.68	39.17	41.29	40.30	40.72	39.84	42.31	39.16
教育	38.04	38.80	39.82	40.08	56.81	51.08	59.79	60.79	60.86	59.69
工程/技术	20.15	19.58	23.06	20.36	18.04	20.64	32.00	32.58	32.76	34.06
医学	35.05	30.62	35.77	30.08	43.21	33.06	48.59	37.98	48.31	37.57
农学	19.22	25.87	20.06	26.77	23.82	27.89	24.23	27.68	25.35	27.83
兽医学	23.03	24.00	23.61	27.39	23.56	27.45	27.11	26.69	24.15	39.28
法律	20.34	33.40	20.48	33.20	24.68	45.29	34.40	41.44	30.52	40.17
其他	30.84	28.18	31.20	27.04	37.87	30.56	40.54	40.66	40.43	40.61
总计	38.80	41.59	40.33	41.31	43.90	44.30	47.01	46.93	47.34	46.42

数据来源:根据印度拨款委员会发布的《印度大学基本情况和数字统计结果(年度和补充)》的数据经过统计整理得出,http://www.ugc.ac.in/page/Reports.aspx.

二、取得进步的原因分析

截止到 2014 年,印度女性作为一个独立的群体,占据了印度人口总数的 48%。她们不仅是国家非常重要的人力资源宝库,而且也是促进印度社会经济可持续发展中十分重要的生力军。自印度独立以来,政府为促进女性地位的提高和性别平等采取了一系列的措施。女性教育由于在提高女性生活水平上扮演着十分重要的角色,因而受到了国家和政府的重点关注和广泛支持。印度国家先后制定和颁发了一系列旨在促进女性教育发展的法律和文件,取得了非常大的成效。

(一)《宪法》保障权利平等

《宪法》是保障公民基本权利和自由的根本大法。印度宪法在前言、基本权利、基本责任和指导原则中都体现了性别平等原则。《宪法》不仅授予女性以平等的权利,而且赋予各邦采取积极差别措施以支持女性的权力。例如《宪法》第 14 条规定政治、经济、社会领域男性和女性拥有同等的权利和机会;第 15 条规定禁止任何形式的性别歧视,包括性别、宗教、种族、种姓等;第 39 条规定男女拥有平等的就业机会和同等的报酬;第 42 条规定为女性提供公正和人道的工作条件等。[①]

(二)提高女性儿童的受教育机会

女性高等教育的发展依赖于初等和中等教育的发展,因此提高女性儿童接受教育的机会,促进女性初等和中等教育的发展至关重要。21 世纪以来,印度政府积极发展初等教育,在提高初等教育的入学率和教育质量方面做出了很多努力,其中包括卓有成效的初级教育普及项目(Sarva Shiksha Abhiyan,以下简称为 SSA)。

初级教育普及项目开始于 2001 年,是印度社会部门项目中一个非常重要的普及初等教育的项目。该项目的总目标包括普及教育,减少初等教育的性别和社会差异,提高儿童的学习层次。SSA 积极促进女童教育以平等受教育机会和消除性别差异。为了达到这一目标,SSA 采取了"双向策略"来促进女童的教育,即从"需求"和"供给"两方面出发。"需求"是指促进和生成对女孩教育的社区需求,包括:(1)激励、动员父母和社区;(2)增强妇女和母亲在学校相关活动中的作用;(3)确保人们参加学校委员会;(4)加强学校、教师和社区之间的联系。"供给"是指使教育系统满足女孩的需求,包括:(1)确保入学机会;(2)增加女教师的比例;(3)提高教师性别敏感的培训;(4)制定性别敏感的相关课程和教科书;(5)提供幼儿保育

---

① 蒋茂霞.印度女性社会地位探析[J].东南亚南亚研究,2009(4).

和教育中心;(6)提供可替代的学习设施;(7)确保学校厕所和饮用水的基本设施。①

SSA 其中的两个主要项目内容,即全国女孩基础教育计划(the National Programme for Girls Education at Elementary Level,以下简称为 NPEGEL)和卡斯塔拉巴·甘地巴厘卡-韦蒂亚拉亚计划(Kasturba Gandhi Balika Vidyalaya,以下简称为 KGBV)对于促进女孩的教育发挥了巨大的作用。NPEGEL 计划通过灵活分散的过程和决策,在微观层面解决女童教育的障碍。这一计划主要在教育落后地区实施,旨在满足校内和校外女孩的需求。而 KGBV 计划则主要是为来自表列种姓(SC),表列部落(ST),其他落后阶级(OBC)和穆斯林社区的女孩设立寄宿小学。该计划针对的是分散居住地区,由于学校距离居住地区很远,对女孩的安全来说是一个挑战,从而迫使女孩不能继续她们的教育。KGBV 通过在地区设立寄宿学校来解决这个问题。

(三)保障女大学生的受教育权利

在保障印度女大学生受教育权利方面,印度大学拨款委员会(University Grants Commission,以下简称为 UGC)发挥了举足轻重的作用。UGC 将发展女性教育视为其首要任务。为了促进女性高等教育的发展,UGC 发起了一系列旨在实现性别平等的计划。②

(1)为独生女提供英迪拉·甘地奖学金。该计划的目的是通过奖学金来支持那些家里的独生女完成高等教育,并且使她们意识到遵守家庭规则的重要性。该计划适用于已在任何认可大学或研究生院取得硕士学位的单身女性。

(2)为学院建造女性宿舍。女性在追求她们所需要的教育时,促进了学生流动性的增加,进而增加了对学校公寓的需求。大学拨款委员会为大学和学院提供了公寓和其他基础设施,以提高女性地位、促进性别平等。该计划的主要目标是支持所有合格的学院为女性建立宿舍,从而为女学生、女研究员和女教师以及其他女性职员提供居住的场所。

(3)在大学和学院发展妇女研究中心。该计划设想协助大学设立新的妇女研究中心,并加强和维持大学妇女研究中心,将其设立为大学体系内的法定部门,促进和提高它们处理其他组成部分的工作能力,从而使它们彼此相辅相成,协同发展。这些中心的主要任务是通过教学和研究使知识本身得到发展并将知识进行传递。

(4)设立儿童日托中心。该计划的目的是为 3 个月至 6 岁的儿童提供大学系统内的日间护理设施。当这些儿童的父母(大学/学院的雇员/学生/学者)白天不在家时,儿童日托中心使这些无人照看的儿童可以得到照顾和看管,并为他们提供安全的地方和环境。

(5)为妇女建造专门的基础设施,如公共休息室、卫生间等。该计划的目标是为大学中的女学生、女教师和非教学女性职员建立和完善基础设施提供援助。根据大学拨款委员会

---

① University Grants Commission. Annual Report 2010-11[EB/OL]. New Delhi:UGC,2012:279. [2016-12-29].http://mhrd.gov.in/sites/upload_files/mhrd/files/document-reports/AR2010-11. pdf.

　University Grants Commission. Annual Report 2014—2015 (part-II)[EB/OL]. New Delhi:UGC, 2016:202-208. [2016-12-29]. http://mhrd. gov. in/sites/upload _ files/mhrd/files/document-reports/ Part2. pdf.

② University Grants Commission. Annual Report 2014—2015 (part-II)[EB/OL]. New Delhi:UGC, 2016:202-208. [2016-12-29]. http://mhrd. gov. in/sites/upload _ files/mhrd/files/document-reports/ Part2. pdf.

的相关规定,所有符合条件的大学均可获得援助。

(6)高等教育女性管理人员的能力建设。大学拨款委员会将高等教育女性管理者的能力建设计划纳入到印度第十个五年计划中。并且经过修订继续在"十一五"计划中实施。这一计划将重点放在敏化和激励高等教育中女性在学术和行政领域方面的发展上,使他们具备高等教育系统中的决策职位所应具备的能力(目前印度女性在决策职位中的参与度很低)。这一计划的总体目标是促进高等教育系统内女教师、行政人员和工作人员在高等教育管理中的参与以改善性别平衡。通过一定的政策和程序承认女性平等,敏化高等教育系统,将女性加入管理人员行列,从而改善高等教育的质量。

(7)博士后妇女奖学金。该计划适用于持有博士学位的待就业妇女,旨在激发她们从事研究的才能。该计划每年有100个名额,资助5年,候选人的年龄上限为55岁。

(四)提高女性在技术教育中的入学率

印度女性在技术教育机构中所占的比例非常少,印度政府为提高女性在技术教育中的入学率采取了一系列的措施。

全印度技术教育委员会(AICTE)成立于1945年11月,是国家级最高咨询机构,其职责是对技术教育设施进行调查,并促进该国的技术教育协调一致发展。AICTE管制下的技术教育机构提供所有技术教育领域的研究生、本科和文凭课程,包括工程与技术、药学、建筑、酒店管理和餐饮技术、管理研究、计算机应用和应用艺术和工艺。为了提高女性在技术教育中的入学率,AICTE在设立新的女性技术教育机构的条例中给予特别优惠。这些措施包括放宽对土地利用的相关规定,减少加工费和保证金等。在所有获得AICTE认可的机构中,强制实施弱势群体的学减免计划。[1]

三、目前仍存在的问题

印度政府为促进性别平等和女性高等教育的发展采取了一系列积极措施,并取得了良好的成效。但从目前女性高等教育的发展现状来看,仍存在一些问题。

(1)印度女性高等教育的毛入学率还比较低。21世纪以来,尽管印度女性高等教育的毛入学率呈逐年上升趋势,但总体上女性高等教育的毛入学率还是比较低。由于印度人口众多、地区发展极不均衡以及不同社会群体的受教育机会差异显著等原因,印度的高等教育毛入学率尚处于较低水平。根据UNESCO提供的数据,2014年高等教育毛入学率的国际平均水平为34%,其中女性高等教育毛入学率的国际平均水平为36%。[2] 因此,印度的高等教育毛入学率与世界平均水平还有一定的差距。总的高等教育毛入学率低是导致女性高

---

[1] UNESCO.Education for people and planet:Creating sustainable futures for all [EB/OL].(2016-09-06)[2016-12-29]. https://en. unesco. org/gem-report/sites/gem-report/files/GEM _ Report _ 2016 _ 2nd _ edition_Statistical_Tables.pdf.

[2] Singh,Nandita.Higher Education for Women in India—Choices and Challenges[J].Forum on Public Policy,2007.

等教育毛入学率低的根本原因。此外，由于传统文化的影响，女性接受高等教育的机会受到制约，因此女性高等教育的毛入学率始终处于较低水平。

（2）女性就读的学校类型和学科分布不均。从女性就读的学校类型来看，女性在独立学院中所占的比例较少，而且主要集中在护理学院、教师培训机构等类型的学院，在理工学院的人数比例明显比男性少很多；从学科分布来看，女性主要集中在文科、理科、商科等普通教育上，所占的比例高达 87.66%，而在其他专业教育上的人数比例少之又少。

（3）城乡女性高等教育发展不均匀。在农村地区，女性被强制要求做家务和农活。打扫房间，做饭，照顾兄弟姐妹、老人和病患，放牧以及捡柴是她们每天必须干的事情，因此家庭不愿意让她们去上学。此外，由于农村地区学校较少，女性必须要走很远的路才能到达学校，害怕性骚扰以及担心身体安全也成为阻碍她们接受教育的重要因素。然而，在城市地区，女孩获得教育和就业的机会存在明显差别。在某些受教育程度较高的地区，性别问题受到了人们的关注。此外，城市地区为女孩提供了更大的个人自主机会。

（4）处于弱势群体的表列种姓、表列部落和其他落后阶层入学率低，且女性所占的比例低于男性。2014—2015 学年度印度在校大学生人数共 3421.16 万人，其中表列种姓有460.67 万人，占总人数的 13.46%；表列部落有 164.08 万人，仅占总人数的 4.79%；其他落后阶层有 1125.68 万人，占总人数的 32.90%。在各个阶层中，女性在校人数均比男性少。

四、总结

21 世纪以来，印度政府为促进印度女性高等教育的发展采取了一系列积极措施，因此女性高等教育取得了十分显著的发展。然而目前尚存在女性高等教育毛入学率依旧很低，学科分布不均、地区发展和阶层发展不公等问题。因此，在未来的发展过程中，印度政府应着重改善这些问题。通过采取有效措施，促进地区、阶层、学科分布等均衡发展，从而促进印度整个高等教育体系的健康发展。

Analysis of the Development Status of Indian Women's Higher Education Since Twenty-first Century

Xie Zidi

(Institute of Education, Xiamen University, Xiamen, 361005)

Abstract: Since the beginning of twenty-first century, with the unremitting efforts of the Indian government, Indian women's higher education has made great progress. The gross enrollment rate of female in higher education continues to rise; the number of female university students is increasing year by year; the proportion of female students in technical education is increasing; and women's level of education is greatly improved. The Indian government has adopted a series of measures to promote the development of women's higher education: guaranteeing equality of rights through the Constitution; implementing primary education popularization programs to improve the educational opportunities for female children; as well as the efforts made by All India Council for Technical Education aiming at increasing women's enrollment in technical education. At the same time, many problems still exist: low gross enrollment rate of women in higher education, uneven distribution of schools and disciplines in which women are enrolled, imbalanced development between urban and rural women in higher education, and low enrollment rate of vulnerable groups from Scheduled Castes, Scheduled Tribes and other backward classes.

Key words: twenty-first century; India; women's higher education; status

鼓浪书帆

Book Review

Women/Gender Studies

女性话语、大众传媒与都市文化

——李晓红《女性的声音——民国时期上海知识女性与大众传媒》

鲍士将*

摘　要:《女性的声音——民国时期上海知识女性与大众传媒》从大众传媒的角度切入女性主体的重构与女性话语的建构,并将知识分子女性发声的过程放置在民国时期上海这座城市,从城市文化空间的角度来审视大众传媒与女性知识分子在新型文化生产与消费机制的文化生产场和公共领域中生成的文化镜像。书中以丰富的历史资料试图还原民国知识女性在社会变革过程中真实的政治文化心理,为女性研究提供了新的研究视角和发展方向。

关键词:女性主义;大众传媒;城市文化

伴随着中国现代化的历史进程,女性从被遮蔽的主体位置上浮现,重新获得了新的话语空间,在社会文化重构的历史语境中形成了女性话语的自我表述。作为现代化产物的大众传媒超越了原有信息传播的物质载体而成为文化资源和舆论公共空间的再现形式,在现实与想象的秩序中打破了传统社会的文化结构,拓展了新的认知空间,形成了新的建构社会的途径。同样,女性群体中的女性知识分子在现代社会转型过程中则形成了新的文化力量,在女性和知识分子的双重身份中重新界定其在社会结构中的位置。作为 20 世纪西方文学理论中重要的理论分支之一,女性主义理论始终是研究文学的重要方法和批评范式,女性主义以女性作为研究的中心,试图建构出女性在现实社会、理论场域和艺术文本中女性自我的主体位置。随着文化研究的兴起,大众传媒的研究也进入学术研究的视野之中,将大众传媒同原有的文本分析结合起来实现了文学研究中内部研究和外部研究的互动关系。

在这样的历史语境和学术研究的背景下,李晓红教授的《女性的声音——民国时期上海知识女性与大众传媒》(下文简称《女性的声音》)从大众传媒的角度切入女性主体的重构与

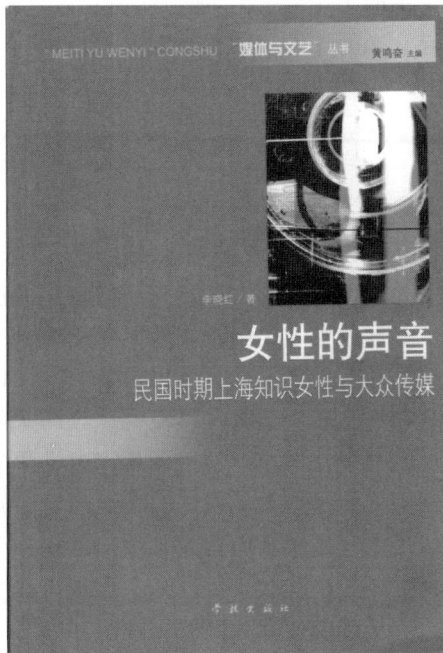

---

* 鲍士将,女,厦门大学人文学院中文系戏剧与影视学 2015 级博士生,主要研究方向为电影电视史论。

女性话语的建构,试图还原女性主体在社会变革过程中从萌芽、成长到成熟的完整轨迹。因此书中着重分析了大众传媒视阈下的女性知识分子的文化实践,并且探讨了从传统向现代转换的社会语境中具有现代意义的大众传媒在生产机制和消费过程中所占据的位置,通过研究女性期刊的史料试图返回原初的社会现场,这赋予了民国时期大众传媒在文学研究中的学术价值,同时也丰富了民国时期的女性研究的历史史料和研究视角。另外,伴随着城市的现代化进程,都市文化构筑了新型的空间存在和空间体验,形成了新的市民阶层和文化现象,产生了新的社会形态和文化语境。书中将知识分子女性发声的过程放置在民国时期典型化的城市空间——上海,从城市文化空间的角度来重新审视女性知识分子或者说女性群体的文化镜像。总之,《女性的声音》通过对知识分子女性、大众传播媒介和都市消费语境之间的互动关系形塑出由历史话语所形构的女性主体位置,重点分析了女性在民国这个充满变革的文化语境中,如何颠覆长久以来男性主导的性别秩序和话语叙述,建构出具有自我主导意义的女性话语权力的发展过程。

一、女性话语的历史建构

《女性的声音》一书聚焦于民国时期女性知识分子,在阐释知识女性发声的过程中,这本书并未像传统的女性研究那样将其关注点投向作家个人文集的文本层面上,而是将知识分子女性放置于民国报刊的文化语境之中进行观照,通过作家、文本、传媒、文化、历史、社会等不同的角度对女性自身的启蒙成长予以整体性和系统性的投射。通过对民国不同时期女性刊物的发展变迁来探讨现代民族国家的话语体系和女性主体意识的建构。

书中在讨论女性主体意识的觉醒并未从单一的性别理论角度进行分析,而是在民国时期整体的社会语境中试图还原当时的知识分子女性所面临的多种文化困境。书中的作者在结语中写道:"她们首先必须从父权社会突围,从'父'所控制的家庭走向社会;走出家庭后的女性还必须在数千年以来一直被男性所控制的社会中获得一席之地。现代知识女性不仅经历着从传统的女儿、妻子、母亲在家庭中的角色向现代社会中职业女性的转变,同时还面临着传统与现代身份如何统一的问题。"[①]因此,书中对于女性主体意识的觉醒和讨论始终是建立在两个维度之上,一是在性别理论之中通过女性主体觉醒的问题来讨论女性如何揭示"历史的盲点"以及她们后续面临的有关女性意识问题,另则是将其放置在传统和现代交替的历史文化语境中通过对社会历史和文化心理的阐释来对知识分子女性进行完整的文化谱系。确切地来说,书中认为民国时期的现代知识女性所面临的女性主体的觉醒是在自我与社会双重的困境中共同形成的结果。

第一,从女性自我的意识出发,民国时期的知识女性需要逃离出传统父权社会的权力循环和文化秩序。在传统父系文化符号的结构体系之内,女性的形象并非是指向自我的主体构成,而是作为男性主体的欲望投射和价值存在的对应物而存在,女性被隐匿在男性话语体系和制度框架之中,成为父权统治秩序中被统治的无声性别群体,在封建传统的社会成为工具式的社会存在,而非具有个体意识的主体存在。在辛亥革命和五四运动对传统的社会秩

---

① 李晓红.女性的声音——民国时期上海知识女性与大众传媒[M].上海:学林出版社,2008:371.

序产生动摇之后,女性这一社会群体脱离了传统社会框架中被压抑的无声位置,女性意识的觉醒在于她们从被欲望投射的对象和工具载体的身份转换为具有自我的主体性存在,她们从附庸他人的位置中解放出来,成为新的文化秩序中重要的群体力量。这种觉醒在孟悦和戴锦华的眼中具有双层的含义。她们认为"'女性'一词已有了双重含义,或不如说,双重'反'含义。一方面,她将一个现实存在的社会群体从性别角色背后剥离了出来。另一方面,她历史地包含了一种对封建父系秩序的反阐释力,她自身就是反阐释的产物。19—20世纪之交,随着中国历史和文化变迁而浮出地表的便是这双重意义上的'女性',她既是一个实有的群体,又是一种精神立场,既是一种社会力量,又是一种文化力量,但最根本的一点是,她历史地注定要作父系社会以来一切专制秩序的解构人"[①]。也就是说,女性的觉醒首先是在生理性别意义之上形成社会意义上的性别群体,其次,女性的觉醒使其作为社会秩序的性别群体能够成为反对传统父权社会秩序的力量存在。因此,女性自我意识的觉醒具有性别和反阐释力的双层含义。

　　第二,民国时期的知识女性在逃离父权社会的同时需要面临着传统和现代产生的文化困境,这实际上也就是上面讨论的反阐释力产生的文化语境。本书作者着眼于女性的觉醒特别是知识分子女性的转型,并且将其与整个现代化过程并置进行分析实际上正是将文本与现实之间形成有效的张力,以实现重构女性主体意识发展的历史重构和文化表述。作者将女性研究从性别研究的思维范式扩展到社会文化的研究范式之中,对民国时期女性知识分子或者说整体的女性形象所表现出的政治文化心理加以系统地呈现。在讨论女性期刊的发声和女性话语建构的过程中,作者通过诸多翔实的史料试图还原女性在民国不同时间段内所面临的诸多的社会问题,她们在逃离了原有的社会文化秩序的同时也被裹挟在新的社会文化体制之中,女性意识的觉醒与自我主体性的建构始终伴随着社会文化语境整体的发展。例如书中通过《北斗》和《妇人画报》等期刊作为个案来讨论知识女性在政治斗争和消费文化的社会语境中如何来形塑新时期女性的形象,就涉及现代性所带来的都市发展以及阶级斗争的政治环境对女性期刊和女性群体所产生的影响。

　　民国时期的女性在面临着封建文化秩序转变的过程中试图召唤出女性主体共同意识的出现,希冀通过自身的努力以完成自我的救赎,但这种自我的救赎徘徊在女性自我与社会他者的镜像之中,她们所面临的问题夹杂在民族情绪和国家现代性维度之上,在现代化过程中女性自我的觉醒始终无法完全站在自我的原点来观照自身,因此,从期刊为代表的大众传媒领域作为切入点,以文化的研究视角来反观女性时势必要与现代都市的兴起、知识分子阶层话语权力和社会场域等方面产生关联,而这种相互之间的关联或者是互文性正是揭示当时女性话语形成过程最有效与最真实的途径之一。

二、大众传媒形构的场域与公共空间

　　《女性的声音》在讨论女性知识分子时并未单一地从传统思想史、文化史和生活史的角度将女性意识限于性别和文本范围内进行自我表述,形成有关性别意识的文本模式和叙事

---

　　① 孟悦,戴锦华.浮出历史地表——现代妇女文学研究[M].郑州:河南人民出版社,1989:28.

策略。而是在布迪厄的"场域"和哈贝马斯的"公共领域"理论的基础上,通过大众传媒领域形成的"话语政治"和"文化生产场"内不同资本角力的过程来重塑女性与社会之间的文化想象。确切地说,通过女性期刊在文化实践过程中对知识分子女性处于政治、权力、策略、文化资源之间的文化考察,在文化生产场和大众传媒所形成的公共空间之中试图梳理女性自我话语体系与女性意识的转变过程。

布迪厄在《实践与反思——反思社会学导引》中做出如下的解释:"一个场可以被定义为在各种位置之间存在的客观关系的一个网络(network),或一个构型(configuration)。正是在这些位置的存在和它们强加于占据特定位置的行动者或机构之上的决定性因素之中,这些位置得到了客观的界定,其根据是这些位置在不同类型的权力(或资本)——占有这些权力就意味着把持了在这一场中利害攸关的专门利润(specific profit)的得益权——的分配结构中实际的和潜在的处境(situs),以及它们与其他位置之间的客观关系(支配关系、屈从关系、结构上的对应关系,等等)。"①场域可以被理解为被各种社会秩序社会化过的主观性习性以及由于占据的资本所影响的不同行动者进行争斗和竞争的场所空间存在。场域作为整体的概念,其中会分化出诸多充满逻辑性、必然性和自主性的客观关系空间存在,在场域之内的行动者通过资本来进行社会实践以建构出自身的结构形式,资本的差异使得场域内部不同位置的动力不同。确切来说,"资本生成了一种权力来控制场,控制生产或再生产的物质化的,或具体化的工具,这种生产或再生产的分布构成了场的结构,资本还生成了一种权力来控制那些界定场的普通功能的规律性和规则,并且因此控制了在场中产生的利润"②。相对于布迪厄场域理论中强调场域内部资本之间的关联影响到场域的生成、发展的机制,哈贝马斯则从社会公共空间的角度出发试图建构起位于国家权力和私人话语之间的公共领域。"公共领域最好被描述为一个关于内容、观点,也就是意见的交往网络;在那里,交往之流被以一种特定方式加以过滤和综合,从而成为根据特定议题集束而成的公共意见或舆论。"③可以看出公共领域实际上是以市民作为社会基础而形成的位于国家公共权力和私人话语中间的依靠交往网络而形成共同话语的社会空间。哈贝马斯指出"公共领域"本身作为历史范畴,但随着公众领域的公众逐渐增多时,因大众传媒的公众性与公共领域的公众性使得大众传媒在公共领域内成为非常重要的文化机制。"随着商业化和交往网络的密集,随着资本的不断投入和宣传机构组织程度的提高,交往渠道增强了,进入公共交往的机会则面临着日趋加强的选择压力。这样,一种新的影响范畴产生了,即传媒力量。具有操纵力量的传媒褫夺了公众性原则的中立特征。大众传媒影响了公共领域的结构,同时又统领了公共领域。"④因此,场域和公共领域赋予了大众传媒作为社会力量的文化存在,不同资本控制的大众传媒在社会实践中呈现出不同的文化逻辑和功能作用,形成不同的话语归属和价值导向。

本书借助于布迪厄场域的理念将民国时期女性知识分子在民国历史语境中发声的过程

---

① 皮埃尔·布迪厄,华康德.实践与反思——反思社会学导引[M].李猛,李康,译.北京:中央编译出版社,1998:133-134.

② 布尔迪厄.文化资本与社会炼金术——布尔迪厄访谈录[M].包亚明,译.上海:上海人民出版社,1997:147.

③ 哈贝马斯.在事实与规范之间:关于法律和民主法治国的商谈理论[M].童世骏,译.北京:生活·读书·新知三联书店,2003:446.

④ 哈贝马斯.公共领域的结构转型[M].曹卫东,等,译.上海:学林出版社,1999:15.

同女性期刊的变迁过程相结合,将女性群体这一社会构成放在布迪厄的"文化生产场"中通过实证研究的方法去讨论其中所涉及的权力、资本、策略等方面。在布迪厄的文化生产的场域之中,他强调的并非是场域之中的个体存在,而是场域本身的位置,因此书中在讨论女性知识分子时将女性知识分子作为研究的出发点,将女性期刊作为研究的核心点,通过文化生产场域内期刊所面临的资本实践揭示出女性知识分子整体的发声过程。例如,书中在分析30年代女性知识分子所面临的文化语境时就运用了场域和公共领域理论对当时整体的社会语境进行整体的剖析,一方面,30年代国共两党的政治力量都试图掌控更多的文化资本而形成自身的话语体系,因此,30年代的许多期刊都成为两党文化争夺战的文化阵地。另一方面,现代性促发了城市消费文化的发展,上海作为都市化样本的城市空间形成了可靠的商业基础使得期刊成为重要的文化消费产品,但同时消费文化的发展又迫使女性群体需要重新寻找自身在社会结构的主体位置。30年代由女性所主办的或者是与女性相关的期刊多以女性读者的问题为诉求,它们本身可以作为连接国家权力和私人话语的公共领域,使得她们能够拥有一定的话语权力本该能够成为社会场域之中重要的文化载体能够发出自己的声音。但是在30年代特殊的文化语境中,这些期刊却因为无法握有足够的文化资本,只能被其他资本以无形之手控制,确证了女性知识分子在社会文化结构中所处的夹缝位置,她们虽然有了自我发声的渠道却始终在政治话语和消费语境中挣扎,进一步折射出30年代的知识女性仍然面临着相当程度的文化危机。

通过女性期刊在民国不同时期的发展可以看到在社会秩序重组的过程中女性主体位置的嬗变,在生产机制与消费机制的文化生产场和公共领域空间之中可以窥见女性刊物在30年代所遭遇的历史处境和社会现实,女性主体的觉醒和女性对自我的审视始终伴随着社会意识的变迁,因此,对女性的研究和思考势必要走出性别理论的框架体系,将其放置在社会文化的批判视野中才能认清女性真实的位置。

三、都市空间与消费语境

李欧梵在《上海摩登》一书中曾说到他对于中国现代性的描述是基于上海这样的都市背景展开的,同样,《女性的声音》这本书也是针对民国时期上海这一文化地图展开论述的,作者围绕着上海这一都市空间通过对报纸杂志的分析来阐释知识分子女性在都市文化的生产机制和消费语境中处于何种位置,使得民国时期上海女性期刊在女性、都市、传媒之间形成了有效对话,重构并反思了女性主体建构过程中与现代都市之间存在的现实关联和文化隐喻。

雷蒙·威廉斯在《关键词:文化与社会的词汇》中对城市的来源进行了梳理,"City这个词自从13世纪就已经存在,但是它的现代独特用法——用来指涉较大的或是非常大的城镇(town)——以及后来用作区别城市地区(urban areas)与乡村地区(rural areas,country)的用法源自于16世纪……City作为一个独特类型的定居地,并且隐含着一种完全不同的生活方式及现代意涵,是从19世纪初期才确立的。"①可见,城市是有着悠久的历史以及丰富文

---

① 雷蒙·威廉斯.关键词:文化与社会的词汇[M].刘建基,译.北京:生活·读书·新知三联书店,2005:43-44.

化内涵的物质性社会空间,首先,城市空间是在经济和社会发展下形成的新型社会组织空间。在空间组织、人口分布、生活方式、精神价值等不同的社会空间形态方面都有别于传统的乡村空间。其次,随着世界范围内经济、工业、文化等方面的发展,城市自身发展形成了与社会发展语境相符合的现代都市形态。随着城市化的发展,都市空间成为现代化语境中城市发展的典型形态和物化景观。大都市作为城市发展的高级空间形态,有着与传统乡村社会所不同的社会结构、交往方式和文化呈现,都市文化成了新型的文化生活形态活跃在社会结构之中。本书正是着眼于民国时期的上海在都市文化中所占据的重要位置,因此将其作为核心的地域空间来分析大众传媒的发展状态和知识分子女性的文化实践。

第一,书中将大众传媒的发展同上海城市的发展相结合,从更为广阔的地域空间和文化层面来描绘出女性期刊发展的文化语境。大众传媒诸如报纸期刊发展的基础在于有广大的市民群体参与到文化产业的生产与消费的循环之中,而现代化意义上都市的出现形成了新的社交方式和消费体系,带动了市民群体参与公共领域的热情,文化产品形成了新的流通机制和传播途径。因此,城市的兴起与发展为文化产业提供了空间的支撑和现实基础。上海是现代都市的典型代表,它从一个小城快速成为现代史上规模最大的都市本身就是中国近代社会现代化的缩影。作为这种现代性建构的社会空间,上海在城市空间发展的过程中同文化事业的发展保持着一致的步调,可以说,上海报纸杂志的飞速发展本身就是建立在上海都市化发展基础之上的。书中提到"上海报刊的发展速度要比城市本身的发展速度更为迅猛,更具有传奇色彩。至少在清末民初时期,上海已经成为全国最大文化中心,上海的报刊业、出版业一下子出现了飞跃性进展。"[①]可以看出,上海自身的地理位置、城市空间、市民意识给予了报刊出版等文化产业充足的发展条件,而报纸期刊与出版业的盛行又反过来对上海文化空间形成了重要的影响。"在中国,作为'想象性社区'的民族之所以成为可能,不仅是因为像梁启超这样的精英知识分子倡言了新概念和新价值,更重要的还在于大众出版业的影响。"[②]报纸期刊等现代大众传媒方式的发展形成了新的文化机制有效地促进了知识分子话语权力的形成,使得知识分子在大众传媒的影响下形成了强有力的话语体系。

第二,都市文化为大众传媒的发展提供了完整的生产和消费机制,改变了女性原有的社会位置。城市文化的发展使得市民阶层成为重要的文化力量进入社会文化体系之中,大众传媒的兴起更是推动了市民文化的进一步发展,使得市民能够参与到文化产业的循环秩序之中。报纸期刊除了注重文学性之外,市民日常生活和他们所面临的问题也成为报纸杂志较为重要的内容板块,它打破了传统文学的精英价值体系,使得大众生活进入文学的视野。借助于大众传媒的方式,近代文学在传统与现代、断裂与延续中寻求新的突破,"中国近代文学变革的一个重要方面,就是文学从士大夫垄断的状态下解脱出来,面向普通百姓。这一转变的关键则是报刊与平装书等新型媒体的出现,改变了传统文学的传播方式"[③]。大众传媒不仅对于文学变革产生重要的推动作用,它最重要的意义在于改变了文化传播的样态,使得知识分子形成了新的社会影响力和文化力量,形成了不同于传统社会的具有现代意义的文

① 李晓红.女性的声音——民国时期上海知识女性与大众传媒[M].上海:学林出版社,2008:21.

② 李欧梵.上海摩登——一种新都市文化在中国 1930—1945[M].毛尖,译.北京:北京大学出版社,2001:56.

③ 袁进.近代文学的突围[M].上海:上海人民出版社,2001:167.

化症候。城市的发展不仅催生了新的文化生产与消费机制,影响了传统文学和知识分子原有的发展轨迹,更是在社会和文化层面改变了传统女性的社会位置,使得知识女性可以通过大众传媒发出自己的声音,在文化本体层面建构具有女性主体意义的话语体系。另外,随着城市化的发展,现代意义上女性主体的解放和女性自我意识的寻找,使得女性在城市空间中获得了新的身份位置,但同样,在面临新的身份认同的过程中,女性仍然面临着由都市消费语境所带来的新的社会困境。民国时期上海女性主体的建构始终存在于都市现代性的话语体系之中,在都市现代性的自我与他者的结构中,女性主体一方面从传统被压迫的社会关系中脱离出来,另一方面又面临着现代生活中家庭和职业的矛盾困境,而女性期刊存在的文化意义正是将社会变迁过程中女性所面临的问题和困境通过媒介的方式呈现出来,它始终将女性在社会结构和文化语境之中所处的位置、日常的生活问题与女性自身的发展作为其核心的内容主题,在现实的社会环境中以自我审视的方式参与到女性主体的建构中。

城市文化的发展一方面为大众传媒的兴起提供了社会基础和文化载体,另一方面也使得女性群体在城市中获得了新的身份位置,而女性刊物作为建构女性话语体系和女性意识的文化形式始终夹杂在城市空间、大众传媒和社会结构之中,其自身也成为城市文化的重要组成部分。

以民国时期知识女性来建构女性话语作为切入点,围绕现代社会中具有记录意义的报纸杂志等大众传媒,《女性的声音——民国时期上海知识女性与大众传媒》分析了在传统与现代转换的历史背景下,女性群体从父权社会中突围形成具有自我文化秩序的主体性存在的过程,并且将其放置在由大众传媒形构的文化生产场与市民为基础而形成的公共领域的文化语境中,通过对知识分子女性与大众传媒之间的相互关系呈现出民国时期上海作为都市文化的典型形态所形成的新的社会空间和消费机制。在这种多元综合的文化视阈中,作者试图在知识分子女性自我与社会他者的双重镜像中揭示曾被历史遮蔽的女性主体,还原女性群体真实的政治文化心理。书中对女性知识分子与大众传媒的研究为女性群体的研究提供了新的研究视角和发展方向,丰富了女性研究的理论范式和学术成果。

Women's Discourses, Mass Media and Urban Culture
—Comment About Li Xiaohong's *Women's Voice:*
Intellectual Women in Shanghai and the Mass Media in the Republic of China

Bao Shijiang

(College of Humanities, Xiamen University, Xiamen, 361005)

Abstract: *Women's Voice: Intellectual Women in Shanghai and the Mass Media under the Republic of China* approaches the topic with the reconstruction of women's subject and the construction of women's discourse from the perspective of the mass media. It places the process of intellectual women's voice in Shanghai in the Republic of China, and examines the cultural mirror in the field and public domain of new cultural production and consumption mechanism, from the perspective of urban cultural space, which are generated by the mass media and intellectual women. With abundant historical data, the book tries to restore the true political cultural psychology of the intellectual women in the process of social change during the times of Republic of China, which offers a new research perspective and development direction for women's studies.

Key words: feminism; mass media; urban culture

老龄化问题与医学化的公共政策前瞻
——王德文《社区老年人口养老照护现状与发展对策》

徐昊楠*

内容摘要:《社区老年人口养老照护现状与发展对策》一书基于全国大数据及作者调研获取的一手数据,探讨了我国老年人口健康现状与发展趋势,尤其对空巢老年人养老照护现状进行了深入调查研究。该书在实证研究基础上着重探究我国现有社区居家养老模式下养老照护服务供需失衡的现状与原因。针对我国缺乏对长期养老照护事业的制度设计,长期养老照护人力资源严重匮乏,基层为老服务资源未形成真正的合力以及老年人口健康现状的现实困境,该书提出借鉴发达国家的经验,创建本土化的"社区居家养老照护+长期照护制度",满足失能老年人的长期照护的经济需求与照护人力需要。最后,该书建议以发展的眼光探讨加强人口健康管理的必要性与可行性,并阐述如何通过人口健康管理让人们以更好的健康状态进入老年期,以达到最有效地应对人口老龄化问题的目标。

关键词:老龄化;社区照护;长期照护制度;健康管理

一、引言

1970 年代起美国兴起了有关社会问题医学化(medicalization)的研究浪潮①,许多学者

* 徐昊楠,厦门大学公共事务学院博士研究生
① Freidson, Eliot. Profession of Medicine: A Study of the Sociology of Applied Knowledge [J]. Social Forces, 1970, 49(2):331.

认为医学化的社会问题研究范式为 20 世纪下半叶社会学发展做出了重要贡献①。经过近半个世纪的研究,社会问题医学化的概念发展为:非医学问题被界定具有医学意义的疾病或障碍问题并对其加以治理的过程②,也可以理解为采取一定医学手段干预治理相关社会问题。可以看出医学化在一定程度上是一种"概念工具",其学术价值在于引导人们进行政策决策过程时采取医学化的分析框架和干预方式。美国已推出了广泛的医学化的公共政策并且产生了深刻影响,例如预防女性酗酒问题、控制儿童肥胖症、解决家庭暴力问题等③。我国从 1999 年开始步入老龄化社会后,老年人口的数量将在 2050—2055 年达到峰值,而且表现出明显的高龄化、空巢化趋势④,如何应对老年人口日益增长的长期养老照护的需求成为公共政策的巨大挑战。老年人口长期照护问题如何进入医学化的研究模式,并且与医学领域的"生态医学模式"形成双向互动,协同破解老年人口养老保障、健康照护等问题成为国内学界研究热点。厦门大学王德文教授等《社区老年人口养老照护现状与发展对策》一书基于全国大数据(第 6 次人口普查结果、中国卫生统计年鉴结果以及中国高龄老人健康长寿跟踪调查 CHLHS 数据库)及微观层面针对厦门市社区空巢老年人口的实际走访调查,力求真实反映我国社区养老照护资源与服务的供给与需求现状,更从宏观层面对我国社区养老整体格局总体把握,探究我国社区老年人口养老照护服务供需不平衡的深层原因。王德文教授从改善老年人口健康水平和生活质量的医学化研究思维出发,论证创建以政府为主导的"社区居家养老照护＋长期照护制度"的重要意义,建议通过实施健康管理政策满足居民对长寿与健康的追求。

二、从现象到本质:人口老龄化趋势、衰老机理与老年人健康的特殊性

《社区老年人口养老照护现状与发展对策》在开篇清晰地指出我国人口老龄化的现状与发展趋势:我国处在由快速老龄化向加速老龄化阶段的转型期,高龄化趋势明显,人口老龄化趋势不可逆转并且仍会进一步加深。本书在学理上系统梳理健康、疾病与衰老的理论和影响老年人健康的社会环境因素。

首先,什么是健康? 这是一个多维的复合型问题。从医学角度出发,就临床医学的观点而言,健康的重点是在于发现疾病和减少疾病;从预防医学和公共卫生学的角度来说,健康的重点是在于预防疾病;随着世界各国的疾病谱变化,医学模式已经从生物医学模式向"社会—心理—医学模式"以及"生态医学模式"转变,即关注社会和心理因素对人类的疾病的影响,因此根据世界卫生组织对健康的定义是"在身体、心理和社会三方面安宁幸福的状态",而不仅仅是没有疾病或身体强壮不虚弱。与以往"健康长寿"的习惯性观点不同,王德文教

① Clarke,John.Lightweight Aggregate Concrete,Science,Technology and Applications [J].Concrete,2003(2):25-27.

② Conrad,Peter,J.W.Schneider.Deviance and Medicalization[M].Philadelphia:Temple Press,1992:267-278.

③ Knudson M B,Wilson R R,Tweden K S,et al.Obesity Treatment with Electrically Induced Vagal Down Regulation [P].U.S.Patent No.7,167,750,2007.

④ 王德文,谢良地.社区老年人口养老照护现状与发展对策[M].厦门:厦门大学出版社,2013:19.

授明确了"长寿是健康的标志,但长寿并不能充分体现健康"的老年人健康研究的逻辑起点,因为人口健康统计表明女性平均寿命长于男性是一个世界性的人口事实,但是国内外的学术研究却发现,女性长寿并不等于女性比男性更健康,特别是高龄女性的健康水平明显低于同龄男性,因此从性别研究的角度需要对女性老年人生存质量以及健康状况多一层关注。其次,与健康相对的"疾病"(disease)和"生病"(illness)是相关却迥异的概念,"疾病"指人类身体上不舒服的生理机制,可以客观地由生理机制的变化来解释,相较于前者,"生病"则是由疾病衍生的一种社会心理状态,王德文教授在该书中系统论述了健康与疾病的概念和内涵,在医学化的理论视角下为阐释老年人健康的特殊性和构建老年人健康评价体系进行了理论铺垫。

从古至今,人们热衷于探究衰老的原因以及破解延缓衰老的奥秘,虽然仅就衰老的理论就有百余种学说,如自身免疫结构理论、老化的细胞学说、抗氧化剂学说、游离基理论、脱离学说、适应学说、人格类型等[①],但是到目前为止还没有哪一种理论能完全阐明衰老的机理。该书系统梳理生理性衰老、心理性衰老、社会性衰老的机制以把握实现老年人口健康的最佳途径。

该书以构建适合老年人口健康的评价体系为目标,归纳了影响因素老年人健康的社会环境因素,并且重点对我国65岁及以上老年人居住方式对健康的影响展开了深入研究。一方面,基于生理性衰老、心理性衰老、社会性衰老的机制,老年人健康功能多维评价体系包括从健康的自我评价、医学症状、慢性病的患病情况、日常生活功能等方面来综合反映的躯体健康体系;包含认知能力及精神健康的主观评价的精神健康体系,以及反映个体人际关系的数量和质量及社会参与的程度的社会健康。另一方面,老年人口的健康评价指标还需要综合考量影响老年人口健康的社会经济环境因素,它可以从宏观、中观和微观三种不同的分析层次进行讨论。宏观视角的老年群体健康的评价指标应该涵盖社会保障体系(如养老金、医疗保险、医疗卫生服务体系),以及平均预期寿命之外的健康预期寿命等指标。中观视角的老年群体健康的评价指标应该涵盖涉及三级医疗卫生服务网络、无缝衔接社区卫生服务体系、社区居家照护服务体系、老年俱乐部、老年大学等设施情况。微观视角的老年群体健康的评价指标主要有家庭支持环境,包括配偶、子女的养老照护支持力度、营养状态、老年人经济情况,以及生病时能否及时得到治疗、身体不舒服时或生病时是否有人来照护等。从微观层面延伸分析影响老年人口健康的因素中,王德文教授特别关注老年人口居住方式对健康的影响,原因是空巢家庭将成为很多老年人家庭生活的主要模式,它是对传统性养老居住安排的一种修正,并非都是消极的。许多研究表明我国现阶段空巢家庭并非完全都等同于家庭养老支持的弱化,有很大比例的空巢家庭的老年人与其子女保持"分而不离""有分有合"的比较紧密的联系与互动关系。此外,该书鲜明指出研究"空巢"问题时有必要区分"独居"与"空巢夫妇"的差异,该书还针对"独居"、"空巢夫妇"与"非空巢老年人口"三组进行比较分析,以揭示老年人口不同的居住方式对健康的影响。

---

① Jr,Longino Cf,C.S.Kart.Explicating Activity Theory:A Formal Replication [J].J Gerontol,1982,37(6):713-722.

三、深入探究社区养老照护资源的供需关系与供需失衡的原因

　　该书力求分析两个问题：我国社区养老照护服务的需求和供给的现状以及供需失衡的深层原因。马斯洛在其需求层次理论中曾指出，需求的存在是人产生某种行为的基础，所以首先必须要了解老年人的需求是什么，并在充分了解老年人需求的基础上，提出具有针对性的为老服务内容。王德文教授在该书中将老年人的需求归纳为经济需求、健康需求、精神需要和照护需求四类。老年人照护问题的重要性体现在其研究始终以各种形式推动着老龄事业发展和制度的完善。随着老龄化社会进程的不断推进，传统家庭的养老功能逐渐弱化，机构养老的弊端日益显现，社区照护作为老年人赡养方式的新选择应运而生。社区照护是现阶段许多发达国家和地区老年人健康照护、赡养方式的新选择及新发展方向。我国当下存在庞大的老年人口照护需求，全部以机构照护形式来提供是不切实际的，社区照护将能够成为我国老年人健康照护养老方式的新选择，是因为它拥有有别于传统家庭养老和机构养老的独特优势，包括地域优势、物质优势、人力优势和成本优势。基于对全国老年人口大数据进行健康状况分析，结果表明随着年龄的增长我国老年人口健康状况出现明显的下降，这个结论与常识性认知相符。随着我国老龄化程度的加剧，老年人中不健康或生活无法自理的人数将显著性的增加，所需要的养老资源也必将出现高速增长，研究提示生活需求照护的老年人所占比例逐年加大。特别是随着我国城市化进程的加快，独生子女家庭的大量出现，加上人口流动频繁，家庭赡养老人职能逐渐削弱，独居或空巢老人数量也在逐年递增，不难理解我国老年人口的健康及照护问题将日益突出。因此在人口老龄化问题不断凸显的今天，失能老年人长期照护方式是亟须解决的主要社会问题之一。

　　我国在经济尚不很发达的情况下提前进入老龄社会，与大多数发达国家进入老龄化社会的时间段相比，经济社会的城乡与地区发展差异较大，很多地区"未富先老"的社会特征明显。日益攀升的养老照护需求随之而来的是供给的严重不足。首先是养老机构总体数量不足，且公立养老机构"一床难求"，私立养老机构良莠不齐。并且农村养老服务机构与城市相比还存在机构少，规模小，人员拥挤等问题。其次是社区养老供给不足，尽管2012年全国很多城市建立起了社区养老照护服务中心，但是，社区养老照护用于医疗和护理方面的费用负担过重，社区照护的人力资源缺乏，设施简陋等问题严重制约着社区养老的发展。且社区养老服务中心大多集中建立在经济发达的城市，在数量上和质量上都远远不能满足我国人口老龄化的需求。再次，随着我国人口老龄化、高龄化、空巢化的进一步加深，不同类型老年人口对养老照护的需求日益多样化，对照护、医疗的质量要求不断提高，而不管是对于机构养老还是社区养老来说都存在着服务质量参差不齐，服务项目单一，缺乏统一的服务评价标准、缺乏专业的护理人员等的问题。最后，经济发达地区的养老照护供给普遍高于经济欠发达地区，城市的养老照护供给远高于乡村，致使我国养老照护的需求呈现城乡间、地区间的供需不平衡。该书在广泛梳理国内研究结果的基础上，指出我国现阶段社区对65岁以上老年人的起居照料、上门看病送药、日常购物、精神慰藉、组织社会娱乐活动、提供法律援助、提供保健知识和处理家庭邻里纠纷等供给率均低于10%，与老年人口的实际需求率之间还存在着巨大的落差，社区养老照护服务供需失衡。

王德文教授认同并运用了马斯洛在其所著的《人的动机理论》一书中提出了著名的需求层次理论，认为老年人的健康照护需求同样符合马斯洛的需求层次论，当老年人某一级低层次的需求得到满足后，才会追求更高一级的需求，造成我国老年人口健康照护供需缺口巨大及所满足需求的层次低下主要包括 5 个原因：现阶段对长期养老照护的认识普遍不到位、地方政府对长期养老服务事业投入不足、长期照护专职及专业照护人员严重欠缺、基层为老服务资源未形成真正的合力、我国老年人疾病负担不断加重。需要关注到我国区域之间、城乡之间养老机构与养老服务发展不平衡，布局不合理，在一些比较落后或是边缘的农村地区则几乎没有相关的居家养老服务的供应，农村老年人潜在的生理需求、安全需求的供需缺口就非常巨大。但是，许多地方政府对养老服务事业计划都只是停留在口头承诺之上，而并没有具体的行动，从王德文教授调研的厦门市养老事业发展情况可以看出，即使是在经济相对发达且适宜养老的城市仍然存在居家养老服务其质量与数量无法达到一定的标准，提供的养老服务内容单一并与老年人的迫切需求相距太远等问题。党的十九大特别提出了"加快老龄事业和产业发展"的要求，对老龄事业发展提出明确了任务，可以看出老年人对方便、优质、高效、可负担的养老服务的巨大需求，广大老年人日益增长的对美好生活的需求与现阶段老龄事业不充分不平衡的发展存在着矛盾。其中，长期照护专职及专业照护人员严重欠缺是制约老龄事业快速高质量发展的障碍，该书基于实地调研指出社区养老照护服务一是缺乏专职人员负责居家养老服务工作，二是缺少专业照护人才，缺少专业照护人才，养老服务质量就无法保证。此外，养老机构"有钱的老人不愿住，没钱的老人住不起"的困局同样不容忽视。

四、关注老年人健康水平与照护需求：长期照护制度的回应

为增强社区提供居家生活和疾病疗养照护能力，使老年人尽量能在社区内得到更好的生活质量，并使整体医疗资源的运作更有效率，该书梳理并比较了发达国家不同社会福利模式下长期养老照护制度的变革历程和发展经验，用以丰富解决我国老龄问题的"工具箱"。长期照护制度（以下简称"LTC"）包括 LTC 保险制度、LTC 管理与监督体系以及 LTC 服务提供机构。LTC 保险制度主要解决养老照护服务的费用问题，LTC 服务提供机构则承担了养老照护服务的载体功能，它不仅提供专业医疗服务（如慢性病防治的医疗及技术性服务），还涉及日常生活照料服务（如各种家政服务）和其他社会服务等。英国是"公医制"的典型代表，推行国民健康服务制度（National Health Service，NHS），在"公医制"模式下，英国人无论男女老少都可以享受免费的就医、住院等医疗卫生服务。1989 年英国政府颁布了《社区照顾白皮书》，推行了 LTC 体系的雏形——社区照护实践，并成为世界上最早正式开启社区照顾的国家。制度性的社区照顾模式的目的是促成需要照顾的老年人留在社区在家庭中养老，并尽可能保障其过正常人的生活。这样既保证了人们福利保障的水平，又弥补了政府统筹福利的缺陷，而且更加人性化地解决老年照护问题，便利了长期照护的可持续实施。逾年，《全民健康服务与社区照护法案》的出台推动了社区成为老年照护的主要场所。德国作为世界上最早引入社会保险制度的国家。自 1883 年起先后创立了俾斯麦模式的健康、职灾、年金以及失业等四种社会保险制度，尤其在强制性全民健康保险（National Health

Insurance,NHI)架构下于1995年颁布全民长期照料社会保险法,正式启动LTC体系。德国强制实施LTC体系,规定法定范围内的公民必须参加LTC社会保险。并且,德国鼓励非正式社会支持网络在老年人口的养老照护中的作用,在照护服务中适度引入市场竞争机制[1]。可见,兼具德国LTC制度强制性和互济性,使得LTC同样享有"德国品质"的盛名,德国政府于2001年7月通过《照护质量保证法》,以确保LTC的服务质量、监督护理单位与工作人员[2]。长期以来,美国主要把私人(商业)健康保险作为介入医疗服务的一种方式,美国LTC资金来源主要为Medicare或商业保险。在老年人自己负担率方面,符合Medicare范围内的老年人免费,但是长期的照护也需要自己负担,且费用高昂,或由所购买的商业保险负担。现阶段美国LTC制度已经实施,具有自由、灵活、多样化的优势,但尚未形成制度化,无论是服务的提供或者还是财源筹措主要以市场化为原则。在自由市场模式下美国老年人口LTC服务的可及性与公平性问题仍有待于时间考验,一方面可能出现护理服务费用不断攀升的现象;另一方面,越来越多的被保险人因为承受能力有限被迫退出长期护理保障的行列。"银发之国"日本在2000年开始实施《照护保险法》,LTC采用强制保险的方式正式运行,将40岁以上的国民都纳入LTC的范围,以65岁为界分为两类被保险人,按一定比例缴纳保险费。LTC费用50%由国家负担,使用者自付10%,其余40%依靠各地上缴的费承担。[3] 日本的LTC制度提供服务项目包括社区式服务及机构式的服务,[4]社区式服务承担机构是"社区访问看护站"等社会机构,它们承担了LTC服务的载体功能。LTC是日本社会福利服务寻找公私合作的具体体现与转变,社会福利基础结构改革的中心理念与方向,就是调整费用负担、确保财源基础及推动企业参与、发展老龄产业,建构配套措施。

通过上述比较研究,该书指出英国、德国、美国LTC制度的变革是建构在它们有NHS、NHI以及医疗救助社会福利模式下的。邻国日本是世界上的长寿之国,也是世界上养老经验最为丰富的国家,日本的积极经验在于发挥地方政府在LTC体系中发挥主导作用,积极鼓励社会力量参与社区老龄服务产业的开发,在LTC保险制度中非常注意公平客观准入指标的设定。王德文教授指出我国老年人口疾病的特点是以慢性病为主,需要长期治疗、照护及康复,长期以来由于基层在治疗、康复、养老照护等供给方面无法满足老年人口的需求,所以我国老年人口"看病难、看病贵"现象依然存在,因此我国需要紧随国际老龄事业的负责趋势,建立LTC制度,准确地把握我国老年人养老需求变化,及时调整社会资源,建立LTC制度,这体现了医学化分析视角下提高老年人健康水平、降低患病率和失能率的公共政策目标。该书形象提出,需要编织由养老保障、医疗保险、LTC制度共同组成的"养老保障安全网",才能协作老年人克服养老问题,安全"过桥"到达"老有所养、老有所医、老有所为、老有所学、老有所教以及老有所乐"的幸福彼岸。完善"养老保障安全网"契合习近平总书记提出的"坚持满足老年人需求和解决人口老龄化问题相结合"与"坚持应对人口老龄化和促进经济社会发展相结合"的两项原则,有助于实现习近平总书记提出"加强全生命周期养老准备"的发展要求。王德文教授在该书强调创建养老保障、医疗保险与LTC制度的老年阶段三项

①　尹尚菁.发达国家长期照护服务体系比较[J].中国医药导报,2011,8(29):156-159.
②　侯淑肖,等.老年人长期照护发展现状和思考[J].中国护理管理,2010,10(2):1.
③　杨红燕.发达国家老年护理保险制度及启示[J].国外医学·卫生经济分册,2004,21(1):31-34.
④　许佩蓉,张俊喜,林静宜.机构式长期照护综述[J].台湾老年医学杂志,2006,1(4):198-215.

基本制度安排是国际趋势国内缺失，是维护社会公平、提供公共服务的政府职能体现，考验着政府解决老龄化问题的决心，建议实行在构建居家养老＋社区照护＋LTC的制度以积极回应老年人对健康和幸福老年生活的期待。

五、医学化的老龄政策展望：探寻适合我国国情的人口健康管理路径

保持健康，不仅是个人生活方式的选择，而且对社会发展具有重要意义。只有健康的人口才能促使社会进步，所以健康管理不单是个体的需求也是社会的需求。健康管理与防治疾病已不单是个人行为，而成为社会行为，需要公共政策加以引导。在人口老龄化加剧的趋势下，依据医学化公共政策的研究范式，王德文教授在该书中提示加强我国人口健康管理势在必行，只有使更多的人以健康的状态进入老年期，才是应对人口老龄化最积极有效的对策。健康管理在我国还是一个较新概念，公众的认知度还不高，健康管理的关键理念和科学方法目前还不能被公众所熟知。该书介绍的发达国家的健康管理政策为我国人口健康管理提供了很好的借鉴，例如美国的健康管理采取医疗保险机构与医疗集团合作的形式，定期由专业指导员对投保人进行生物学指标的检查，将检查结果写入投保人健康调查档案，对投保人的健康风险行为进行评估及结果讲解，并制定个人健康行为的干预计划，主要包括减少酒精摄入、减少吸烟、饮食与营养、健康锻炼、加强免疫功能、减肥和自我保健。美国的健康管理业务已进入专业化、市场化发展的阶段，开始出现专业的健康管理公司，它们作为第三方机构，具有系统专业的健康管理服务系统方案和营运业务，能够有针对性提出个性化健康管理方案，提供一对一咨询指导和跟踪辅导服务，直接满足民众的社会、心理、环境、营养、运动等多个角度的健康需求。美国在健康管理的普及性和规范性方面值得学习和研究，无论是政府还是社区、医疗保险公司、医疗机构、医务人员与民众，几乎所有的人都参与健康管理活动中，有研究的结论证实 90％ 的个人通过健康管理，其医疗费用降到原来的 10％，而 10％ 的个人没有进行健康管理其医疗费用比原来上升了 90％。[①] 这些成果，充分证明了实施人口健康管理应对解决人口老龄化问题具有事半功倍的作用，加强人口健康管理的确有效降低人们疾病负担。

健全以社区为依托的健康管理运作机制是符合我国国情的，该书提出了 6 点建设性建议包括：深入开展社区人口的健康管理事业，完善以社区为依托的健康管理服务体系；进一步健全社区全人口的健康档案；有效整合社区资源；加强社区健康教育工作；在健康管理工作中要特别关注社区弱势群体的健康管理，创建以社区为依托的慢性病管理体系，加强社区空巢老年人为重点的长效管理与关爱机制；关注对老年人的临终关怀，让生命从出生到最后一刻都能够享受到社会的温暖。人口健康管理是社会发展的必然选择，正如《渥太华宪章》宣传的健康管理理念，我国的健康管理需要运用行政的或组织的手段，广泛协调社会各相关部门以及社区、家庭和个人，使其履行各自对健康的责任，实行共同维护和促进健康的发展战略。王德文教授在书中传达了健康管理不仅是一个口号，更是是一种运用医学化思考方式解决社会问题的公共政策选择的先进理念，健康管理是在公共政策领域引导民众更好地

---

① 赵惠芬，李红.老年人健康管理现状及发展方向[J].国际老年医学杂志，2008，29(4)：187-189.

恢复健康、维护健康、促进健康。该书提出的健康管理路径具有广阔的理论与实践空间,因为健康管理可适用于所有人群,即健康人群、亚健康人群、急性病患者、慢性病患者。尤其对于老年人口健康管理主要内容包括采集信息,评估健康危险因素,进行健康咨询与指导,制定健康促进干预计划,以达到改善健康状况、防治慢性非传染性疾病的发生和发展、提高生命质量、降低医疗费用的目的,有效地利用有限的资源达到最大健康效果。在人群患病特征以慢性病为主导的老龄化社会,加强以预防为主,建立和完善人口健康管理体系,提高老年人口的健康,实现老而不病,病而不残,残而不废是适合我国国情的老龄政策。

Aging and Medicalization Public Policy Prospects
——Book Review on *Community Elderly Care Development and Suggestions*

Xu Haonan

(School of Public Affaires, Xiamen University, 361005)

Abstract: Based on the national big data and the author's research, this book discusses the current status and development trend of the elderly population in China, especially the status quo of the elderly care for the elderly in the empty nest. On the basis of empirical research, the book focuses on the current situation and reasons for the imbalance between supply and demand of aged care services under the existing community home care model. In view of the lack of institutional design for long-term care for the elderly, there is a serious shortage of long-term care for the elderly, and the grassroots for the old service resources have not formed a real synergy and the reality of the health of the elderly population. The book proposes to learn from the experience of developed countries and create local The "Community Home Care and Long-Term Care System" meets the economic needs and care needs of the disabled long-term care. Finally, the book proposes to explore the necessity and feasibility of strengthening population health management from a development perspective, and how to use population health management to enable people to enter the old age with better health status in order to achieve the goal which is to deal with the problem of population aging in the most effective way.

Key words: aging; community care for the elderly; long term care; health management

本刊征文启事

《妇女/性别研究》(Women/Gender Studies)系厦门大学妇女/性别研究与培训基地创办的综合性学术刊物。本刊本着学术至上原则,刊发在文学、哲学、历史学、社会学、法学、教育学、政治学、经济学、公共管理、公共卫生等领域里的妇女/性别研究优秀论文,诚挚邀请海内外学者惠赐大作。现将相关事项知会如下:

1. 本刊暂定为一年刊,每年 10 月出版。投稿截止日期为每年的 5 月前。投稿后一般在一个月内会接到有关稿件处理的通知。

2. 来稿限用中、英文发表,中文 20000 字以内,英文 15000 字以内。

3. 切勿一稿多投,本刊所发论文,以未发表者为宜。来稿务必原创,凡涉抄袭、侵害他人等权利之事,概由作者承担包括法律在内的一切责任。

4. 每篇论文正文前须有 300 字左右的中文论文摘要,3 至 5 个中文关键词。同时提交英文篇名、作者名、摘要与关键词。

5. 来稿请附作者信息,包括姓名、单位、职称、邮编、通信地址、电话、电子信箱,以便联系。

6. 为实行环保,请作者通过电子邮件提供稿件的电子版。

7. 本刊刊登稿件均为作者研究成果,不代表本刊意见。来稿一经采用,即付稿酬,并寄样刊 3 册。

8. 联系方式:

地址:中国福建省厦门市厦门大学厦门大学妇女/性别研究与培训基地《妇女/性别研究》编辑部

邮编:361005

电子邮箱:hmshistone@126.com

附:本刊注释技术规范

1. 采用页下注(脚注)

2. 注释格式为:主要责任者.题名:其他题名信息[文献类型标识].版本项.出版地:出版者,出版年:引文页码.分类示例如下:

(1)引用古籍:

康熙字典:巳集上:水部[M].同文书局影印本.北京:中华书局,1962:50.

汪昂.增订本草备要:四卷[M].刻本.京都:老二酉堂,1881(清光绪七年).

(2)引用近人著作:

徐复观.中国文学精神[M].上海:上海书店出版社,2005:50-51.

北京大学哲学系美学教研室.西方哲学家论美与美感[M].北京:商务印书馆,1980:54.

陈登原.国史旧闻:第1卷[M].北京:中华书局,2000:29.

冯友兰.冯友兰自选集[M].2版.北京:北京大学出版社,2008:第1版自序.

钱学森.创建系统学[M].太原:山西科学技术出版社,2001:序2-3.

(3)引用析出文献:

宋史卷三:本纪第三[M]//宋史:第1册.北京:中华书局,1977:49.

李约瑟.题词[M]//苏克福,管成学,邓明鲁.苏颂与《本草图经》研究.长春:长春出版社,1991:扉页.

姚中秋.作为一种制度变迁模式的"转型"[M]//罗卫东,姚中秋.中国转型理论分析:奥地利学派的视角.杭州:浙江大学出版社,2009:44.

(4)引用近人论文:

王宁,黄易青.词源意义与词汇意义论析[J].北京师范大学学报(人文社会科学版),2002(4)90-98.

李炳穆.韩国图书馆法[J].图书情报工作,2008,52(6):6-21.

(5)引用译作:

杜夫海纳.美学与哲学[M].孙非,译.北京:中国社会科学出版社,1985:52.

(6)引用网络电子文献:

李强.化解医患矛盾需釜底抽薪[EB/OL].(2012-05-03)[2013-03-25].http://wenku.baibu.com/view/47e4f206b52acfc789ebc92f.html.

吴云芳.面向中文信息处理的现代汉语并列结构研究[D/OL].北京:北京大学,2003[2013-10-14].http://thesis.lib.pku.edu.cn/dlib/List.asp? lang＝gb&type＝Reader&DocGroupID＝4&DocID＝6328.

3.标识代码:

(1)文献类型和标识代码:

普通图书M,会议录C,汇编G,报纸N,期刊J,学位论文D,报告R,标准S,专利P,数据库DB,计算机程序CP,电子公告EB,档案A,舆图CM,数据集DS,其他Z。

(2)电子资源载体和标识代码:

磁带MT,磁盘DK,光盘CD,联机网络OL。

厦门大学《妇女/性别研究》编辑部
2018年9月